吳見思評點

史記論文

中華書局印行

史記論文

武進吳見思齊賢評點
山陰吳興祚留村參訂

劉敬叔孫通列傳

劉敬者。齊人也。—（只一句下即序事）漢五年、戍隴西。過洛陽。高帝在焉。婁敬脫輓輅。衣其羊裘。見齊人虞將軍曰。臣願見上言便事。虞將軍欲與之鮮衣。婁敬曰。臣衣帛。衣帛見。衣褐。衣褐見。終不敢易衣。（先即衣飾上出色一番輓輅羊裘鮮衣衣帛衣褐點綴成妙）於是虞將軍入言上。上召入見。賜食。已而問婁敬。婁敬說曰。陛下都洛陽。豈欲與周室比隆哉。（先一問妙是戰國策士口角）上曰。然。婁敬曰。陛下取天下。與周室異。（即激轉點明一句開合轉折之妙）周之先自后稷。堯封之邰。積德累善十有餘世。公劉避桀居豳。太王以狄伐故。去豳。杖馬箠居岐。國人爭隨之。及文王為西伯。斷虞芮之訟。始受命。呂望伯夷自海濱來歸之。武王伐紂。不期而會孟津之上。八百諸侯皆曰。紂可伐矣。遂滅殷。—（周得天下之故）成王即位。周公之屬傅相焉。

中華書局印行

迺營成周洛邑。以此爲天下之中也。諸侯四方納貢職。道里均矣。有德則易以王。無德則易以亾。凡居此者。欲令周務以德致人。不欲依險阻。令後世驕奢以虐民也。—周都洛陽之故及周之盛時。天下和洽。四夷鄉風。慕義懷德。附離而竝事天子。不屯一卒。不戰一士。八夷大國之民。莫不賓服。効其貢職。—周都洛陽之利及周之衰也。分而爲兩。天下莫朝。周不能制也。非其德薄也。而形勢弱也。—周都洛陽之害分四段極明晰今陛下起豐擊沛。收卒三千人。以之徑往而卷蜀漢。定三秦。與項羽戰滎陽。爭成皐之口。大戰七十。小戰四十。使天下之民。肝腦塗地。父子暴骨中野。不可勝數。哭泣之聲未絕。傷痍者未起。而欲比隆於成康之時。臣竊以爲不侔也。應還與周室異且夫秦地被山帶河。四塞以爲固。卒然有急。百萬之衆可具也。因秦之故。資甚美膏腴之地。此所謂天府者也。陛下入關而都之。山東雖亂。秦之故地可全而有也。—正反無德易亡夫與人鬬。不搤其肮。拊其背。未能全其勝也。今陛下入關而都。案秦之故地。此亦搤天下之肮而拊其背也。—又找一喩明確之甚高帝問羣臣。羣臣皆山東人。爭言周王數百年。秦二世即亡。不如都周。上疑未能決。及留侯明言入關便。即日車駕西都關中。於是上曰。本言都秦地者婁敬。婁者乃劉也賜姓劉氏拜爲郎中號爲奉春君〡漢七年韓王信反高帝自往擊之至晉陽聞信與匈奴欲共擊漢上大怒使人使匈奴匈奴匿其壯士肥牛馬但見老弱及羸畜使者十輩來皆言匈奴可擊上使劉敬復往使匈奴還報曰兩國相擊此宜夸矜見所長今臣往徒見羸瘠老弱此必欲見短伏奇兵以爭利愚以爲匈奴不可擊也以可擊不可擊兩相應是時漢兵已踰句注二十餘萬兵已業行添一句妙兵勢已行不可復往似乎沮軍故不得不怒上怒罵劉敬曰齊虜以口舌得官今乃妄言沮吾軍械繫敬廣武遂往至平城匈奴果出奇兵圍高帝白登七日然後得解高帝至廣武赦敬曰吾不用公言以困平城吾皆以斬前使十輩言可擊者矣迺封敬二千戸爲關內侯號爲建信侯〡高帝罷平城歸緊接韓王信亡入胡當是時冒頓爲單于兵彊控弦三十萬數苦北邊上患之問劉敬劉敬曰天下初定士卒罷於兵未可以武服也冒頓殺父代立妻羣母以力爲威未可以仁義說也獨可以計久遠子孫爲臣耳然恐陛下不能爲先作一頓上曰誠可何爲不能顧爲奈何三句作三曲好劉敬對曰陛下誠能以適長公主妻之厚奉遺之彼知漢適女送厚蠻夷必慕以爲閼氏生子必爲太子代單于何者貪漢重幣陛

下以歲時。漢所餘。彼所鮮。六字簡淨 數問遺。因使辯士風諭以禮節。冒頓在。固爲子壻。句

死。句 則外孫爲單于。豈嘗聞外孫敢與大父抗禮者哉。兵可無戰以漸臣也。若陛下

不能遣長公主。而令宗室及後宮詐稱公主。彼亦知不肯貴近。無益也。先提破好 高帝曰。

善。欲遣長公主。呂后日夜泣曰。妾唯太子一女。奈何棄之匈奴。上竟不能遣長公主。

而取家人子名爲長公主。妻單于。使劉敬往結和親約。一 劉敬從匈奴來。緊接 因言匈

奴河南白羊樓煩王。去長安近者七百里。輕騎一日一夜可以至秦中。秦中新破少

民。地肥饒。可益實。夫諸侯初起時。非齊諸田楚昭屈景莫能興。今陛下雖都關中。實

少人。北近胡寇。東有六國之族。宗彊。一日有變。陛下亦未得高枕而臥也。臣願陛下

徙齊諸田。楚昭屈景燕趙韓魏後及豪傑名家居關中。無事可以備胡。諸侯有變。亦

足率以東伐。此彊本弱末之術也。此一段爲都關中作襯。即爲都關中作結 上曰善。迺使劉敬徙所言關

中十餘萬口。一 以不了住 叔孫通者、薛人也、亦徑起入序事與前傳對 秦時以文學徵待詔博士。數歲。

陳勝起山東。使者以聞。二世召博士諸儒生問曰。楚戍卒攻蘄入陳。於公如何。博士

諸生三十餘人前曰。人臣無將。將卽反。罪死無赦。願陛下急發兵擊之。二世怒作色。

叔孫通前曰。諸生言。皆非也。夫天下合爲一家。毀郡縣城。鑠其兵。示天下不復用。且明主在其上。法令具於下。使人人奉職。四方輻輳。安敢有反者。先作一振起 此特羣盜鼠竊狗盜耳。何足置之齒牙間。郡守尉今捕論。何足憂。又作一撇是當時從諛口角 二世喜曰。善。盡問諸生。諸生或言反。或言盜。於是二世令御史案諸生言反者下吏。非所宜言。諸言盜者皆罷之。迺賜叔孫通帛二十匹。衣一襲。拜爲博士。叔孫通已出宮。反舍。諸生曰。先生何言之諛也。諛字是希世之本輕輕於此點出 通曰。公不知也。我幾不脫於虎口。迺亡去。—之薛。薛已降楚矣。即一句完上案即帶入從項梁事妙 及項梁之薛。叔孫通從之。—敗於定陶。從懷王。—懷王爲義帝。徙長沙。叔孫通留事項王。—漢二年。漢王從五諸侯入彭城。叔孫通降漢王。漢王敗而西。因竟從漢。叔孫通儒服。漢王憎之。迺變其服。服短衣楚製。漢王喜。—即衣服上寫叔孫通希世神情皆現 叔孫通之降漢。緊接 從儒生弟子百餘人。然通無所言進。專言諸故羣盜壯士進之。弟子皆竊罵曰。事先生數歲。幸得從降漢。今不能進臣等。專言大猾。何也。叔孫通聞之。迺謂曰。漢王方蒙矢石爭天下。諸生寧能鬭乎。故先言斬將搴旗之士。諸生且待我。我不忘矣。先借諸生作一闋 漢王拜叔孫通爲博士。號稷嗣君。—漢五年、已幷天下。諸侯共尊漢王爲皇帝於定陶。叔孫通就其儀號。先序虛 高帝悉去秦苛儀。法爲簡易。羣臣飲酒爭功。醉或妄呼。拔劍擊柱。高帝患之。叔孫通知上益厭之也。說上曰。夫儒者難與進取。可與守成。臣願徵魯諸生。與臣弟子共起朝儀。高帝曰。得無難乎。叔孫通曰。五帝異樂。三王不同禮。禮者因時勢人情爲之節文者也。故夏殷周之禮。所因損益可知者。謂不相復也。臣願頗采古禮與秦儀雜就之。正見希世處然觀下高帝一語則當時之禮只可如此不必歸咎叔孫也 上曰。可試爲之。令易知度吾所能行爲之。於是叔孫通使徵魯諸生三十餘人。魯有兩生不肯行。曰。公所事者且十主。叔孫通事十主可知者始皇二世項梁懷王項籍漢王與五代馮道同 皆面諛。以得親貴。又點諛字 今天下初定。死者未葬。傷者未起。又欲起禮樂。禮樂所由起。積德百年而後可興也。吾不忍爲公所爲。公所爲不合古。吾不行。公往矣。無汙我。借兩生以形容叔孫一邊迂拙一邊通脫一邊持正一邊希世兩兩對照逼出神情而後人聚訟未免錯認華胥矣 叔孫通笑曰。若眞鄙儒也。不知時變。遂與所徵三十人西。及上左右爲學者。與其弟子百餘人。爲綿蕞野外習之。足見草草 月餘。叔孫通曰。上可試觀。上既觀。使行禮。曰。吾能爲此。應前 迺令羣臣習隸。一會十月。漢七年、長樂宮成。諸侯羣臣皆朝十月。以十月爲歲首也 儀。句 先平明。謁者治禮引以次入殿門。廷中陳車騎步卒衞官。設兵張旗志。一段 傳言趨。殿下郎中俠陛。陛數百人。二段 功臣列侯諸將軍軍吏以次陳西方東鄉。文官丞相以下陳東方西鄉。大行設九賓臚句傳。三段 於是皇帝輦出房。百官執職傳警。四段 引諸侯王以下至吏六百石以次奉賀。自諸侯王以下。莫不振恐肅敬。五段 至禮畢。復置法酒。諸侍坐殿上皆伏抑首。以尊卑次起上壽。觴九行。謁者言罷酒。御史執法舉不如儀者輒引去。六段 竟朝置酒。無敢讙譁失禮者。一篇漢儀注百餘字耳而事體詳盡句法峭勁後人作紀事文當熟此等格 於是高帝曰。吾迺今日知爲皇帝之貴也。寫高祖得意與未央上壽時同一洒落 迺拜叔孫通爲太常。賜金五百金。叔孫通因進曰。諸弟子儒生隨臣久矣。與臣共爲儀。願陛下官之。高帝悉以爲郎。叔孫通出。皆以五百金賜諸生。諸生迺皆喜。應前罵 曰。叔孫誠聖人也。知當世之要務。一是贊叔孫通語妙

漢九年、高帝徙叔孫通爲太子太傅。一漢十二年、高祖欲以趙王如意易太子。叔孫通諫上曰。昔者晉獻公以驪姬之故。廢太子立奚齊。晉國亂者數十年。爲天下笑。秦以不早定扶蘇。令趙高得以詐立胡亥。自使滅祀。此陛下所親見。今太子仁孝。天下皆聞之。呂后與陛下攻苦食啖。其可背哉。陛下必欲廢適而立少。臣願先伏誅。

以頸血汙地。高帝曰。公罷矣。吾直戲耳。（戲字雖姑爲此無聊之詞然極得高祖神情）叔孫通曰。太子天下本。本一搖天下振動。奈何以天下爲戲。高帝曰。吾聽公言。及上置酒。見留侯所招客從太子入見。上迺遂無易太子志矣。（劉敬都關中是張良收功叔孫定太子亦是張良收功與前傳對）高帝崩。孝惠卽位。迺謂叔孫生曰。先帝園陵寢廟。羣臣莫能習。徙爲太常。定宗廟儀法。及稍定漢諸儀法。皆叔孫生爲太常所論著也。—（此處虛寫）孝惠帝爲東朝長樂宮。及間往。數蹕煩人。迺作複道。方築武庫南。叔孫生奏事。因請間曰。陛下何自築複道高寢衣冠月出游高廟。高廟。漢太祖。奈何令後世子孫乘宗廟道上行哉。孝惠帝大懼曰。急壞之。叔孫生曰。人主無過舉。今已作。百姓皆知之。今壞此。則示有過舉。願陛下爲原廟渭北。衣冠月出游之。益廣多宗廟。大孝之本也。上迺詔有司立原廟。原廟起。以複道故。—（微詞妙希世處於此等照出）孝惠帝曾春出游離宮。叔孫生曰。古者有春嘗果。方今櫻桃孰。可獻。願陛下出。因取櫻桃獻宗廟。上迺許之。諸果獻由此興。（與複道一樣寫亦以不了語與前傳一樣住）

太史公曰。語曰。千金之裘。非一狐之腋也。臺榭之榱。非一木之枝也。三代之際。非一士之智也。（三語排變調）信哉。夫高祖起微細。定海內。謀計用兵。可謂盡之矣。然劉敬脫輓

略一說建萬世之安智豈可專邪叔孫通希世度務制禮進退與時變化卒爲漢家儒宗大直若詘道固委蛇蓋謂是乎史公原不貶剝叔孫是

劉敬叔孫通蓋以高祖定天下無事不出其度內止有建都興禮兩節則聞於此兩人此兩人合傳之故也觀贊語可見○此傳建都與禮二大事故爲漢代鋪張大文章大筆力只用平直質序絕無花巧而正正堂堂局段自不可搖動○兩傳俱直起直收無頭無尾是史記中另一樣體格

季布欒布列傳

季布者楚人也爲氣任俠只四字點明一篇主意有名於楚項籍使將兵數窘漢王略事及項羽滅高祖購求布千金敢有舍匿罪及三族季布匿濮陽周氏欲序朱家先以周氏引起周氏曰漢購將軍急迹且至臣家虛寫作一頓下方可作急語將軍能聽臣臣敢獻計卽不能願先自剄寫急語入情然獻計只作一冒下竟序出不復說明文中變法季布許之乃髡鉗季布衣褐衣置廣柳車中幷與其家僮數十人之魯朱家所賣之逐句裝點髡鉗一褐衣二廣柳車三家僮四偏之朱家五歷歷序來色澤濃郁朱家心知是季布先一心知妙乃買而置之田誡其子曰田事聽此奴必與同食正頂心知來並不明說默默照應寫得如見朱家乃乘軺車之洛陽軺車應廣柳車見汝陰侯滕公滕公留朱家飲數日數日妙若不爲季布來者因謂滕公曰季布何大罪而上求之急也寬語引入不急不緩妙滕公曰布數爲項羽窘上上

中華書局印行

怨之故必欲得之朱家曰君視季布何如人也又跌一句曰賢者也朱家曰臣各爲其主用季布爲項籍用職耳一層項氏臣可盡誅邪二層今上始得天下獨以己之私怨求一人何示天下之不廣也三層且以季布之賢項賢者來而漢求之急如此如此如此舍匿三族在內見一時情事難堪不必多語而其事已急此不北走胡卽南走越耳夫忌壯士以資敵國此伍子胥所以鞭荊平王之墓也四層莊言危語層層折入一步緊一步君何不從容爲上言邪汝陰侯滕公心知朱家大俠意季布匿其所又一心知妙可以意喻難以言傳其妙如此朱家大俠接季布任俠來乃許曰諾待間果言如朱家指只一句省上乃赦季布當是時諸公皆多季布能摧剛爲柔朱家亦以此名聞當世雙收季布朱家季布召見句謝句上拜爲郎中一孝惠時爲中郎將單于嘗爲書嫚呂后不遜呂后大怒召諸將議之上將軍樊噲曰臣願得十萬衆橫行匈奴中諸將皆阿呂后意曰然先作一縱季布曰樊噲可斬也夫高帝將兵四十餘萬衆困於平城今噲奈何以十萬衆橫行匈奴中面欺且秦以事於胡陳勝等起于今創痍未瘳噲又面諛一面欺一面諛兩兩相對欲搖動天下是時殿上皆恐此卽阿意之諸將也側面寫來襯出季布太后罷朝遂不復議擊匈奴事一季布爲河東守孝文時人有言其賢者孝文召欲以爲御史大夫復有言

其勇（句）使酒（句）難近（句）至（句）留邸一月見罷季布因進曰臣無功竊寵待罪河東陛下無故召臣此人必有以臣欺陛下者今臣至無所受事罷去此人必有以毀臣者（兩對語）夫陛下以一人之譽而召臣一人之毀而去臣（亦兩對語）臣恐天下有識聞之有以闚陛下也（總結上毀譽二項）上默然（句）慚（句）良久曰河東吾股肱郡故時召君耳（時字妙以粉飾無事而召之耳漢書作特情事不合何啻天淵）布辭之官一楚人曹丘生辯士數招權顧金錢事貴人趙同等與竇長君善（寫得曹丘無賴甚）季布聞之寄書諫竇長君曰吾聞曹丘生非長者勿與通及曹丘生歸欲得書請季布（逢人索薦書古即有之邪若是曹丘果非長者也）竇長君曰季將軍不說足下足下無往固請書遂行（因季布不說偏請季布借竇長君口中點明作一頓折）使人先發書（又作頓妙）一季布果大怒待曹丘（先自描一筆作下襯）曹丘至即揖季布曰楚人諺曰（兩楚人先引楚諺）得黃金百斤不如得季布一諾（一見便訣且道著季布心坎上事是玩弄季布）足下何以得此聲於梁楚間哉且僕楚人足下亦楚人也（說得如許親切下便于折入）僕游揚足下之名於天下顧不重邪何足下距僕之深也季布迺大說（季布入其玄中）引入留數月爲上客厚送之季布名所以益聞者曹丘揚之也一（因曹丘一事遂找完一筆實不重曹丘揚名也）季布弟季心氣蓋關中遇人恭謹爲任俠（季心附傳寫得與季布一樣）方數

千里士皆爭爲之死。嘗殺人亡之吳。從袁絲匿。長事袁絲。弟畜灌夫籍福之屬。嘗爲中司馬。中尉郅都不敢不加禮。（季心不實寫反從旁人襯出所謂不知其人視其所與也又一種法）少年多時時竊籍其名以行。當是時。季心以勇。布以諾。（末又借季布一襯繳還本傳以附傳論則心主布客借客形主以本傳論則布主心客因客歸主文法變化之妙）著聞關中。—季布母弟丁公。爲楚將。（又附一丁公總是楚人楚將）丁公爲項羽逐窘高祖彭城西。短兵接。（應布爲項籍將兵窘漢王）高祖急。顧丁公曰。兩賢豈相戹哉。於是丁公引兵而還。（與布窘漢王反）漢王遂解去。及項王滅。丁公謁見高祖。（與購布千金反）高祖以丁公徇軍中。曰。丁公爲項王臣不忠。使項王失天下者。迺丁公也。遂斬丁公。（與赦季布拜郎中反忠奸禍福不同如此令人歎息）曰。使後世爲人臣者無效丁公。—（季布兩附傳季心正合丁公以反襯）

以欒布者。梁人也。始梁王彭越爲家人時。嘗與布游。（一段結彭越）窮困。賃傭於齊。爲酒人保。—數歲。彭越去之巨野中爲盜。而布爲人所略賣。爲奴於燕。（季布爲奴欒布亦爲奴兩兩對照）爲其家主報仇。燕將臧荼舉以爲都尉。臧荼後爲燕王。以布爲將。—（一段結臧茶）及臧荼反。漢擊燕。虜布。梁王彭越聞之。迺言上。請贖布以爲梁大夫。—（雙結彭越臧茶兩事）使於齊。未還。（先插一句頓住）漢召彭越。責以謀反。夷三族。已而梟彭越頭於雒陽下。詔曰。有敢收視者。輒捕之。布從齊還。（開接）奏事彭越頭下奇祠而哭之。吏捕布以聞。上召布。罵曰。若與彭越反邪。吾禁人勿收。若獨祠而哭之。與越反明矣。趣亨之。方提趣湯故作危語一闕布顧曰。願一言而死。上曰。何言。布曰。方上之困於彭城。敗滎陽成皋間。項王所以遂不能西。徙以彭王居梁地。與漢合從苦楚也。當是之時。彭王一顧。與楚則漢破。與漢而楚破。且垓下之會。微彭王。項氏不亡。天下已定。彭王剖符受封。亦欲傳之萬世。今陛下一徵兵於梁。彭王病不行。而陛下疑以為反。反形未見。以苛小案誅滅之。臣恐功臣人人自危也。不作奇語只從實直序已令高祖奪氣今彭王已死。臣生不如死。請就亨。一句纖完蓋此時正提趣湯之時也於是上迺釋布罪。拜為都尉。—孝文時。為燕相。至將軍。布迺稱曰。窮困不能辱身下志。非人也。富貴不能快意。非賢也。於是嘗有德者厚報之。有怨者必以法滅之。—欒布事前後俱虛寫吳軍反時。以軍功封俞侯。復為燕相。燕齊之間。皆為欒布立社。號曰欒公社。—立社事亦只虛寫景帝中五年薨。子賁嗣。為太常。犧牲不如令。國除。

太史公曰。以項羽之氣。而季布以勇顯於楚。身屨典軍搴旗者數矣。可謂壯士。一折然被刑戮。為人奴而不死。何其下也。二折彼必自負其材。故受辱而不羞。欲有所用其未足也。故終爲漢名將。三折賢者誠重其死。夫婢妾賤人。感慨而自殺者。非能勇也。其計畫無復之耳。欒布哭彭越。趣湯如歸者。彼誠知所處。不自重其死。雖往古烈士。何以加哉。

季布欒布只是一重其死一不重其死觀贊語可見而任俠同爲奴同其氣節亦同所以爲兩人合傳○季布傳寫魯朱家滕公兩心知處神情默默相喻文情亦默默相喻且姿致姸妙句句擊節○季布一傳正寫處只折樊噲對文帝數語餘則借周氏借魯朱家借滕公借曹丘生四面襯貼而季布節槩無不現出此綠葉扶花之法也○季心附傳幷不實寫一句亦只借袁絲灌夫籍福郅都襯貼同一機軸○欒布亦只辯彭王一事前後俱虛寫夫逐段鋪排逐事堆梁非考功籍郎屠家帳耳何足與言文哉

袁盎鼂錯列傳

袁盎者、楚人也、字絲、父故爲羣盜。徙處安陵。袁盎狠戾陰毒其源出於盜所以深賤之深惡之也高后時。盎嘗爲呂祿舍人。叛臣之黨及孝文帝卽位。盎兄噲任盎爲中郎。又出於私舉絳侯爲丞相。朝罷趨出。意得甚。先形容一句上禮之恭。常自送之。又形容一句袁盎進曰。陛下以丞相何如人。卽自送上落下上曰。社稷臣。是自送心事卽從此破之故盎曰。絳侯所謂功臣。非社稷臣。先提明劈破社稷臣主在與在。主亡與亡。方呂后時。諸呂用事。擅相王。劉氏不絕如帶。是時絳侯爲太尉。主兵柄。弗能正。（繳完非社稷臣）呂后崩。大臣相與共畔諸呂。太尉主兵。適會其成功。（繳完功臣）所謂功臣。非社稷臣。（總收一筆論斷完下入近事）丞相如有驕主色。陛下謙讓。臣主失禮。竊為陛下不取也。（一篇議論在此結穴）後朝。上益莊。丞相益畏。已而絳侯望袁盎曰。吾與而兄善。今兒廷毀我。盎遂不謝。（先作一颺已伏革面之意）及絳侯免相之國。國人上書告以為反。徵繫請室。宗室諸公莫敢為言。唯袁盎明絳侯無罪。絳侯得釋。盎頗有力。絳侯乃大與盎結交。一（初詘丞相後乃明其無罪似乎無我至公細玩其文初不過繆詞以適君心後因絳侯之望其兄之故頓轉面孔觀有力字結交字可見史公作文不用褒貶而其情自見此等是也）

淮南厲王朝。殺辟陽侯。居處驕甚。袁盎諫曰。諸侯太驕。必生患。可適削地。上弗用。淮南王益橫。及棘蒲侯柴武太子謀反事覺。（句）治。（句）連淮南王。淮南王徵。上因遷之蜀。轞車傳送。袁盎時為中郎將。乃諫曰。陛下素驕淮南王。弗稍禁。以至此。今又暴摧折之。淮南王為人剛。如有遇霧露行道死。陛下竟為以天下之大弗能容。有殺弟之名。奈何。（與上絳侯事一樣）上弗聽。遂行之。淮南王至雍。病死。（句）聞。（句）上輟食。哭甚哀。盎入頓首請罪。（何與袁盎事正自明其言之中也）上曰。以不用公言至此。盎曰。上自寬。此往事。豈可悔哉。且陛下有高世之行者三。此不足以毀名。（前欲削之後欲寬之一反一復頓成兩截至此又釐出一峯奇）上曰。吾高世行三者何事。盎曰。陛下居代時。太后嘗病。三年。陛下不交睫。不解衣。湯藥非陛下口所嘗。弗進。夫曾參以布衣猶難之。今陛下親以王者修之。過曾參孝遠矣。一段夫諸呂用事。大臣專制。然陛下從代乘六乘傳。馳不測之淵。雖賁育之勇。不及陛下。二段陛下至代邸。西向讓天子位者再。南面讓天子位者三。夫許由一讓。而陛下五以天下讓。過許由四矣。三段俱何與淮南事而牽扯準折不過借以奉文帝耳三段引三古人序處錯落變化極操縱可觀且陛下遷淮南王。欲以苦其志。使改過。有司衞不謹。故病死。於是上乃解。曰。將奈何。盎曰。淮南王有三子。唯在陛下耳。於是文帝立其三子皆爲王。盎由此名重朝廷。—一篇詞說只爲淮南三子耳看來似乎有爲

袁盎常引大體忼慨。—一篇平序文字於前後事間忽插兩語若結上若起下是史公所長宦者趙同以數幸。常害袁盎。袁盎患之。盎兄子種爲常侍騎。持節夾乘。一家之人偏於持節夾乘時說蓋見景生情一時偶觸是當日情事且未及乘車參乘事先出持節夾乘字妙說盎曰。君與鬭。廷辱之。使其毀不用。孝文帝出。趙同參乘。袁盎伏車前曰。臣聞天子所與共六尺輿者。皆天下豪英。隨口撰出故不文今漢雖乏人。陛下獨奈何與刀鋸餘人載。亦簡勁有力於是上笑。下趙同。趙同泣下車。—一笑一泣點綴後雅兩下字作兩樣寫尤妙

文帝從霸陵上。欲西馳下峻阪。袁盎騎。竝車擥轡。正與持節夾乘應上曰。將軍怯邪。盎曰。臣

聞千金之子。坐不垂堂。百金之子。不騎衡。諺語叶韻衡音杭下一句是添出 聖主不乘危而徼幸。今陛下騁六騑。馳下峻山。如有馬驚車敗。陛下縱自輕。奈高廟太后何。上乃止。一上幸上林。皇后慎夫人從。其在禁中。常同席坐。先補一句及坐。郎署長布席。袁盎引卻慎夫人坐。慎夫人怒。不肯坐。上亦怒。起入禁中。四坐字兩怒字頓挫作致 盎因前說曰。臣聞尊卑有序。則上下和。今陛下既已立后。慎夫人乃妾。妾主豈可與同坐哉。且陛下幸之。即厚賜之。陛下所以爲慎夫人。適所以禍之。陛下獨不見人彘乎。於是上乃說。召語慎夫人。慎夫人賜盎金五十斤。一然袁盎亦以數直諫。頂上兩節 不得久居中。調爲隴西都尉。仁愛士卒。士卒皆爭爲死。還爲齊相。一實事虛寫 徙爲吳相。辭行。種謂盎曰。吳王驕日久。國多姦。今苟欲劾治。彼不上書告君。即利劍刺君矣。無意中點句伏後案 一南方卑溼。君能日飲。毋何。毋幾何時也字法俊 時說王曰。毋反而已。如此。幸得脫。盎用種之計。吳王厚遇盎。盎告歸。一爲吳相告歸也 道逢丞相申屠嘉。下車拜謁。丞相從車上謝。袁盎。袁盎還。愧其吏。乃之丞相舍上謁。求見丞相。丞相良久而見之。盎因跪曰。願請閒。丞相曰。使君所言公事。之曹。與長史掾議。吾且奏之。即私邪。吾不受私語。車上謝良久見不受私語寫丞相驕 袁盎即跪說。下車拜上謁兩跪字極寫袁盎挫折處 曰。君爲丞相。自度孰與陳平絳侯。丞相曰。吾不如。袁盎曰。善。君卽自謂不如。倒句 夫陳平絳侯。輔翼高帝。定天下。爲將相。而誅諸呂。存劉氏。君乃爲材官蹶張。遷爲隊率。積功。至淮陽守。非有奇計攻城野戰之功。先折其氣 且陛下從代來。每朝。郞官上書疏。未嘗不止輦受其言。言不可用。置之。言可受。採之。未嘗不稱善。兩未嘗錯落 何也。則欲以致天下賢士大夫。上日聞所不聞。明所不知。日益聖智。君今自閉鉗天下之口。而日益愚。兩日益對 夫以聖主責愚相。君受禍不久矣。兩々雙承一句雙收 丞相乃再拜曰。嘉鄙野人。乃不知。將軍幸敎。引入與坐。爲上客。一 盎素不好鼂錯。接入鼂錯事先虛寫 鼂錯所居坐。盎去。盎坐。錯亦去。兩人未嘗同堂語。兩調一承緊峭 及孝文帝崩。孝景帝卽位。鼂錯爲御史大夫。使吏案袁盎受吳王財物。抵罪。詔赦以爲庶人。鼂錯一害袁盎 吳楚反。聞。鼂錯謂丞史曰。夫袁盎多受吳王金錢。專爲蔽匿。言不反。今果反。欲請治盎。宜知計謀。鼂錯二害袁盎乘勢報怨視同几肉孰知反覆間身首頓異茫茫天道可不畏哉 丞史曰。事未發。治之有絕。今兵西鄉。治之何益。且袁盎不宜有謀。只一句掉轉峭勁 鼂錯猶與未決。人有告袁盎者。袁盎恐。夜見竇嬰。爲言吳所以反者。願至上前口對狀。錯發之遲盎應之捷已先一著矣盎之巧固出錯上 竇嬰入言上。上乃召袁盎入見。

鼂錯在前。及盎請辟人賜間。錯去。固恨甚。袁盎具言吳所以反狀。以錯故。獨急斬錯以謝吳。吳兵乃可罷。其語具在吳事中。一收作數行情事已具不如吳傳佳史公爲袁盎諱也使袁盎爲太常。竇嬰爲大將軍。兩人素相與善。逮吳反。諸陵長者。長安中賢大夫。爭附兩人。車隨者日數百乘。及鼂錯已誅。間接袁盎以太常使吳。吳王欲使將。不肯。欲殺之。使一都尉以五百人圍守盎軍中。袁盎自其爲吳相時。倒提法嘗有從史嘗盜愛盎侍兒。盎知之。弗泄。遇之如故。人有告從史。言君知爾與侍者通。乃亡歸。袁盎驅自追之。遂以侍者賜之。復爲從史。及袁盎使吳見守。從史適爲守盎校尉司馬。乃悉以其裝齎置二石醇醪。會天寒。士卒饑渴。飲酒醉。西南陬卒皆臥。司馬夜引袁盎起。曰。君可以去矣。吳王期旦日斬君。補出盎弗信。曰。公何爲者。司馬曰。臣故爲從史盜君侍兒者。點得明快盎乃驚謝曰。公幸有親。吾不足以累公。司馬曰。君第去。臣亦且亡。避吾親。君何患。乃以刀決張道。從醉卒直隧出。司馬與分背。袁盎解節毛懷之。句杖。句步行七八里。句明。句見梁騎。騎馳去。前此步騎縷縷明晰遂歸報。吳楚已破。上更以元王子平陸侯禮爲楚王。袁盎爲楚相。嘗上書。有所言。不用。一應數直諫袁盎病免居家。與閭里浮沈。相隨行。鬬雞走狗。又插

（數句作致而其人性情俱現是史公聞中著色處）雒陽劇孟嘗過袁盎。盎善待之。安陵富人有謂盎曰。吾聞劇孟博徒。將軍何自通之。（富人二字妙眼光短小胸懷逼仄非富人不能）盎曰。劇孟雖博徒。然母死。客送葬車千餘乘。此亦有過人者。且緩急人所有。夫一旦有急叩門。不以親爲解。不以存亡爲辭。天下所望者。獨季心劇孟耳。（又添一季心陪）今公常從數騎。一旦有緩急。寧足恃乎。（俠士必豪富人必嗇是固以錢爲命者也彼何能緩急人人亦何自求緩急於若輩也公何見之晚乎）罵富人。弗與通。諸公聞之。皆多袁盎。一（鷄鶵青冥鴟梟腐鼠同生天地間彼何必罵此何必多然以寫袁將軍節槩）袁盎雖家居。（間接）景帝時時使人問籌策。梁王欲求爲嗣。袁盎進說。其後語塞。（省筆）梁王以此怨盎。曾使人刺盎。刺者至關中。問袁盎。諸君譽之。皆不容口。乃見袁盎曰。臣受梁王金來刺君。君長者。不忍刺君。然後刺君者十餘曹。備之。（應長劍刺君三刺君字口語歷歷）袁盎心不樂。家又多恠。乃之棓生所問占。（句）還。（句）梁刺客後曹輩果遮刺殺盎安陵郭門外。一鼂錯者、潁川人也、學申商刑名於軹張恢先所。與雒陽宋孟及劉禮同師。以文學爲太常掌故。錯爲人陗直刻深。一（四字得鼂錯之神）孝文帝時。天下無治尚書者。獨聞濟南伏生。故秦博士。治尚書。年九十餘。老。不可徵。乃詔太常使人往受之。太常遣錯受尚書伏生所。（句）還。（句）因上便宜事。以書稱說。（卽以書說妙寫鼂錯聽明過人）詔以爲太子舍人門大夫家令。（三遷總序）以其辨得幸太子。太子家號曰智囊。（一句總結上三項）數上書孝文時。言削諸侯事。及法令可更定者。書數十上。孝文不聽。然奇其材。遷爲中大夫。當是時。太子善錯計策。袁盎諸大功臣多不好錯。（卽點出袁盎伏）景帝卽位。以錯爲內史。錯常數請閒言事。輒聽。（應文帝不聽）寵幸傾九卿。（應諸大臣不好錯）法令多所更定。（應上書更定法令）丞相申屠嘉心弗便。力未有以傷。內史府居太上廟壖中。門東出。不便。錯乃穿兩門南出。鑿廟壖垣。丞相嘉聞大怒。欲因此過爲奏請誅錯。錯聞之。卽夜請閒。具爲上言之。（正與袁盎一樣）丞相奏事。因言錯擅鑿廟垣爲門。請下廷尉誅。上曰。此非廟垣。乃壖中垣。不致於法。丞相謝。罷朝。怒謂長史曰。吾當先斬以聞。乃先請爲兒所賣。固誤。丞相遂發病死。錯以此愈貴。遷爲御史大夫。請諸侯之罪過。削其地。收其枝郡。奏上。上令公卿列侯宗室集議。莫敢難。獨竇嬰爭之。由此與錯有郤。（與竇嬰與袁盎相善對照）錯所更令三十章。（遙接更令卽削諸侯等事也）諸侯皆諠譁疾鼂錯。錯父聞之。從潁川來。謂錯曰。上初卽位。公爲政用事。侵削諸侯。別疏人骨肉。人口議多怨公者。何也。鼂錯曰。固也。不如此。天子不尊。宗廟不安。錯父曰。劉氏安矣。而鼂氏危矣。吾去公歸矣（三矣字疊句韻）遂飲藥死。曰吾不忍見禍及吾身。一死十餘日。吳楚七國果反。以誅錯爲名。及竇嬰袁盎進說。上令鼂錯衣朝衣斬東市。（斬錯事亦只略寫）鼂錯已死。謁者僕射鄧公爲校尉。擊吳楚軍爲將。（句）還。（句）上書言軍事。謁見上。上問曰。道軍所來。（道從也）聞鼂錯死。吳楚罷不。鄧公曰。吳王爲反數十年矣。發怒削地。以誅錯爲名。其意非在錯也。（點得破）且臣恐天下之士噤口不敢復言也。（先作一頓）上曰。何哉。鄧公曰。夫鼂錯患諸侯彊大不可制。故請削地以尊京師。萬世之利也。計畫始行。卒受大戮。內杜忠臣之口。外爲諸侯報仇。臣竊爲陛下不取也。於是景帝默然良久曰。公言善。吾亦恨之。乃拜鄧公爲城陽中尉。鄧公成固人也。多奇計。建元中上招賢良。公卿言鄧公。時鄧公免。起家爲九卿。一年復謝病免歸。其子章以修黃老言顯于諸公間。（即鄧公之言接序數行另附鄧公一小傳是變法）

太史公曰。袁盎雖不好學。亦善傅會。仁心爲質。引義忼慨。遭孝文初立。資適逢世。（傳會逢世是袁盎一生心術）時以變易。及吳楚一說。說雖行哉。然復不遂。好聲矜賢。竟以名敗。鼂錯爲家令時。數言事不用。後擅權。多說變更。諸侯發難。不急匡救。欲報私讎。反以亡

軀。語曰。變古亂常。不死則亡。豈錯等謂邪。贊語竟作兩對

此傳凡立兩扇因時事相合遂牽冤家作一傳寫細看來刻削陰鷙盎錯原是一種人史公亦用一樣筆法至今讀之猶畏惡其人鷹化爲鳩其眼尚赤○袁盎鼂錯一時之事而分作兩傳寫必多雷同處他偏約略其詞一人一樣章法句法一字不同是史公賣奇處○吾嘗恨袁盎欺文帝斬鼂錯而吳兵不罷何以不幷誅袁盎雖有竇嬰輩爲之周旋如國法何然不死於吳卒死於梁天也至釋氏冤報於十七世之後讀之凜然人亦何爲於石火電光之中植此冤對也哀哉

張釋之馮唐列傳

張廷尉釋之者、堵陽人也、字季。有兄仲同居。以訾爲騎郎。事孝文帝。十歲不得調。無所知名。先抑之作一頓釋之曰。久宦減仲之產。不遂。欲自免歸。中郎將袁盎知其賢。惜其去。乃請徙釋之補謁者。稍遷釋之既朝畢。因前言便宜事。文帝曰。卑之。毋甚高論。令今可施行也。臨時又作一頓於是釋之言秦漢之間事。秦所以失。而漢所以興者久之。久之二字中包許多議論在內是紀事文帝稱善。乃拜釋之爲謁者僕射。又稍遷釋之從行。登虎圈。上問上林尉諸禽獸簿。十餘問。尉左右視。盡不能對。只十餘問左右視六字寫張皇失措如見是寫生之筆虎圈嗇夫從旁代尉對上所問禽獸簿甚悉。此代尉對也甚悉正反應尉欲以觀其能口對響應無窮者。此上欲觀其能

（再有所問而響應無窮也作兩段寫）文帝曰吏不當若是邪尉無賴（只兩句結完尉與嗇夫口角如是）乃詔釋之拜嗇夫為上林令釋之久之（此久之二字包許多遲疑却顧在內是寫情兩久之作兩樣用）前曰陛下以絳侯周勃何如人也上曰長者也又復問東陽侯張相如何如人也上復曰長者（兩何如人也兩長者發端妙）釋之曰夫絳侯東陽侯稱為長者此兩人言事曾不能出口豈斆此嗇夫諜諜利口捷給哉（提轉）且秦以任刀筆之吏吏爭以亟疾苛察相高然其敝徒文具耳無惻隱之實以故不聞其過陵遲而至於二世天下土崩今陛下以嗇夫口辯而超遷之臣恐天下隨風靡靡爭為口辯而無其實且下之化上疾於景響舉錯不可不審也（一段節奏佳）文帝曰善乃止不拜嗇夫上就車召釋之參乘徐行問釋之秦之敝（接上秦事）具以質言（反映嗇夫）至宮上拜釋之為公車令一頃之太子與梁王共車入朝不下司馬門於是釋之追止太子梁王無得入殿門遂劾不下公門不敬奏之薄太后聞之文帝免冠謝曰教兒子不謹（想漢朝家法之盛）薄太后乃使使承詔赦太子梁王然後得入文帝由是奇釋之拜為中大夫一頃之至中郎將從行至霸陵（霸陵蓋即文帝預造之壽陵也方與下石槨語合）居北臨廁（韋曰高岸夾水為廁或然）是時慎夫人從上指示慎夫人新豐道曰此走邯鄲道也使慎夫人

鼓瑟上自倚瑟而歌意慘悽悲懷愼夫人邯鄲人也千秋萬歲後當從塟於此故回望故國黯焉神傷不覺悲來塡膺也顧謂羣臣曰嗟乎以北山石為槨用紵絮斮陳蕠漆其間豈可動哉感慨目前流光難駐指顧身後丘冢關心又不覺其計之早也無可柰何之思一片神情宛然如見左右皆曰善釋之前進曰使其中有可欲者雖錮南山猶有郄使其中無可欲者雖無石槨又何戚焉一段無聊無賴無端悲慨忽以正論結之文帝稱善其後拜釋之為廷尉一頃之以上三頃之正應十年不調也上行出中渭橋有一人從橋下走出乘輿馬驚於是使騎捕屬之廷尉釋之治問曰縣人來聞蹕匿橋下久之以為行已過即出見乘輿車騎即走耳以短節寫情事徑盡廷尉奏當一人犯蹕當罰金文帝怒曰此人親驚吾馬吾馬賴柔和令他馬固不敗傷我乎而廷尉乃當之罰金釋之曰法者天子所與天下公共也今法如此而更重之是法不信于民也且方其時上使立誅之則已此是寬一句借作說詞耳乃後人認客作主議論紛紛豈為善讀書者哉今既下廷尉廷尉天下之平也一傾而天下用法皆為輕重民安所措其手足唯陛下察之良久此是寫文帝遲疑上曰廷尉當是也其後有人盜高廟坐前玉環捕得文帝怒下廷尉廷尉治釋之案律盜宗廟服御物者為奏奏當棄市上大怒曰人之無道乃盜先帝廟器吾屬廷尉者欲致族之而君以法

奏之。非吾所以共承宗廟意也。釋之免冠頓首謝曰。法如是足也。（兩法如是對）且罪等。然以逆順爲差。今盜宗廟器而族之。有如萬分之一。假令愚民取長陵一抔土。陛下何以加其法乎。久之。（久之是寫文帝遲疑與上一樣用）文帝與太后言之。乃許廷尉。（以上兩節是對照故連寫）當是時中尉條侯周亞夫與梁相山都侯王恬開見釋之持議平。乃結爲親友。張廷尉由此天下稱之。（又借周亞夫王恬開襯貼）後、文帝崩。景帝立。釋之恐。稱病。欲免去。懼大誅至。欲見謝。則未知何如。（先寫張廷尉心事徬徨無措乃趁勢側入王生）用王生計。卒見謝。景帝不過也。王生者。善爲黃老言。處士也。（王生附傳）嘗召居廷中。三公九卿盡會立。王生老人。曰（增老人二字爲王生寫照正令張廷尉氣折）吾韤解。顧謂張廷尉。爲我結韤。釋之跪而結之。（故不說明妙）旣已。人或謂王生曰。獨奈何廷辱張廷尉。使跪結韤。王生曰。吾老且賤。自度終無益於張廷尉。張廷尉方今天下名臣。吾故聊辱廷尉。使跪結韤。欲以重之。諸公聞之。賢王生而重張廷尉。一（連用六張廷尉正爲王生結韤照耀）張廷尉事景帝歲餘。爲淮南王相。猶尚以前過也。（前景帝不過以所以顯王生倘以前過所以惜景帝也）久之。釋之卒。一（此久之則紀時也紀淹滯也多少用法久之與十年不調應）其子曰張摯。字長公。官至大夫。免。以不能取容當世。故終身不仕。一馮唐者、其大父趙人。父徙代。（先提大父趙人父徙代伏）

案

漢興。徙安陵。唐以孝著。爲中郎署長。事文帝。文帝輦過。問唐曰。父老何自爲郎。家安在。唐具以實對。前伏趙代此又從家安在引入文帝居代從居代引入李齊鉅鹿有源有委如聽面談文帝曰。吾居代時。吾尙食監高袪數爲我言趙將李齊之賢。戰於鉅鹿下。今吾每飯。意未嘗不在鉅鹿也。因尙食監之言故見飯而念監因監而念鉅鹿也遇事生心眞有如此父知之乎。唐對曰。尙不如廉頗李牧之爲將也。上曰。何以。唐曰。臣大父在趙時。爲官卒將。善李牧。臣父故爲代相。善趙將李齊。知其爲人也。應前大父父幷逃還李齊上既聞廉頗李牧爲人。良。所言頗收虛序只反點一句神色俱動說而搏髀曰。嗟乎。吾獨不得廉頗李牧時爲吾將。吾豈憂匈奴哉。唐曰。主臣。陛下雖得廉頗李牧。弗能用也。正好處忽然截住突兀之極妙甚上怒。起入禁中。良久。此良久則寫上怒未平召唐讓曰。公奈何衆辱我。獨無間處乎。唐謝曰。鄙人不知忌諱。前截住此已透一線忽又頓住妙當是之時。匈奴新大入朝那。殺北地都尉卬。上以胡寇爲意。乃卒復問唐曰。公何以知吾不能用廉頗李牧也。咽住復起章法之妙唐對曰。臣聞上古王者之遣將也。跪而推轂曰。閫以內者。寡人制之。閫以外者。將軍制之。軍功爵賞。皆決於外。歸而奏之。此非虛言也。述古長一句收住臣大父言李牧爲趙將。仍歸大父居邊。軍市之租。皆自用饗士。賞賜決於外。不從中擾也。委任而責成功。故李牧乃得盡其智能。遣選車千三百乘。彀騎萬三千。百金之士十萬。是以北逐單于。破東胡。滅澹林。西抑彊秦。南支韓魏。序功處正以忻動文帝當是之時。趙幾霸。其後會趙王遷立。其母倡也。王遷立。乃用郭開讒。卒誅李牧。令顏聚代之。是以兵破士北。爲秦所禽滅。今臣竊聞魏尙爲雲中守。其軍市租盡以饗士卒。私養錢。五日一椎牛。饗賓客軍吏舍人。寫得與李牧一樣是以匈奴遠避。不近雲中之塞。虜曾一入。尙率車騎擊之。所殺甚衆。夫士卒盡家人子。起田中從軍。安知尺籍伍符。終日力戰。斬首捕虜。數句是止知力戰不識文法也上功莫府。一言不相應。文吏以法繩之。其賞不行。而吏奉法必用。臣愚以爲陛下法太明。賞太輕。罰太重。先虛序且雲中守魏尙坐上功首虜差六級。至此乃點明陛下下之吏。削其爵。罰作之。由此言之。陛下雖得廉頗李牧。弗能用也。臣誠愚。觸忌諱。死罪死罪。文帝說。是日。應前良久令馮唐持節赦魏尙。復以爲雲中守。而拜唐爲車騎都尉。主中尉及郡國車士。七年。景帝立。以唐爲楚相。免。武帝立。求賢良。舉馮唐。唐時年九十餘。不能復爲官。乃以唐子馮遂爲郎。遂字王孫。亦奇士。與余善。馮遂亦與張摯對

太史公曰、張季之言長者。守法不阿意。馮公之論將率。有味哉。有味哉。語曰。不知其

人。視其友。二君之所稱誦。可著廊廟。書曰。不偏不黨。王道蕩蕩。不黨不偏。王道便便。

張季馮公近之矣。

張廷尉長者看來馮公亦長者是一時之人一時之言俱以文帝納諫相合故史公寫作合傳非無謂也漢書插入汲鄭何與○張廷尉傳氣勢鬱勃不露鋒鋩厚重之人亦還他一篇厚重文字至馮唐傳止是論魏尙一事轉折頓挫明快可喜便有鋒鋩矣○霸陵一段寫悲歌慷慨萬慮縱橫其來無端莫能自禁古人云每聞淸歌輒歎奈何正是此意然索解人不得也予一日夜登虎丘寂寥無人忽聞絲竹杳冥從天外飛來淒然久之時同行二客予問曰子聞此子心奈何一人曰樂甚予曰仙人一人曰吾心如故也予曰子已作佛矣安得懺此狂情立登大覺乎偶記於此

萬石張叔列傳

萬石君名奮、其父趙人也、姓石氏。趙亡。徙居溫。一高祖東擊項籍。過河內。時奮年十五。爲小吏。侍高祖。高祖與語。愛其恭敬。孝謹是一篇主意故起頭先提恭敬二字問曰。若何有。對曰。奮獨有母。不幸失明。家貧。有姊。能鼓琴。高祖曰。若能從我乎。曰。願盡力。於是高祖召其姊爲美人。以奮爲中涓。受書謁。徙其家長安中戚里。以姊爲美人故也。一宕一筆其官至孝文時。積功勞至大中大夫。無文學。恭謹無與比。又點一句是萬石君一生受用處文帝時。東陽侯張相如爲太子太傅。免。選可爲傳者。皆推奮。奮爲太子太傅。及孝景卽位。以爲九

卿。迫近。憚之。徙奮爲諸侯相。一奮長子建。次子甲。次子乙。次子慶。皆以馴。行。孝。謹。又點一句
官皆至二千石。於是景帝曰。石君及四子。皆二千石。人臣尊寵。乃集其門。號奮爲
萬石君。一總序結出傳名然美事可風也孝景帝季年。萬石君以上大夫祿。歸老于家。萬石君宦跡俱虛寫過却
于後總序其一生事然俱不出孝謹二字以歲時爲朝臣。過宮門闕。萬石君必下車趨。見路馬。必式焉。子
孫爲小吏。來歸謁。萬石君必朝服見之。不名。子孫有過失。不譙讓。爲便坐。對案不食。
然後諸子相責。因長老肉袒固謝罪。改之。乃許。寫家庭中事幽細如此子孫勝冠者在側。雖燕
居。必冠。申申如也。僮僕。訢訢如也。唯謹。一又點一句上時賜食於家。必稽首俯伏而食之。
如在上前。其執喪。哀戚甚悼。子孫遵教。亦如之。萬石君家。以。孝。謹。聞。乎。郡。國。又點一句雖
齊魯諸儒質行。皆自以爲不及也。一序完後又提出賜食執喪二字再以贊語一結更覺細潤建元二年、郎中令
王臧。以。文。學。獲。罪。應前無文學故以王臧反形之皇太后以爲儒者文多質少。今萬石君家不言而
躬行。乃以長子建爲郎中令。少子慶爲內史。一因萬石君而用其子即用長子少子字妙建老白首。萬石
君尚無恙。以下序建事仍跟萬石君來建爲郎中令。每五日洗沐。歸謁親。入子舍。竊問侍者。取親
中裙廁牏。身自浣滌。復與侍者。不敢令萬石君知。以爲常。一極寫事親之孝建爲郎中令。事

有可言。屏人恣言極切。至廷見。如不能言者。是以上乃親尊禮之。一（極寫其事君之謹）萬石君徙居陵里。內史慶醉歸。入外門。不下車。萬石君聞之。不食。慶恐。肉袒請罪。不許。舉宗及兄建肉袒。萬石君讓曰。內史貴人。入閭里。里中長老皆走匿。而內史坐車中自如。固當。乃謝罷慶。（夾序入石慶事）慶及諸子弟入里門。趨至家。一（此一節應前對案不食肉袒謝罪）萬石君以元朔五年中卒。長子郎中令建哭泣哀思。扶杖乃能行。一（此一節應執喪哀悼子孫遵教）歲餘。建亦死。諸子孫咸孝。（又點孝字）然建最甚。（句）甚於萬石君。（兩甚字妙諸子孫之中建爲甚而且甚於萬石君極言其孝也）建爲郎中令。書奏事。（句）事下。（句）建讀之曰。（句）誤。（句）書馬字。（句）與尾當五。（句）今乃四。（句）不足。一。（句法古健）上譴死矣。甚惶恐。其爲謹慎。雖他皆如是。一（又點謹字序完石建死後又抽出一事以槩之也）萬石君少子慶爲太僕。（此後序石慶事）御出。上問車中幾馬。慶以策數馬畢。舉手曰。六馬。慶於諸子中最爲簡易矣。然猶如此。（簡易應前不下里門事）爲齊相。舉齊國皆慕其家行。不言而齊國大治。爲立石相祠。一元狩元年、上立太子。選羣臣可爲傅者。（與前句對）慶自沛守。爲太子太傅。七歲。遷爲御史大夫。一元鼎五年秋。丞相有罪罷。制詔御史。萬石君先帝尊之。子孫孝。其以御史大夫慶爲丞相。封爲牧丘侯。一（建與慶爲郎中內史以萬石君故爲丞相亦是萬石君故想一時朝）

廷之上推重如此是時漢方南誅兩越東擊朝鮮北逐匈奴西伐大宛東西南北寫得四方俱不寧中國
多事天子巡狩海內修上古神祠封禪興禮樂寫得一時之事匆匆如此正映爲丞相之不易也公家用少
桑弘羊等致利王溫舒之屬峻法兒寬等推文學至九卿更進用事事不關決於丞
相丞相醇謹而已又點一句在位九歲無能有所匡言嘗欲請治上近臣所忠九卿減宣
罪不能服反受其過贖罪極寫其無能正一極寫其醇謹元封四年中關東流民二百萬口無名
數者四十萬公卿議欲請徙流民於邊以適之上以爲丞相老謹又點一句不能與其議
乃賜丞相告歸而案御史大夫以下議爲請者丞相慙不任職乃上書曰慶幸得待
罪丞相罷駑無以輔治城郭倉庫空虛民多流亡罪當伏斧質上不忍致法願歸丞
相侯印乞骸骨歸避賢者路天子曰倉廩既空民貧流亡而君欲請徙之搖蕩不安
動危之而辭位君欲安歸難乎歸難卽遺大投艱意以書讓慶慶甚慙遂復視事一復視事正寫其醇謹
之無可柰何也慶文深審謹又點一句然無他大略爲百姓言一只一句續完石慶并結完萬石君一家後三歲餘
太初二年中丞相慶卒諡爲恬侯慶中子德慶愛用之上以德爲嗣代侯後爲太常
坐法當死贖免爲庶人一慶方爲丞相諸子孫爲吏更至二千石者十三人及慶死

後。稍以罪去。孝謹益衰矣。一仍用孝謹二字結穴○無論天下即一家孝謹必賴一二人主持敎率無奈典刑已喪民性易流有盛必衰可爲浩歎史公于此其有憂患乎○大凡大家世澤必自醇謹發之一至子弟囂陵則福澤漸減矣可不愼哉

建陵侯衛綰者、代大陵人也、綰以戲車爲郎。事文帝。功次遷爲中郎將。醇謹無他。即此四字關合萬石君傳孝景爲太子時召上左右飮。而綰稱病不行。文帝且崩時。屬孝景曰。綰長者。長者二字即醇謹之名善遇之。及文帝崩。景帝立。歲餘不譙呵綰。綰日以謹力。一景帝幸上林。詔中郎將參乘。還而問曰。君知所以得參乘乎。綰曰。臣從車士。幸得以功次遷爲中郎將。不自知也。上問曰。吾爲太子時召君。君不肯來。何也。對曰。死罪。實病。一問叅乘也只如此對乃便截住不再多一言而神情嘿嘿相照妙甚上賜之劍。綰曰。先帝賜臣劍。凡六劍。不敢奉詔。上曰。劍人之所施易。獨至今乎。綰曰。具在。上使取六劍。劍尚盛。未嘗服也。一只就瑣細處寫與萬石傳一樣郎官有譴。常蒙其罪。不與他將爭。有功。常讓他將。上以爲廉忠實無他腸。一又點一句與前無他處乃拜綰爲河間王太傅。吳楚反。詔綰爲將。將河間兵擊吳楚有功。拜爲中尉。三歲以軍功。孝景前六年中封綰爲建陵侯。一其明年。上廢太子。誅栗卿之屬。上以爲綰長者。不忍。長者二字應前乃賜綰告歸。而使郅都治捕栗氏。既已。上立膠東王爲太子。召綰拜爲太子太傅。久之。遷爲

御史大夫。。五歲代桃侯舍爲丞相。朝奏事。如職所奏。然自初官以至丞相。終無可言。寫得與石慶一樣。天子以爲敦厚。應醇謹字可相少主。尊寵之。賞賜甚多。一爲丞相三歲。景帝崩。武帝立。建元年中。丞相以景帝疾時諸官囚多坐不辜者。而君不任職。免之。一其後綰卒。子信代。坐酎金失侯。一塞侯直不疑者、南陽人也、爲郎事文帝。其同舍有告歸。誤持同舍郎金去。已而金主覺。妄意不疑。不疑謝有之。買金償。而告歸者來而歸金。而前郎亡金者大慙。一連三而字層疊曲折不覺其煩以此稱爲長者。點長者字與衛綰傳合文帝稱舉。稍遷至太中大夫。一朝廷見人或毀之曰。不疑狀貌甚美。然獨無奈其善盜嫂何也。不疑聞曰。我乃無兄。瀠得妙然終不自明也。一吳楚反時。不疑以二千石將兵擊之。景帝後元年、拜爲御史大夫。天子修吳楚時功。乃封不疑爲塞侯。武帝建元年中。與丞相綰俱以過免。復點衛綰是合傳體不疑學老子言。其所臨。爲官如故。唯恐人知其爲吏跡也。不好立名稱。稱爲長者。長者二字應前一不疑卒。子相如代。孫望坐酎金失侯。一郎中令周文者。名仁。其先故任城人、也。以醫見景帝。爲太子時。拜爲舍人。積功稍遷。孝文帝時。至太中大夫。景帝初卽位。拜仁爲郎中令。一仁爲人陰重不泄。常衣敝補衣溺袴。期爲不潔清。以是得幸景帝。入臥內。於後宮祕戲。仁常在旁。至景帝崩。仁尙爲郎中令。終無所言。（與萬石之不言躬行石慶之無所言衞綰之終無可言合）上時問人。仁曰。上自察之。然亦無所毀。以此景帝再自幸其家。家徙陽陵。上所賜甚多。然常讓不敢受也。諸侯羣臣賂遺。終無所受。一武帝立。以爲先帝臣重之。仁乃病免。以二千石祿歸老。子孫咸至大官矣。一御史大夫張叔者。名歐。安丘侯說之庶子也。孝文時以治刑名言事太子。然歐雖治刑名家。其人長者。（與衞綰直不疑合）景帝時尊重。常爲九卿。至武帝元朔四年。韓安國免。詔拜歐爲御史大夫。一自歐爲吏。未嘗言案人。專以誠長者處官。官屬以爲長者。（又應長者兩長者字呼應俊健）亦不敢大欺。上具獄事。有可卻。卻之。不可者。不得已。爲涕泣面對而封之。其愛人如此。一（點明一句）老病篤。請免。於是天子亦策罷。以上大夫祿歸老于家。家於陽陵。子孫咸至大官矣。

太史公曰。仲尼有言曰。君子欲訥於言而敏於行。其萬石建陵張叔之謂邪。是以其敎不肅而成。不嚴而治。塞侯微巧。而周文處讇。君子譏之。爲其近於佞也。然斯可謂篤行君子矣。

此五人合傳也舉其首末故以萬石君張叔立名雖分五傳而絕無過文穿插實其中間不但其人其事大同而更以醇謹字無他字長者字無所言字隱隱釣動而五傳遂爲一串矣古人云才如散錢恨無索子其此之謂乎○史記每於英雄俠烈之事寫得奇肆磊落慷慨縱橫而獨於此傳遇此醇謹人遂還他一篇醇謹文字讀之深靜純密乃爾信乎才之無所不可也○此五人傳有實寫處有空寫處各盡其妙是史公所長○石慶子孫二千石十三人周仁張叔子孫咸至大官史公正著其長厚之報與酷吏傳對看

田叔列傳

田叔者趙陘城人也其先齊田氏苗裔也叔喜劍學黃老術於樂巨公所叔爲人刻廉自喜喜游諸公一（八字寫盡田叔）趙人舉之趙相趙午午言之趙王張敖所趙王以爲郎中數歲切直廉平趙王賢之未及遷一（頓住）會陳豨反代漢七年、高祖往誅之過趙趙王張敖自持案進食禮恭甚高祖箕踞罵之是時趙相趙午等數十人皆怒謂張王曰王事上禮備矣今遇王如是臣等請爲亂趙王齧指出血曰先人失國微陛下臣等當蟲出（蟲出即棄捐原野死無葬地之謂然險絕）公等奈何言若是毋復出口矣於是貫高等曰王長者不倍德卒私相與謀弒上會事發覺漢下詔捕趙王及羣臣反者於是趙午等皆自殺唯貫高就繫一是時漢下詔書趙有敢隨王者辠三族唯孟舒田叔等十餘人

（一段俱是客直至此點田叔事又復點孟舒以陪之葢因後有孟舒一段事也）一赭衣自髡鉗稱王家奴隨趙王敖至長安貫高事明白趙王敖得出廢爲宣平侯乃進言田叔等十餘人上盡召見與語漢廷臣毋能出其右者上說盡拜爲郡守諸侯相一叔爲漢中守十餘年會高后崩諸呂作亂大臣誅之立孝文帝（問序）孝文帝既立召田叔問之曰公知天下長者乎對曰臣何足以知之上曰公長者也宜知之叔頓首曰故雲中守孟舒長者也（此三長者後四長者如神）（龍掉尾通體俱動）是時孟舒坐虜大入塞盜劫雲中尤甚免（又插序一句）上曰先帝置孟舒雲中十餘年矣虜曾一入孟舒不能堅守毋故士卒戰死者數百人長者固殺人乎公何以言孟舒爲長者也叔叩頭對曰是乃孟舒所以爲長者也（一句掉轉應上句）夫貫高等謀反上下明詔趙有敢隨張王罪三族然孟舒自髡鉗隨張王敖之所在欲以身死之豈自知爲雲中守哉（一頓此說孟舒卻隱照卻自己）漢與楚相距士卒罷敝匈奴冒頓新服北夷來爲邊害孟舒知士卒罷敝不忍出言士爭臨城死敵如子爲父弟爲兄以故死者數百人孟舒豈故驅戰之哉（又一頓）是乃孟舒所以爲長者也（又足一句通上三句作委致）於是上曰賢哉孟舒復召孟舒以爲雲中守一後數歲叔坐法失官梁孝王使人殺故吳相袁

盎景帝召田叔案梁具得其事還報景帝曰梁有之乎叔對曰死罪有之上曰其事
安在田叔曰上毋以梁事爲也（故作一颺）上曰何也曰今梁王不伏誅是漢法不行也如
其伏法而太后食不甘味臥不安席此憂在陛下也（作兩對語佳佳）景帝大賢之以爲魯相
一魯相初到（接魯相字妙）民自言相訟王取其財物百餘人田叔取其渠率二十人各笞
五十餘各搏二十怒之曰王非若主邪何自敢言若主魯王聞之大慙發中府錢使
相償之相曰王自奪之使相償之是王爲惡而相爲善也相毋與償之（毋與償之言無從償之也）
（四償之妙）於是王乃盡償之（正見田叔長者處）魯王好獵相常從入苑中王輒休相就館舍相出
常暴坐待王苑外王數使人請相休終不休曰我王暴露苑中我獨何爲就舍魯王
以故不大出游一數年叔以官卒魯以百金祠少子仁不受也曰不以百金傷先人
名一仁以壯健爲衛將軍舍人數從擊匈奴衛將軍進言仁仁爲郞中數歲爲二千
石丞相長史失官其後使刺舉三河上東巡仁奏事有辭上說拜爲京輔都尉月餘
上遷拜爲司直數歲坐太子事時左丞相自將兵令司直田仁主閉守城門坐縱太
子下吏誅死仁發兵長陵令車千秋上變仁仁族死陘城今在中山國（忽注陘城一句有環至首）

陘城人句奇文

太史公曰、孔子稱曰。居是國必聞其政。田叔之謂乎。贊語平寫中作一折義不忘賢。明主之美。以救過。仁與余善。余故并論之。

褚先生曰、臣爲郎時。聞之曰。田仁故與任安相善。—雙提任安、滎陽人也、少孤貧困。爲人將車之長安。句留。句求事爲小吏。未有因緣也。因占著名數家於武功。武功扶風西界小邑也。句注—谷口蜀剗道近山。三折句法奧安以爲武功小邑。無豪。易高也。易爲出色耳安留代人爲求盜亭父。後爲亭長。邑中人民俱出獵。任安常爲人分麋鹿雉兔。部署老小當壯劇易處。此部署分別處衆人皆喜曰。無傷也。任少卿分別平。有智略。加三字作贊語正爲任安出色明日復合會。會者數百人。任少卿曰。某子甲何爲不來乎。諸子皆怪其見之疾也。—小事點染皆妙其後除爲三老。舉爲親民。出爲三百石長。治民。坐上行出游共帳不辦斥免。—乃爲衛將軍舍人。與田仁會。俱爲舍人。插入田仁雙序居門下。同心相愛。此二人家貧無錢用以事將軍家監。家監使養惡齧馬、兩人同牀臥。仁竊言曰。不知人哉家監也。任安曰。將軍尚不知人。何乃家監也。一折對語如見衛將軍從此兩人過平陽主。主家令兩人、與騎奴同席而食。此二、子、拔刀列斷席。別坐。主家皆怪而惡之。莫。敢。呵。一正從兩不知處激出作致其後有詔。募擇衛將軍舍人以爲郎。將軍取舍人中富給者。令。具。鞍。馬。絳。衣。玉。貝。劍。先描寫一番爲田任作襯欲入奏之。會賢大夫少府趙禹來。過衛將軍。將軍呼所舉舍人。以示趙禹。趙禹以次問之。十餘人。無一人習事。有。智。略。者。應前有智略趙禹曰。吾聞之。將門之下。必有將類。將類字奇傳曰。不知其君。視其所使。不知其子。視其所友。今有詔舉將軍舍人者。欲以觀將軍。而能得賢者文武之士也。今徒取富人子上之。又。無。智。略。如木偶人。衣之綺繡耳。將奈之何。於是趙禹悉召衛將軍舍人百餘人。以次問之。又借百餘人作一襯然後撇入田任步步作致得田仁任安。曰。獨此。兩、人、可。耳。餘。無。可。用。者。推倒百餘人正以顯此二人也衛將軍、見此兩、人、貧。意不平。又推倒一衛將軍爲田任作襯趙禹去。謂兩、人、曰。各自具鞍馬新絳衣。應鞍馬絳衣回顧作致兩、人、對曰。家貧無用具也。應二人家貧將軍怒曰。今兩君家自爲貧。何爲出此言。鞅。鞅。如。有。移。德。於。我。者。何。也。鞅鞅二字直繳出同牀夜話一段心事未免形之于色甚矣將軍之不知人也將軍不得已。上籍以聞。索性將衛將軍推倒有詔召見衛將軍舍人。此二人前見。詔。問。能。略。相。推。第。也。儁句田仁對曰。提桴鼓。立軍門。使士大夫樂死戰鬭。仁不及任安。任安對曰。夫決嫌疑。定是非。辯治官。使百姓無怨心。安不及仁也。兩人互見正相推第也 武帝大笑曰。善。使任安護北軍。使田仁護邊田穀於河上。此兩人立名天下。—將兩人一總雙結自兩人家貧兩人同牀兩人過平陽主凡八點至此方完 其後用任安爲益州刺史。以田仁爲丞相長史。—後又分序先序田仁 田仁上書言。天下郡太守。多爲姦利。三河尤甚。臣請先刺舉三河。先提二句下乃詳姦利舉刺之故作兩段寫 三河太守。皆內倚中貴人。與三公有親屬。無所畏憚。宜先正三河。以警天下姦吏。以上田仁上書之詞下乃注腳 是時河南河內太守。皆御史大夫杜父兄子弟也。河東太守石丞相子孫也。又提二句後乃解明逐層卸入 修蛇蛻鱗 是時石氏九人爲二千石。方貴盛。田仁數上書言之。杜大夫及石氏。使人謝。謂田少卿曰。吾非敢有語言也。願少卿無相誣汙也。兩也字作兩掉語佳 仁已刺三河。三河太守皆下吏誅死。—一結方完上事 仁還奏事。武帝說。以仁爲能不畏彊禦。拜仁爲丞相司直。威振天下。—其後逢太子有兵事。丞相自將兵。使司直主城門。司直以爲太子骨肉之親。父子之間不甚欲近。去之諸陵過。是時武帝在甘泉。使御史大夫暴君下責丞相。何爲縱太子。丞相對言。使司直部守城門。而開太子。上書以聞。請捕繫司直。司直下吏誅死。—序完田仁事下入任安 是時任安爲北軍使者護軍。太子立車北軍南門外。召任安。

與節。令發兵。安拜受節。句入。句閉門不出。武帝聞之。以爲任安爲徉邪。不傳事。何也。句法妙不傳事不報聞也先作一頓下又生出一事任安笞辱北軍錢官小吏。小吏上書言之。以爲受太子節。言幸與我其鮮好者。變詞作俊語殊入人聽書上聞。武帝曰。是老吏也。見兵事起。欲坐觀成敗。見勝者。欲合從之。有兩心。安有當死之罪甚衆。吾常活之。今懷詐。有不忠之心。前略一頓至此方說明武帝心事下安吏誅死。夫月滿則虧。物盛則衰。天地之常也。知進而不知退。久乘富貴。禍積爲祟。奇語故范蠡之去越。辭不受官位。名傳後世。萬歲不忘。豈可及哉。後進者愼戒之。

田叔一傳亦是平序無他奇奇處在序孟舒一段一轉一折一反一覆七用長者字呼應錯落固是佳作○田叔立朝大節只在燒梁獄詞一案然亦不詳寫○此傳史公未曾著意故有褚先生出色一番寫得臻臻楚楚文秀俊雅是另一種筆墨

扁鵲倉公列傳

扁鵲者。勃海郡鄭人也。姓秦氏。名越人。少時爲人舍長。舍客長桑君過。扁鵲獨奇之。常謹遇之。長桑君亦知扁鵲非常人也。兩對掉轉出入十餘年。乃呼扁鵲私坐。間與語曰。我有禁方。年老。欲傳與公。公毋泄。扁鵲曰。敬諾。乃出其懷中藥予扁鵲。飲是以上池之水。三十日。當知物矣。乃悉取其禁方書盡予扁鵲。忽然不見。殆非人也。故作奇語應非常人扁鵲以其言飲藥三十日。視見垣一方人。奇事奇句以此視病。盡見五藏癥結。特以診脈爲名耳。故寫得神奇有鬼神氣正與非人視垣一方一家語也爲醫或在齊。或在趙。齊趙雙提單接趙下而齊事在後遙接出章法在趙者名扁鵲。當晉昭公時。諸大夫彊而公族弱。趙簡子爲大夫。專國事。簡子疾。五日不知人。大夫皆懼。於是召扁鵲。扁鵲入視病。句出。句董安于問扁鵲。扁鵲曰。血脈治也。而何怪。句法昔秦穆公嘗如此。七日而寤。寤之日。告公孫支與子輿曰。我之帝所甚樂。吾所以久者。適有所學也。帝告我。晉國且大亂。五世不安。其後將霸。未老而死。霸者之子且令而國男女無別。公孫支書而藏之。秦策於是出。趙世家作秦讖於是出矣○後有鈞天一段先出此段引起夫獻公之亂。文公之霸。而襄公敗秦師於殽而歸縱淫。此子之所聞。今主君之病與之同。不出三日。必間。句間。句必有言也。先作虛吸居二日半。應不出三日簡子寤。語諸大夫曰。我之帝所甚樂。與前句對與百神游於鈞天。廣樂九奏萬舞。不類三代之樂。其聲動心。論樂妙語有一熊欲援我。帝命我射之。中熊。熊死。有羆來。我又射之。中羆。羆死。帝甚喜。賜我二笥。皆有副。吾見兒在帝側。帝屬我一翟犬。曰。及而子之壯也。以賜之。帝告我晉國且世衰。七世而亡。嬴姓將大敗周人於范魁之西。而亦不能有也。董安于受言。書而藏之。 與秦穆公一段對一簡一繁各自爭勝 以扁鵲言告簡子。簡子賜扁鵲田四萬畝。 一歸到扁鵲結 其後扁鵲過虢。虢太子死。 先呼一句見太子已死斷不可復生後乃收轉作致 扁鵲至虢宮門下。問中庶子喜方者曰。太子何病。國中治穰過於衆事。中庶子曰。太子病血氣不時。交錯而不得泄。暴發於外。則爲中害。精神不能止邪氣。邪氣蓄積而不得泄。是以陽緩而陰急。故暴蹷而死。 先說太子死後說太子死之故先從中庶子口中說得證明病的斷不復生正爲下文作地此反振之法也 扁鵲曰。其死何如時。曰。雞鳴至今。曰。收乎。曰。未也。其死未能半日也。 兩問作急語妙 言臣齊勃海秦越人也。 兩問後直接下不著曰字是前語未畢此語夾出正見急詞 家在於鄭。未嘗得望精光侍謁於前也。聞太子不幸而死。臣能生之。中庶子曰。先生得無誕之乎。何以言太子可生也。 前定死矣忽能生之奇甚此又一折 見太子決不可生跳蕩作致 臣聞上古之時。醫有俞跗。 又請出一位先生陪之 治病不以湯液醴灑。鑱石橋引。案杌毒熨。一撥見病之應。因五藏之輸。乃割皮解肌。訣脈結筋。搦髓腦。揲荒爪幕。湔浣腸胃。漱滌五藏。練精易形。先生之方能若是。則太子可生也。不能若是而欲生之。曾不可以告咳嬰之兒。終日。 扁鵲前問甚急此以緩應故作一頓 扁鵲仰天歎曰。夫子之爲方也若以管窺天。以郄視文。（承先生之方以夫子之爲方越人之爲方兩對側下先將中庶子撤倒）越人之爲方也。不待切脈。望色。聽聲。寫形。言病之所在。（此即病言病）聞病之陽。論得其陰。聞病之陰。論得其陽。病應見於大表。（此又於病外論病）不出千里。決者至衆。不可曲止也。（此言治病之多語云讀十年書天下無不可醫之病醫十年病天下無可讀之書誠哉是言不獨醫也）子以吾言爲不誠。試入診太子。當聞其耳鳴而鼻張。循其兩股以至於陰。當尚溫也。（正見不待切脈望色云云也）中庶子聞扁鵲言。目。眩。然。而。不。瞚。舌。撟。然。而。不。下。（兩語摹寫精絕又與耳鳴鼻張相配作色）乃以扁鵲言入報虢君。虢君聞之。大驚。出見扁鵲於中闕。曰。竊聞高義之日久矣。然未嘗得拜謁於前也。（辭命與前扁鵲語遙對）先生過小國。幸而舉之。偏國寡臣幸甚。（指太子父在爲子君在爲臣也接下二語可見索隱解非）有先生則活。無先生則棄捐塡溝壑。長終而不得反。（語氣未止只此咽住妙蓋悲從中來涕泗橫出辭不及盡矣）言未卒。因。噓。唏。服。臆。魂。精。泄。橫。流。涕。長。潛。忽。忽。承。睞。悲。不。能。自。止。容。貌。變。更。（連下六句形容扁鵲精妙魂精等兼似醫方中語奇）扁鵲曰。若太子病。所謂尸蹶者也。夫以陽入陰中。動胃繵緣。中經維絡。別下於三焦膀胱。是以陽脈下、遂。陰脈上、爭。會氣閉而不通。陰上、而陽內行。下、內鼓而不起。上、外絕而不爲使。上有絕陽之絡。下、有破陰之紐。破陰絕陽之色已廢。脈亂。故形靜如死狀。太子未死也。（前四死字）

（實四生字虛至此乃逼出未死二字先以如死二字點明之）夫以陽入陰支蘭藏者生以陰入陽支蘭藏者死凡此數事皆五藏蹷中之時暴作也良工取之拙者疑殆（又闡一遍隱照中庶子）扁鵲乃使弟子子陽厲鍼砥石以取外三陽五會（穴名）有間太子蘇（一層）乃使子豹（後倉公弟子宋邑等明序此子陽等暗序）爲五分之熨以八減之齊和煑之以更熨兩脇下太子起坐（二層）更適陰陽但服湯二旬而復故（三層太子之生亦作三層寫）故天下盡以扁鵲爲能生死人扁鵲曰越人非能生死人也此自當生者越人能使之起耳（總數語說明一篇生死二字至此結穴）扁鵲過齊齊桓侯客之（遙接）

（或在齊）入朝見曰君有疾在腠理不治將深桓侯曰寡人無疾扁鵲出桓侯謂左右曰醫之好利也欲以不疾者爲功（一節）後五日扁鵲復見曰君有疾在血脈不治恐深桓侯曰寡人無疾扁鵲出桓侯不悅（二節）後五日扁鵲復見曰君有疾在腸胃間不治將深桓侯不應扁鵲出桓侯不悅（三節皆以不換爲法而中作小變）後五日扁鵲復見望見桓侯而退走（至此始作一縱）桓侯使人問其故扁鵲曰疾之居腠理也湯熨之所及也在血脈鍼石之所及也其在腸胃酒醪之所及也（三句總結上三節）其在骨髓雖司命無奈之何今在骨髓臣是以無請也後五日（後五日餘波參差四見）桓侯體病使人召扁鵲扁鵲已逃去桓侯遂死

（號太子死而知其生桓侯生而知其死對照）使聖人預知微。能使良醫得蚤從事。則疾可已。身可治也。一（一結結桓侯事前段純用操縱此段純用拼比各自一法）人之所病。病疾多。而醫之所病。病道少。（又提兩句下應即借病字作兩樣用筆法狡獪）故病有六不治。驕恣不論於理。一不治也。輕身重財。二不治也。衣食不能適。三不治也。陰陽并藏氣不定。四不治也。形羸不能服藥。五不治也。信巫不信醫。六不治也。有此一者。則重難治也。（正見人疾病多也）扁鵲名聞天下。過邯鄲。聞貴婦人。即爲帶下醫。過洛陽。聞周人愛老人。即爲耳目痺醫。來入咸陽。聞秦人愛小兒。即爲小兒醫。隨俗爲變。一（正反醫病道少也前在齊在趙實寫此又補周秦虛序下遂接秦事終）秦太醫令李醯。自知伎不如扁鵲也。使人刺殺之。至今天下言脈者。由扁鵲也。一（只一句結扁鵲即帶入倉公）太倉公者、齊太倉長、臨菑人也。姓淳于氏。名意。少而喜醫方術。高后八年、更受師同郡元里公乘陽慶。慶年七十餘。無子。（詳其郡詳其里詳其官更詳其事抵一篇小傳○扁鵲傳先出一長桑君倉公傳出一陽慶提高作襯）使意盡去其故方。更悉以禁方予之。傳黃帝扁鵲之脈書。（頂天下言脈者由扁鵲）五色診病。知人死生。決嫌疑。定可治。及藥論。甚精。受之三年。爲人治病。決死生。多驗。然左右行游諸侯。不以家爲家。或不爲人治病。病家多怨之者。一（倉公授受事只略序過後乃詳序）文帝四年中、人上書言意。以刑

中華書局印行

罪。頂多怨之者　當傳西之長安。意有五女。隨而泣。意怒。罵曰。生子不生男。緩急無可使者。
於是少女緹縈。傷父之言。乃隨父西。上書曰。妾父爲吏。齊中稱其廉平。爲吏事補出今坐
法當刑。妾痛死者不可復生。而刑者不可復續。雖欲改過自新。其道莫由。終不可得。
妾願入、身、爲官婢。以贖父刑罪。使得改行自新也。書聞。上悲其意。此歲中亦除肉刑
法。一上書事只帶序平序過　意家居。詔召問所爲治病死生驗者幾何人。主名爲誰。先提一句詔詞於意
對詞中全序出　詔問故太倉長臣意。方伎所長。及所能治病者。有其書無有。皆安受學。受學
幾、何、歲。嘗有所驗。何、縣里人也。何、病。醫藥已。其病之狀皆何、如、具悉而對。此一段意對詞中所
述之詔也如唐人封事全述進止然後行文詔詞質勁　臣意對曰。自意少時。喜醫藥。醫藥方試之多不驗者。一段
至高后八年。得見師臨菑元里公乘陽慶。慶年七十餘。意得見事之。謂意曰。盡去而
方書。非是也。慶有古先道遺傳黃帝扁鵲之脈書。五色診病。知人生死。決嫌疑。定可
治。及藥論書甚精。我家給富。心愛公。欲盡以我禁方書悉教公。臣意卽曰。幸甚。非意
之所敢望也。臣意卽避席再拜謁。受其脈書上下經。五色診。奇咳術。揆度陰陽外變。
藥論石神。接陰陽禁書。受讀解驗之。可一年所。明歲卽驗之有驗。然尙未精也。二段要

事之三年所。卽常已爲人治。診病。決死生有驗。精良。三段皆補前所未備前略此詳今慶已死十年所。臣意年盡三年。年三十九歲也。一以上答有書無書安受學受學幾歲以下二十五段答有所驗何人及醫藥已其病之狀齊侍御史成自言病頭痛。臣意診其脈。告曰。君之病。句惡。句不可言也。卽出獨告成弟昌曰。此病疽也。內發於腸胃之間。後五日當癰腫。後八日嘔膿死。成之病得之飲酒、且內。字法好成卽如期死。上一段案下一段論後同所以知成之病者。臣意切其脈。得肝氣。肝氣濁而靜。此內關之病也。脈法曰。脈長而弦。不得代四時者。其病主在於肝。和卽經主病也。代則脈絡有過。經主病和者。其病得之筋髓裏。其代絕而脈賁者。病得之酒且內。所以知其後五日而癰腫。八日嘔膿死者。切其脈時。少陽初代。代者經病。病去過人。人則去。絡脈主病。當其時。少陽初關一分。故中熱而膿未發也。及五分則至少陽之界。及八日則嘔膿死。故上二分而膿發。至界而癰腫。盡泄而死。熱上則熏陽明。爛流絡。流絡動則脈結發。脈結發則爛解。故絡交。熱氣已上行。至頭而動。故頭痛。一齊王中子諸嬰兒小子病。召臣意診切其脈。告曰。氣鬲病。病使人煩懣。食不下。時嘔沫。病得之少憂。數忔食飲。臣意卽爲之作下氣湯以飲之。一日氣下。二日能食。三日卽病愈所以知小子之病者診其脈心氣也濁躁而經也此絡陽病也脈法曰脈來數病去難而不一者病主在心周身熱脈盛者爲重陽重陽者逿心主故煩懣食不下則脈絡有過脈絡有過則血上出血上出者死此悲心所生也病得之憂也一齊郎中令循病衆醫皆以爲蹷人中而刺之臣意診之曰湧疝也令人不得前後溲循曰不得前後溲三日矣臣意飲以火齊湯一飲得前溲再飲大溲三飲而疾愈病得之內所以知循病者切其脈時右口氣急脈無五藏氣右口脈大而數數者中下熱而湧左爲下右爲上皆無五藏應故曰湧疝中熱故溺赤也一齊中御府長信病臣意入診其脈告曰熱病氣也然暑汗脈少衰不死曰此病得之當浴流水而寒甚已則熱信曰唯句然句往冬時爲王使於楚入事變法至莒縣陽周水而莒橋梁頗壞信則擥車轅未欲渡也馬驚卽墮信身入水中幾死吏卽來救信出之水中衣盡濡有間而身寒已熱如火至今不可以見寒臣意卽爲之液湯火齊逐熱一飲汗盡再飲熱去三飲病已卽使服藥出入二十日身無病者所以知信之病者切其脈時幷陰脈法曰熱病陰陽交者死切之不交幷陰幷陰者脈順清而愈其熱雖未盡猶活也腎氣有

時間濁在太陰脈口而希。是水氣也。腎固主水。故以此知之。失治一時。卽轉爲寒熱。

一齊王太后病。召臣意入診脈。曰風癉客脬。難於大小溲。溺赤。臣意飲以火齊湯。一飲。卽前後溲。再飲。病已。溺如故。病得之流汗出滫。滫者去衣而汗晞也。所以知齊王太后病者。臣意診其脈。切其太陰之口。溼然風氣也。脈法曰。沈之而大堅。浮之而大緊者。病主在腎。腎切之而相反也。脈大而躁。大者。膀胱氣也。躁者。中有熱而溺赤。

一齊章武里曹山跗病。臣意診其脈。曰肺消癉也。加以寒熱。卽告其人曰。死。不治。適其共養。此不當醫治。法曰。後三日而當狂。妄起行。欲走。後五日死。卽如期死。山跗病得之盛怒而以接內。所以知山跗之病者。臣意切其脈。肺氣熱也。脈法曰。不平不鼓。形弊。此五藏高之遠數以經病也。故切之時不平而代。不平者。血不居其處。代者。時參擊並至。乍躁乍大也。此兩絡脈絕。故死不治。所以加寒熱者。言其人尸奪。尸奪者。形弊。形弊者。不當關灸鑱石及飲毒藥也。臣意未往診時。齊太醫先診山跗病。灸其足少陽脈口。而飲之半夏丸。病者卽泄注。腹中虛。又灸其少陰脈。是壞肝剛絕深。如是重損病者氣。以故加寒熱。所以後三日而當狂者。肝一絡連屬。結絕乳下陽明。故絡絕。開陽明脈。陽明脈傷。卽當狂走。後五日死者。肝與心相去五分。故曰五日盡。盡卽死矣。—齊中尉潘滿如病少腹痛。臣意診其脈曰。遺積瘕也。臣意卽謂齊太僕臣饒。內史臣繇曰。中尉不復自止於內。則三十日死。後二十餘日。溲血死。病得之酒且內。所以知潘滿如病者。臣意切其脈深小弱。其卒然合合也。是脾氣也。右脈口氣至緊小見瘕氣也。以次相乘。故三十日死。三陰俱摶者。如法。不俱摶者。決在急期。一摶一代者。近也。故其三陰摶。溲血如前止。—陽虛侯相趙章病。召臣意。衆醫皆以爲寒中。臣意診其脈曰。迵風。迵風者。飲食下嗌而輒出不留。法曰。五日死。而後十日乃死。病得之酒。所以知趙章之病者。臣意切其脈。脈來滑。是內風氣也。飲食下嗌而輒出不留者。法五日死。皆爲前分界法。後十日乃死。所以過期者。其人嗜粥。故中藏實。中藏實。故過期。師言曰。安穀者過期。不安穀者不及期。—濟北王病。召臣意診其脈。曰風蹶胸滿。卽爲藥酒。盡三石。病已。得之汗出伏地。所以知濟北王病者。臣意切其脈時。風氣也。心脈濁。病法過入其陽。陽氣盡而陰氣入。陰氣入張。則寒氣上而熱氣下。故胸滿。汗出伏地者。切其脈。氣陰。陰氣者。病必入中。出及瀺水也。—齊北宮司空命婦出於病。衆醫皆以爲風入中病。主在肺。刺其足少陽脈。臣意診其脈。曰病氣疝客於膀胱。難於前後溲而溺赤。病見寒氣則遺溺。使人腹腫。出於病得之欲溺不得因以接內。所以知出於病者。切其脈大而實。其來難。是蹶陰之動也。脈來難者。疝氣之客於膀胱也。腹之所以腫者。言蹶陰之絡結小腹也。蹶陰有過則脈結動。動則腹腫。臣意卽灸其足蹶陰之脈。左右各一所。卽不遺溺而溲淸。小腹痛止。卽更爲火齊湯以飲之。三日而疝氣散。卽愈。一故濟北王阿母自言足熱而懣。臣意告曰。熱蹷也。則刺其足心各三所。案之無出血。病旋已。病得之飮酒大醉。一濟北王召意診脈諸女子侍者。至女子豎。豎無病。臣意告永巷長曰。豎傷脾。不可勞。法當春嘔血死。臣意言王曰。才人女子豎何能。王曰。是好爲方。多伎能。爲所是案法新。往年市之民所。四百七十萬。曹偶四人。王曰。得毋有病乎。臣意對曰。豎病重。在死法中。王召視之。其顏色不變。以爲不然。不賣諸侯所。至春。豎奉劍從王之廁。王去。豎後。王令人召之。卽仆於廁。嘔血死。病得之流汗。流汗者。同法病內重。毛髮而色澤。脈不衰。此亦關內之病也。一齊中大夫病齲齒。臣意灸其左大陽明脈。卽爲苦參湯。日漱三升。出入五六日。病已。

得之風。及臥開口。食而不潄。一菑川王美人懷子而不乳。來召臣意。臣意往。飲以莨礍藥一撮。以酒飲之。旋乳。臣意復診其脈。而脈躁。躁者有餘病。卽飲以消石一齊。出血。血如豆比五六枚。一齊丞相舍人奴從朝入宮。臣意見之食閨門外。望其色有病氣。臣意卽告宦者平。平好爲脈。學臣意所。臣意卽示之舍人奴病。告之曰。此傷脾氣也。當至春鬲塞不通。不能食飲。法至夏泄血死。宦者平卽往告相曰。君之舍人奴有病。病重。死期有日。相君曰。卿何以知之。曰。君朝時入宮。君之舍人奴盡食閨門外。平與倉公立。卽示平曰。病如是者死。相卽召舍人奴而謂之曰。公奴有病不。舍人曰。奴無病。身無痛者。至春果病。至四月。泄血死。所以知奴病者。脾氣周乘五藏。傷部而交。故傷脾之色也。望之殺然黃。察之如死靑之玆。衆醫不知。以爲大蟲。不知傷脾。所以至春死。病者胃氣黃。黃者土氣也。土不勝木。故至春死。所以至夏死者。脈法曰。病重而脈順清者曰內關。內關之病。人不知其所痛。心急然無苦。若加以一病。死中春。一愈順。及一時。其所以四月死者。診其人時愈順。愈順者。人尙肥也。奴之病得之流汗數出。灸於火而以出見大風也。一菑川王病。召臣意診脈。曰。蹶上爲重。頭痛身熱。使人煩懣。臣意卽以寒水拊其頭。刺足陽明脈。左右各三所。病旋已。病得之沐髮未乾而臥。診如前。所以蹶。頭熱至肩。」齊王黃姬兄黃長卿家有酒召客。召臣意。諸客坐未上食。臣意望見王后弟宋建。告曰。君有病。往四五日。君要脇痛不可俛仰。又不得小溲。不亟治。病卽入濡腎。及其未舍五藏。急治之。病方今客腎濡。此所謂腎痺也。宋建曰。然。建故有要脊痛。往四五日。天雨。黃氏諸倩見建家京下方石。卽弄之。建亦欲效之。效之不能起。卽復置之。暮。要脊痛。不得溺。至今不愈。建病得之好持重。所以知建病者。臣意見其色。太陽色乾。腎部上及界要以下者枯四分所。故以往四五日知其發也。臣意卽爲柔湯使服之。十八日所而病愈。」濟北王侍者韓女病要背痛。寒熱。衆醫皆以爲寒熱也。臣意診脈。曰。內寒。月事不下也。卽竄以藥。旋下。病已。病得之欲男子而不可得也。所以知韓女之病者。診其脈時。切之。腎脈也。嗇而不屬。嗇而不屬者。其來難。句堅。句故曰月不下。肝脈弦。出左口。故曰欲男子不可得也。」臨菑氾里女子薄吾病甚。衆醫皆以爲寒熱篤。當死。不治。臣意診其脈。曰。蟯瘕。蟯瘕爲病。腹大。上膚黃麤。循之戚戚然。臣意飮以芫花一撮。卽出蟯可數升。病已。三十日如故。病蟯得之於寒濕。寒濕氣宛篤不發。化爲蟲。臣意所以知。寒薄吾病者。切其脈循其尺。
其尺索刺麤。而毛美奉髮。是蟲氣也。其色澤者。中藏無邪氣及重病。一齊淳于司馬
病。臣意切其脈。告曰。當病迵風。迵風之狀。飲食下嗌。輒後之。病得之飽食而疾走。淳
于司馬曰。我之王家食馬肝。食飽甚。見酒來。卽走去。驅疾至舍。卽泄數十出。臣意告
曰。爲火齊米汁飲之。七八日卽當愈。時醫秦信在傍。臣意去。信謂左右閣都尉曰。意
以淳于司馬病爲何。曰。以爲迵風。可治。信卽笑曰。是不知也。淳于司馬病。法當後九
日死。卽後九日不死。其家復召臣意。臣意往問之。盡如臣意診。臣卽爲一火齊米汁
使服之。七八日病已。所以知之者。診其脈時。切之盡如法。其病順。故不死。一齊中郞
破石病。臣意診其脈。告曰。肺傷。不治。當後十日丁亥溲血死。卽後十一日。溲血而死。
破石之病。得之墮馬僵石上。所以知破石之病者。切其脈。得肺陰氣。其來散。數道至
而不一也。色又乘之。所以知其墮馬者。切之得番陰脈。番陰脈入虛裏。乘肺脈。肺脈
散者。固色變也。乘之。所以不中期死者。師言曰。病者安穀卽過期。不安穀則不及期。
其人嗜黍。黍主肺。故過期。所以溲血者。診脈法曰。病養喜陰處者順死。喜養陽處者

逆死。其人喜自靜。不躁。又久安坐伏几而寐。故血下泄。一齊王侍醫遂病。自練五石服之。臣意往過之。遂謂意曰。不肖有病。幸診遂也。臣意卽診之。告曰。公病中熱。論曰。中熱不溲者。不可服五石。石之爲藥精悍。公服之不得數溲。亟勿服。色將發臃。遂曰。扁鵲曰。陰石以治陰病。陽石以治陽病。夫藥石者有陰陽水火之齊。故中熱。卽爲陰石柔齊治之。中寒。卽爲陽石剛齊治之。臣意曰。公所論遠矣。扁鵲雖言若是。然必審診。起度量。立規矩。稱權衡。合色脈表裏有餘不足順逆之法。參其人動靜與息相應。乃可以論。論曰。陽疾處內。陰形應外者。不加悍藥及鑱石。夫悍藥入中。則邪氣辟矣。而宛氣愈深。診法曰。二陰應外。一陽接內者。不可以剛藥。剛藥入則動陽。陰病益衰。陽病益著。邪氣流行。爲重困於俞。忿發爲疽。意告之後百餘日。果爲疽發乳上。入缺盆死。此謂論之大體也。必有經紀。拙工有一不習。文理陰陽失矣。一齊王故爲陽虛侯時。病甚。衆醫皆以爲蹷。臣意診脈。以爲痺。根在右脅下。大如覆杯。令人喘。逆氣不能食。臣意卽以火齊粥且飲。六日氣下。卽令更服丸藥。出入六日。病已。病得之內。診之時不能識其經解。大識其病所在。一臣意常診安陽武都里成開方。開方自言以爲不病。臣意謂之病苦沓風。三歲四支不能自用。使人瘖。瘖卽死。今聞其四支不能用。瘖而未死也。病得之數飲酒以見大風氣。所以知成開方病者。診之。其脈法奇咳言曰。藏氣相反者死。切之。得腎反肺。法曰三歲死也。一安陵坂里公乘項處病。臣意診脈曰。牡疝牡疝在鬲下。上連肺。病得之內。臣意謂之。愼毋爲勞力事。爲勞力事則必嘔血死。處後蹴鞠。要蹶寒。汗出多。卽嘔血。臣意復診之曰。當旦日日夕死。卽死。病得之內。所以知項處病者。切其脈。得番陽。番陽入虛裏。處旦日死。一番一絡者。牡疝也。臣意曰。他所診期決死生及所治已病衆多。久頗忘之。不能盡識。不敢以對。一以上答前詔問完下重起一問一對 問臣意所診治病。病名多同而診異。或死或不死。何也。對曰。病名多相類。不可知。故古聖人爲之脈法。以起度量。立規矩。縣權衡。案繩墨。調陰陽。別人之脈各名之。與天地相應。參合於人。故乃別百病以異之。有數者皆異之。無數者同之。然脈法不可勝驗。診疾人以度異之。乃可別同名。命病主在所居。今臣意所診者皆有診籍。所以別之者。臣意所受師方適成。師死。以故表籍所診。期決死生。觀所失所得者合脈法。以故至今知之。一上用所以知此下用以故作承應 問臣意曰。所期病決死生。或不應

期何故對曰此皆飲食喜怒不節或不當飲藥或不當鍼灸以故不中期死也

問臣意意方能知病死生論藥用所宜諸侯王大臣有嘗問意者不及文王病時不求意診治何故對曰趙王膠西王濟南王吳王皆使人來召臣意臣意不敢往文王病時臣意家貧欲爲人治病誠恐吏以除拘臣意也故移名數左右不修家生出行游國中問善爲方數者事之久矣見事數師悉受其要事盡其方書意及解論之身居陽虛侯國因事侯侯入朝臣意從之長安以故得診安陵項處等病也

問臣意知文王所以得病不起之狀臣意對曰不見文王病然竊聞文王病喘頭痛目不明臣意心論之以爲非病也以爲肥而蓄精身體不得搖骨肉不相任故喘不當醫治脈法曰年二十脈氣當趨年三十當疾步年四十當安坐年五十當安臥年六十已上氣當大董文王年未滿二十方脈氣之趨也而徐之不應天道四時後聞醫灸之卽篤此論病之過也臣意論之以爲神氣爭而邪氣入非年少所能復之也以故死所謂氣者當調飲食擇晏日車步廣志以適筋骨肉血脈以瀉氣故年二十是謂易貿法不當砭灸砭灸至氣逐

問臣意師慶安受之聞於齊諸侯不對曰不知慶所師

受慶家富。善為醫。不肯為人治病。當以此故不聞。慶又告臣意曰。慎毋令我子孫知若學我方也。一問臣意。師慶何見於意。而愛意。欲悉教意方。對曰。臣意不聞師慶為方善也。意所以知慶者。意少時好諸方事。臣意試其方。皆多驗精良。臣意聞菑川唐里公孫光善為古傳方。臣意即往謁之。得見事之。受方化陰陽及傳語法。臣意悉受書之。臣意欲盡受他精方。公孫光曰。吾方盡矣。不為愛公所。吾身已衰。無所復事之是吾年少所受妙方也。悉與公。毋以教人。臣意曰。得見事侍公前。悉得禁方。幸甚。意死不敢妄傳人。居有間。公孫光閒處。臣意深論方。見言百世為之精也。師光喜曰。公必為國工。吾有所善者皆疏。同產處臨菑。善為方。吾不若。其方甚奇。非世之所聞也。吾年中時。嘗欲受其方。楊中倩不肯。曰若非其人也。胥與公往見之。當知公喜方也。其人亦老矣。其家給富。時者未往會。慶子男殷來獻馬。因師光奏馬王所。意以故得與殷善。光又屬意於殷曰。意好數。公必謹遇之。其人聖儒。即為書以意屬陽慶。以故知慶。臣意事慶謹。以故愛意也。一問臣意曰。吏民嘗有事學意方。及畢盡得意方不。何縣里人。對曰。臨菑人宋邑。邑學。臣意教以五診。歲餘。濟北王遣太醫高期王禹學。

臣意教以經脈高下。及奇絡結當論俞所居。及氣當上下出入邪逆順以宜鑱石定砭灸處歲餘。菑川王時遣太倉馬長馮信正方臣意教以案法逆順。論藥法定五味及和齊湯法高永侯家丞杜信喜脈來學臣意教以上下經脈五診二歲餘臨菑召里唐安來學臣意教以五診上下經脈奇咳四時應陰陽重未成除爲齊王侍醫。問臣意診病決死生能全無失乎。臣意對曰意治病人必先切其脈乃治之敗逆者不可治其順者乃治之心不精脈所期死生視可治時時失之臣意不能全也。

太史公曰女無美惡居宮見妒士無賢不肖入朝見疑故扁鵲以其伎見殃倉公乃匿跡自隱而當刑緹縈通尺牘父得以後寧故老子曰美好者不祥之器豈謂扁鵲等邪。若倉公者可謂近之矣。雙結並提

此傳幗幅離奇文詞古奧是先秦以上文字雖多方伎家語用來却蒼老濃郁色澤可觀此又史記中一種高古之筆○長桑君寫得惝怳奇怪是神仙一流人純用疑似之筆因扁鵲是奇伎故益之以奇入黃河之水洶湧萬里故曰天上來也○淳于意只論其方伎之授受餘事俱不入即女縈之上書文帝之除肉刑亦只約略寫在醫言醫法當如是也○扁鵲之醫案則序於傳中倉公醫案借詔問全載於傳後雖診籍全文出自史公之手便覺高古初欲刪去猶鑒賞家得漢王厭勝剛卯雖無益於用然一種古製古色非後人所及不得不什襲矣至其中事理自愧寡陋請俟大方

吳王濞列傳

吳王濞者、高帝兄劉仲之子也。高帝已定天下七年。立劉仲爲代王。而匈奴攻代。劉仲不能堅守。棄國亡。間行走雒陽。自歸天子。天子爲骨肉故。不忍致法。廢以爲郃陽侯。（序得簡質）高帝十一年、秋。淮南王英布反。東并荊地。刦其國兵。西度淮。擊楚。高帝自將往誅之。劉仲子沛侯濞。（接上）年二十。有氣力。以騎將從破布軍蘄西。會甄。布走。（寫吳王才氣自是不羣）荊王劉賈。爲布所殺。無後。上患吳會稽輕悍。無壯王以塡之。諸子少。乃立濞於沛。爲吳王。（卽前封于沛故于沛立之始往吳國沛則世世無與沛非封邑也）王三郡五十三城。已拜受印。高祖召濞相之。謂曰。若狀有反相。心獨悔。業已拜。（又插入六字作兩層史公多用此法）因拊其背。告曰。漢後五十年。東南有亂者。豈若邪。然天下同姓爲一家也。愼無反。濞頓首曰。不敢。（吳王傳只是謀反一事而其謀反之事始封時高帝口中已經提破作一篇文字之根○五十年東南有亂何從知之）會孝惠高后時。天下初定。郡國諸侯。各務自拊循其民。吳有豫章郡銅山。濞則招致天下亡命者。盜鑄錢。煮海水爲鹽。以故無賦。國用富饒。（寫此正見其謀反之資）孝文時。吳太子入見。得侍皇太子飲博。吳太子師傅。皆楚人。（句）輕。（句）悍。（句）又素驕。（句）博。（句）爭道。（句）不恭。（句○十三字分數語連下作四層）皇太子引博局提吳太子殺之於是遣其喪歸葬至吳吳王慍曰天下同宗（應天下同姓一家）死長安卽葬長安何必來葬為復遣喪之長安葬（寫得怨恨之深）吳王由此稍失藩臣之禮稱病不朝京師知其以子故稱病不朝驗問實不病諸吳使來輒繫責治之吳王恐為謀滋甚—（頓住）及後使人為秋請（秋請朝也使人代朝也蓋以病故）上復責問吳使者使者對曰王實不病漢繫治使者數輩以故遂稱病且夫察見淵中魚不祥今王始詐病（句）及覺（句）見責急（句）愈益閉（句）恐上誅之（數句亦作三層）計乃無聊（四字總寫出上三層心事）唯上棄之而與更始於是天子乃赦吳使者歸之而賜吳王几杖老不朝吳得釋其罪謀亦益解—（又一頓遂颺開）（文情之妙）然其居國以銅鹽故（遙接）百姓無賦卒踐更輒與平賈（踐更之卒與僱值也）歲時存問茂才賞賜閭里佗郡國吏欲來捕亡人者訟共禁弗與如此者四十餘年以故能使其衆—（又頓住）鼂錯為太子家令得幸太子數從容言吳過可削數上書說孝文帝文帝寬不忍罰以此吳日益橫—（前以益解颺開此復以益橫挑起妙甚）及孝景帝卽位錯為御史大夫說上曰昔高帝初定天下昆弟少諸子弱大封同姓故王孽子悼惠王王齊七十餘城庶弟元王王楚四十餘城兄子濞王吳五十餘城封三庶孽分天下半（乘便揷入齊楚）今吳王

前有太子之郄。詐稱病不朝。於古法當誅。文帝弗忍。因賜几杖。德至厚。當改過自新。乃益驕溢。卽山鑄錢。煮海水爲鹽。誘天下亡人。謀作亂。今削之。句亦反。句不削之。句亦反。句削之。句其反亟。句禍小。句不削。句反遲。句禍大。句○亦廿三字分十短句作兩層兩對鏗鏗歷落妙甚三年冬、楚王朝。鼂錯因言楚王戊往年爲薄太后服。私姦服舍。請誅之。詔赦。罰削東海郡。因削吳之豫章郡。爲銅山故也會稽郡。及前二年、趙王有罪。削其河間郡。膠西王卬以賣爵有姦。削其六縣。又乘便插入趙王膠西王漢廷臣方議削吳。一卽削縣事下頓一筆以明吳不得不反吳王濞恐削地無已。又緊接一筆因以此發謀。欲舉事。念諸侯無足與計謀者。聞膠西王勇。句好氣。句喜兵。句諸齊皆憚畏。亦十字分四句作四層章法照應之妙於是乃使中大夫應高誂膠西王。無文書。口報曰。口報妙吳王不肖。有宿夕之憂。不敢自外。使喻其驩心。王曰。何以敎之。一頓高曰。今者主上興於姦。飾於邪臣。好小善。聽讒賊。擅變更律令。變更律令卽下侵奪諸侯也侵奪諸侯之地。徵求滋多。誅罰良善。日以益甚。里語有之。舐糠及米。奇語卽此住不解明妙吳與膠西知名諸侯也。又兩人合說一時見察。恐不得安肆矣。吳王身有內病。不能朝請二十餘年。嘗患見疑。無以自白。今脅肩累足。猶懼不見釋。竊聞大王以爵事有適。讀通所聞諸侯削地。罪不至此。此恐不得削地而已。又深一層轉一筆即住含意無窮王曰。然有之。子將奈何。兩頓高曰。同惡相助。同好相留。同情相成。同欲相趨。同利相死。五句接連而下趨至第五句結出情事今。吳王自以爲與大王同憂五句中無同憂字偏接用同憂妙願因時循理。棄、軀、以除患害於天下。棄軀句字奇億亦可乎。王瞿然駭曰。寡人何敢如是。今主上雖急。固有死耳。安得不戴。三頓簡淨高曰。御史大夫鼂錯。熒惑天子。侵奪諸侯。蔽忠塞賢。朝廷疾怨。諸侯皆有倍畔之意。人事極矣。彗星出。蝗蟲數起。上言人事此言天道也偏頓住不說出此萬世一時。而愁勞聖人之所以起也。故吳王欲內以鼂錯爲討。外隨大王後車。彷徉天下。所向者降。所指者下。天下莫敢不服。大王誠幸而許之一言。則吳王率楚王略函谷關。守滎陽敖倉之粟。距漢兵。治次舍。須大王。大王有幸而臨之。則天下可幷。兩主分割。不亦可乎。王曰。善。高歸報吳王。吳王猶恐其不與。乃身自爲使。使於膠西。面結之。前言已盡斯止欲面結耳故不必再詳膠西羣臣或聞王謀。諫曰。承一帝。至樂也。今大王與吳西鄉。第令事成。兩主分爭。患乃始結。只八字明甚諸侯之地。不足爲漢郡十二。而爲畔逆以憂太后。非長策也。王弗聽。遂發使約齊。菑川。膠東。濟南。濟北。皆許諾。說五王事省說膠西語多不可再序正煩簡相參之妙而曰。城陽景王有

義攻諸呂（句）勿與（句）事定（句）分之耳—（預作計若眞有之癡人說夢可爲一笑）諸侯既新削罰振恐多
怨鼂錯（遙接削地事）及削吳會稽豫章郡書至則吳王先起兵膠西正月丙午誅漢吏二
千石以下（變法）膠東菑川濟南楚趙亦然（省法）遂發兵西齊王後悔飲藥自殺畔約濟北
王城壞未完其郎中令劫守其王不得發兵膠西爲渠率膠東菑川濟南共攻圍臨
菑趙王遂亦反陰使匈奴與連兵—（序法匆匆正見天下一時俱起紛紛如此）七國之發也（總句）—吳王悉
其士卒下令國中曰寡人年六十二身自將少子年十四亦爲士卒先諸年上與寡
人比下與少子等者皆發（令精綻有致）發二十餘萬人南使閩越東越東越亦發兵從—
（寫得氣勢奕奕）孝景帝三年正月甲子、初起兵於廣陵西涉淮因幷楚兵發使遺諸侯書曰
吳王劉濞敬問膠西王膠東王菑川王濟南王趙王楚王淮南王衡山王廬江王故
長沙王子幸敎寡人以漢有賊臣無功天下侵奪諸侯地使吏劾繫訊治以僇辱之
爲故不以諸侯人君禮遇劉氏骨肉絕先帝功臣進任姦宄詿亂天下欲危社稷陛
下多病志失不能省察欲舉兵誅之（吳王遺書反先序諸侯書入謹聞敎下乃吳王之言）謹聞敎敝國雖狹地
方三千里人雖少精兵可具五十萬寡人素事南越三十餘年其王君皆不辭分其

卒以隨寡人。又可得三十餘萬。寡人雖不肖。願以身從諸王。一段序兵力越直長沙者。因王子定長沙以北。西走蜀漢中。告越楚王淮南三王與寡人西面。齊諸王與趙王定河間河內。或入臨晉關。或與寡人會雒陽。燕王趙王固與胡王有約。燕王北定代雲中。摶胡衆入蕭關。走長安。匡正天子。以安高廟。願王勉之。一段定戰地形勢○句法變化楚元王子淮南三王。或不沐洗十餘年。怨入骨髓。欲一有所出之久矣。寡人未得諸王之意。未敢聽。今諸王苟能存亡繼絕。振弱伐暴。以安劉氏。社稷之所願也。一段序存亡繼絕以申大義敝國雖貧。寡人節衣食之用。積金錢。修兵革。聚穀食。夜以繼日。三十餘年矣。凡爲此。倒句願諸王勉用之。能斬捕大將者。賜金五千斤。封萬戶。列將三千斤。封五千戶。裨將二千斤。封二千戶。二千石千斤。封千戶。千石五百斤。封五百戶。皆爲列侯。其以軍若城邑降者。卒萬人。邑萬戶。如得大將。人戶五千。如得列將。人戶三千。如得裨將。人戶千。如得二千石。其小吏皆以差次受爵金。佗封賜皆倍常法。其有故爵邑者。更益。勿因。願諸王明以令士大夫。弗敢欺也。寡人金錢在天下者往往而有。非必取於吳。諸王日夜用之。弗能盡。有當賜者告寡人。寡人且往遺之。一段明賞格兼起兵之資敬以聞。一七國反書。聞。天。子。（直接反書）上天子乃遣太尉條侯周亞夫將三十六將軍往擊吳楚。遣曲周侯酈寄擊趙。將軍欒布擊齊。大將軍竇嬰屯滎陽監齊趙兵。（一敘天子遣將發兵此下便應序亞夫伐吳之事乃偏頓住接反書入袁盎鼂錯事妙）下吳楚反書聞。（間接反書作兩層寫）兵未發竇嬰未行言故吳相袁盎盎時家居。詔召入見。上方與鼂錯調兵笇軍食。上問袁盎曰君嘗爲吳相知吳臣田祿伯。爲人乎。（倒提田祿伯並不答止說吳事妙）今吳楚反於公何如。對曰不足憂也。今破矣。（劈頭一縱作勢妙）上曰。吳王卽山鑄錢煮海水爲鹽誘天下豪桀。白頭舉事。若此。其計不百全豈發乎。何以言其無能爲也。袁盎對曰吳有銅鹽利則有之。（一轉）安得豪桀而誘之。（二轉）誠令吳得豪桀。亦且輔王爲義。不反矣。（三轉）吳所誘皆無賴子弟亡命鑄錢姦人故相率以反（語氣凡四轉說吳王無能止欲打入鼂錯心事耳）鼂錯曰袁盎策之善。（不覺已入袁盎術中）上問曰計安出。盎對曰願幷左右上屛人獨錯在。（不便一直下又作一頓）盎曰臣所言人臣不得知也。乃屛錯。錯趨避東廂恨甚。（一喜一恨俱入袁盎術中）上卒問盎。（間接）盎對曰吳楚相遺書曰。（接遺書）高帝王子弟各有分地。今賊臣鼂錯擅適過諸侯。削奪之地。故以反爲名。西共誅鼂錯。復故地而罷。方今計獨斬鼂錯。發使赦吳楚七國。復其故削地。（前說吳王無能此又說斬鼂錯復故地寫袁盎面欺止爲殺鼂錯地而實無用也）則兵可無血刃而俱罷於是上嘿然良久曰顧誠何如吾不愛一人以謝天下盎曰臣愚計無出此願上孰計之又促一句似緩實急乃拜盎爲太常吳王弟子德侯爲宗正插德侯一句盎裝治行後十餘日上使中尉召錯紿載行東市錯衣朝衣斬東市則遣袁盎奉宗廟宗正輔親戚使告吳如盎策至吳吳楚兵已攻梁壁矣接出一句妙以見袁盎之策實不然也宗正以親故先入見諭吳王使拜受詔吳王聞袁盎來亦知其欲說己笑而應曰我已爲東帝尚何誰拜不肯見盎而留之軍中欲劫使將盎不肯使人圍守且殺之盎得夜出步亡去走梁軍遂歸報一不識袁盎以何語歸報恨不爲一寫之條侯將乘六乘傳會兵滎陽盎事完遂接入條侯然應入破吳事矣又偏頓住傍引一劇孟又引鄧都尉反從傍人側面照耀本文不直寫一筆眞是奇文一至洛陽見劇孟喜曰七國反吾乘傳至此不自意全又以爲諸侯已得劇孟劇孟今無動吾據滎陽以東無足憂者至淮陽問父絳侯故客鄧都尉曰策安出客曰吳兵銳甚難與爭鋒楚兵輕不能久方今爲將軍計莫若引兵東北壁昌邑以梁委吳吳必盡銳攻之將軍深溝高壘使輕兵絕淮泗口塞吳饟道彼吳梁相敝而糧食竭乃以全彊制其罷極破吳必矣條侯曰善從其策遂堅壁昌邑南輕兵絕吳饟道一吳楚反條侯將兩邊遙遙未合至此堅壁輕兵必從

兹合戰矣又偏放開引出一田祿伯又引一桓將軍又引一周丘與劇孟鄧都尉兩兩對照其妙如此吳王之初發也又追序前事安頓之妙吳臣田祿伯爲大將軍田祿伯曰兵屯聚而西無他奇道難以就功臣願得五萬人別循江淮而上收淮南長沙入武關與大王會此亦一奇也吳王太子諫曰王以反爲名此兵難以藉人藉人亦且反王奈何且擅兵而別多佗利害未可知也徒自損耳吳王卽不許田祿伯前倒提田祿伯一筆非爲田祿伯立品正見祿伯名聞天子必其才可用其言可聽而孰知其不然也吳少將桓將軍說王曰吳多步兵步兵利險漢多車騎車騎利平地願大王所過城邑不下直棄去疾西據雒陽武庫食敖倉粟阻山河之險以令諸侯雖毋入關天下固已定矣險語妙說卽大王徐行留下城邑漢軍車騎至馳入梁楚之郊事敗矣定矣敗矣反對一段以盡曲折吳王問諸老將老將曰此少年推鋒之計可耳安知大慮乎於是王不用桓將軍計又頓一住吳王專并將其兵未度淮諸賓客皆得爲將校尉候司馬獨周丘不得用周丘者下邳人忽入周丘作附傳忙中乃作此閒事亡命吳酤酒無行吳王濞薄之弗任周丘上謁說王曰臣以無能不得待罪行閒臣非敢求有所將願得王一漢節必有以報王得節事只劈頭一縱寫不了了使下邊生色王乃予之周丘得節夜馳入下邳下邳時聞吳反皆城守至傳舍召

令。令入戶。使從者以罪斬令。遂召昆弟。所善豪吏。告曰。吳反。兵且至。句至。句屠下邳。不過食頃。令先下。家室。必。完。一句懸切能。者。封。侯。矣。又聳動一句出。乃相告。下邳皆下。周。丘。一。夜。得。三。萬。人。使人報吳王。遂將其兵。北略城邑。比至城陽。兵十餘萬。破城陽中尉軍。聞。吳。王。敗。走。倒提吳王敗走句自度無與共成功。卽引兵歸下邳。未至。疽發背死。一完周丘附傳二。月。中。吳。王。兵。既。破。敗。走。於。是。天。子。制。詔。將。軍。此詔乃吳王破敗後始下此詔獨罪狀趙王遂膠西王卬等耳後弓高侯出詔書為膠西王讀之者卽此詔也因下序戰事一氣序去間斷不得故先提吳王既破敗走一句先插放於此曰。蓋聞為善者天報之以福。為非者天報之以殃。高皇帝親表功德。建立諸侯。幽王悼惠王。絕。無後。孝文皇帝哀憐加惠。王幽王子遂。悼惠王子卬等。所以獨重遂與卬也令奉其先王宗廟。為漢藩國。德配天地。明並日月。吳王濞倍德反義。誘受天下亡命辠人。亂天下幣。稱病不朝。二十餘年。有司數請濞罪。孝文皇帝寬之。欲其改行為善。帶序吳事今乃與楚王戊。趙王遂。膠西王卬。濟南王辟光。菑川王賢。膠東王雄渠。又帶序楚濟南菑川膠東四王約從反。為逆無道。起兵以危宗廟。賊殺大臣。及漢使者。迫刦萬民。夭殺無罪。燒殘民家。掘其丘冢。甚為暴虐。今卬等又重逆無道。又獨重卬蓋吳為渠魁膠西次之也燒宗廟。鹵御物。朕甚痛之。朕素服避正殿。將軍其勸士大夫擊反鹵擊反鹵者深入多殺爲功斬百捕鹵比三百石以上者皆殺之無有所置敢有議詔及不如詔者皆要斬 一 先有吳王一書故應以膠西一詔 初吳王之度淮 又提一句 追序吳事正應鄧都尉所云以梁委吳云云便可側下遙接條侯也 與楚王遂西敗棘壁乘勝前銳甚 應鄧云吳兵銳甚 梁孝王恐遣六將軍擊吳又敗梁兩將士卒皆還走梁梁數使使報條侯求救條侯不許又使使惡條侯於上上使人告條侯救梁復守便宜不行 應鄧云以梁委吳 梁使韓安國及楚死事相弟張羽爲將軍乃得頗敗吳兵 又帶序梁與吳事 吳兵欲西梁城守堅不敢西即走條侯軍會下邑欲戰條侯壁不肯戰 應鄧云深溝高壘 吳糧絕卒饑 應絕吳饟道 數挑戰遂夜犇條侯壁驚東南條侯使備西北果從西北入吳大敗士卒多饑死乃畔散 應梁吳相敝而食竭 於是吳王乃與其麾下壯士數千人夜亡去度江走丹徒保東越 數十萬人不能與亞夫一戰可以笑 一 東越兵可萬餘人乃使人收聚亡卒漢使人以利啗東越東越即紿吳王吳王出勞軍即使人鏦殺吳王盛其頭馳傳以聞吳王子子華子駒亡走閩越 一 吳王之棄其軍亡也 又提一句接入楚事 軍遂潰往往稍降太尉梁軍楚王戊軍敗自殺三王之圍齊臨菑也 又提一句入三王事 三月不能下漢兵至膠西膠東菑川王各引兵歸膠西王乃袒跣

席稾飲水謝太后（三王獨詳序膠西者因口訛面約原與膠西王起故仍以膠西終）王太子德曰漢兵遠臣觀之已罷可襲願收大王餘兵擊之擊之不勝乃逃入海未晚也王曰吾士卒皆已壞不可發用弗聽（出太子一諫又少映田祿伯桓將軍之諫而不聽也）漢將弓高侯穨當遺王書曰（不應條侯酈寄竇嬰欒布而忽出一弓高侯想弓高侯主膠西事也）奉詔誅不義降者赦其罪復故不降者滅之王何處須以從事王肉袒叩頭漢軍壁謁曰臣卬奉法不謹驚駭百姓乃苦將軍遠道至於窮國敢請菹醢之罪弓高侯執金鼓見之曰王苦軍事願聞王發兵狀王頓首膝行（寫得生色如畫）對曰今者鼂錯天子用事臣變更高皇帝法令侵奪諸侯地卬等以爲不義恐其敗亂天下七國發兵且以誅錯今聞錯已誅卬等謹以罷兵歸將軍曰王苟以錯不善何不以聞及未有詔虎符擅發兵擊義國以此觀之意非欲誅錯也乃出詔書爲王讀之（讀之）（所云擊反虜無有所置也故接曰王其自圖死有餘罪也）讀之訖曰王其自圖王曰如卬等死有餘罪遂自殺太后太子皆死（應謝太后及太子諫）膠東菑川濟南王皆死國除納於漢酈將軍圍趙十月而下之趙王自殺濟北王以刦故得不誅徙王菑川（七國吳王先死楚次之膠西次之膠東菑川濟南又次之趙最後下濟北以刦不誅不在七國）初吳王首反并將楚兵連齊趙（序罪案首重吳王以終此傳）正月起兵三月皆破（補一筆正）

月起兵應前二月中吳王敗走至三月乃皆破耳所云白頭舉事夜以繼日三十餘年者三月而破可爲一笑獨趙後下。復置元王少子平陸侯禮爲楚王。續元王後。徙汝南王非王吳故地。爲江都王。

太史公曰。吳王之王。由父省也。能薄賦歛。使其衆以擅山海利。逆亂之萌。自其子興。爭技發難。卒亡其本。親戚謀宗。竟以夷隕。鼂錯爲國遠慮。禍反近身。袁盎權說。初寵後辱。故古者諸侯地不過百里。山海不以封。應煑海銅山毋親夷狄。應結匈奴以疏其屬。蓋謂吳邪。毋爲權首。反受其咎。豈盎錯邪。

一篇文字必有全副精神故左右前後驅遣如意此文寫吳王謀反先寫其謀反之相謀反之識以銅鹽爲謀反之資提殺太子爲謀反之因然後出一吳使以解之又出一鼂錯以促之曲曲寫來情事如見然後口報膠西約六國下反書氣勢蓬勃當直瀉下乃又出一袁盎出一鄧都尉又出一田祿伯出一桓將軍出一周丘多少事藂雜而衆不妨一齊插入實只爲謀反一事四面點湊無隔礙迂塞之病豈非至文○周丘序後間隔已多當入吳事乃反倒提吳王敗後之詔先放於此出空地步然後倒提吳王初起兵攻梁之事一氣說下直至於敗並無留滯而後弓高侯爲膠西讀詔應還前詔如此安頓之法深宜究心○前以膠西王起故後獨挑出膠西王結以爲首尾相應○口報膠西王一篇反書一篇極有段落頓折之妙而天子一詔亦極精神

魏其武安侯列傳

魏其侯竇嬰者、孝文后從兄子也、父世、觀津人。喜賓客。賓客是一篇主孝文時。嬰爲吳相。病免孝景初即位爲詹事—梁孝王者孝景弟也其母竇太后愛之（竇太后王太后一篇眼目）梁孝王朝因昆弟燕飲是時上未立太子酒酣從容言曰千秋之後傳梁王太后驩（先寫太后驩）竇嬰引卮酒進上曰天下者高祖天下父子相傳此漢之約也上何以得擅傳梁王（梁王淮南王首尾相應）太后由此憎竇嬰（憎緊照驩）竇嬰亦薄其官因病免太后除竇嬰門籍不得入朝請—孝景三年吳楚反上察宗室諸竇毋如竇嬰賢乃召嬰嬰入見固辭謝病不足任太后亦慙（一驩一憎後又多一慙）於是上曰天下方有急王孫寧可以讓邪乃拜嬰爲大將軍賜金千斤嬰乃言袁盎欒布諸名將賢士在家者進之（即應賓客事）所賜金陳之廊廡下軍吏過輒令財取爲用金無入家者竇嬰守滎陽監齊趙兵七國兵已盡破封嬰爲魏其侯（結）—諸游士賓客爭歸魏其侯—（兩魏其侯聲響頓折）孝景時每朝議大事條侯魏其侯諸列侯莫敢與亢禮（又入閒筆一頓幷以見盛衰之感）孝景四年立栗太子使魏其侯爲太子傅孝景七年栗太子廢魏其數爭不能得魏其謝病屏居藍田南山之下數月諸賓客辨士說之（賓客餘波）莫能來梁人高遂乃說魏其曰能富貴將軍者上也能親將軍者太后也今將軍傅太子太子廢而不能爭爭不能得又弗能死（能不能莫能弗能錯）

（落作致）自引謝病。擁趙女屏閒處而不朝。相提而論。是自明揚主上之過。有如兩宮螫、將軍。則妻子毋類矣。魏其侯然之。乃遂起朝請如故｜桃侯免相。竇太后數言魏其侯。（太后言魏其從慙字直貫至此）孝景帝曰。太后豈以為臣有愛。（句法）不相魏其。魏其者沾沾自喜耳。多易。難以為相持重。遂不用。用建陵侯衛綰為丞相｜（借不相事略一頓住便提入武安章法之妙）武安侯田蚡者。孝景后同母弟也。（映前）生長陵。魏其已為大將軍後。方盛。（入武安後接手帶住魏其夾序其妙）蚡為諸郎。未貴。往來侍酒魏其。跪起如子姪｜（如此）（伏下使酒事反照作波）及孝景晚節。蚡益貴幸。為太中大夫。蚡辨有口。學盤盂諸書。王太后賢之。孝景崩。卽日太子立。稱制。所鎮撫。多有田蚡賓客計筴｜（頓住又照賓客）蚡弟田勝。皆以太后弟。孝景後三年、封蚡為武安侯。勝為周陽侯。（帶序田勝）武安侯新欲用事為相。卑下賓客。（又點賓客）進名士家居者貴之。欲以傾魏其諸將相。（又頓住○後讓相今先提欲為相寫出武安心事）建元元年、丞相綰病免。上議置丞相太尉。籍福說武安侯曰。魏其貴久矣。天下士素歸之。（又映賓賓）今將軍初興。未如魏其。卽上以將軍為丞相。必讓魏其。魏其為丞相。將軍必為太尉。太尉丞相尊等耳。又有讓賢名。武安侯乃微言太后風上。於是乃以魏其侯為丞相。武安侯為太尉｜籍福賀魏其侯因弔曰君侯資性喜善嫉惡方今善人譽君侯故至丞相然君侯且、疾惡惡人衆亦且毀君侯君侯能兼容則幸久不能今以毀去矣魏其不聽一（武安傳中夾序魏其事）魏其武安俱好儒術（以下田竇並序）推轂趙綰爲御史大夫王臧爲郎中令迎魯申公欲設明堂令列侯就國除關以禮爲服制以興太平舉適諸竇宗室毋節行者除其屬籍時諸外家爲列侯列侯多尙公主皆不欲就國以故毀日至竇太后一（又帶竇太后應前毀去）太后好黃老之言而魏其武安趙綰王臧等務隆推儒術貶道家言是以竇太后滋不說魏其等一及建元二年、御史大夫趙綰請毋奏事東宮竇太后大怒乃罷逐趙綰王臧等而免丞相太尉以柏至侯許昌爲丞相武彊侯莊靑翟爲御史大夫魏其武安由此以侯家居一（田竇並序畢以下又單序武安）武安侯雖不任職以王太后故親幸數言事多效天下吏士趨勢利者皆去魏其歸武安武安日益橫一建元六年、竇太后崩丞相昌御史大夫靑翟坐喪事不辦免以武安侯蚡爲丞相以大司農韓安國爲御史大夫天下士郡國諸侯愈益附武安一（賓客歸武安作兩節寫情景乃盡）武安者貌侵生貴甚又以爲諸侯王多長上初卽位富於春秋蚡以肺腑爲京師相非痛折節以禮詘之天下不

肅 寫武安腹中語多少層折 當是時丞相入奏事坐語移日所言皆聽薦人或起家至二千石權移主上上乃曰君除吏已盡未吾亦欲除吏嘗請考工地益宅上怒曰君何不遂取武庫是後乃退嘗召客飲坐其兄蓋侯南向自坐東向以爲漢相尊不可以兄故私撓 二段於閒處寫其驕橫不堪 武安由此滋驕 接一句關合上下 治宅甲諸第田園極膏腴而市買郡縣器物相屬於道前堂羅鐘鼓立曲旃後房婦女以百數諸侯奉金玉狗馬玩好不可勝數 形容田蚡得時正形魏其失勢 魏其失竇太后益疏不用無勢諸客稍稍自引而怠傲唯灌將軍獨不失故魏其日默默不得志而獨厚遇灌將軍 前先入田蚡挽歸魏其今先說魏其落下灌夫接法甚妙 灌將軍夫者潁陰人也夫父張孟嘗爲潁陰侯嬰舍人得幸因進之至二千石故蒙灌氏姓爲灌孟吳楚反時潁陰侯灌何爲將軍屬太尉請灌孟爲校尉夫以千人與父俱灌孟年老潁陰侯彊請之鬱鬱不得意故戰常陷堅遂死吳軍中軍法父子俱從軍有死事得與喪歸灌夫不肯隨喪歸奮曰願取吳王若將軍頭以報父之讎於是灌夫被甲持戟募軍中壯士所善願從者數十人及出壁門莫敢前獨二人及從奴十數騎馳入吳軍至吳將麾下所殺傷數十人不得前復馳還走入漢壁皆

亡其奴。獨與一騎歸。寫得聲勢奕奕夫身中大創十餘。適有萬金良藥。故得無死。夫創少瘳。又復請將軍曰。吾益知吳壁中曲折。請復往。將軍壯義之。恐亡夫。乃言太尉。太尉乃固止之。又欲去妙有此奇事遂成奇文然究竟不去益妙吳已破。灌夫以此名聞天下。潁陰侯言之上。上以夫爲中郎將。數月坐法去。後家居長安。長安中諸公莫弗稱之。名聞孝景時至代相。孝景崩。今上初卽位。以爲淮陽天下交。勁兵處。故徙夫爲淮陽太守。建元元年、入爲太僕。二年、夫與長樂衞尉竇甫飲。輕重不得。夫醉。搏甫。甫竇太后昆弟也。欲寫灌夫使酒一事先伏使酒之端長樂尉卽映下程李東西宮尉竇甫竇太后弟映田蚡王太后弟也〇竇太后餘波上恐太后誅夫。徙爲燕相。數歲坐法去官。家居長安。灌夫爲人剛直使酒。不好面諛。貴戚諸有勢在己之右。不欲加禮。必陵之。諸士在己之左。愈貧賤。尤益敬。與鈞。稠人廣衆。薦寵下輩。士亦以此多之。一節是灌夫好處夫不喜文學。好任俠。已然諾。諸所與交通。無非豪傑大猾。家累數千萬。食客日數十百人。陂池田園。宗族賓客。又點賓客爲權利。橫於潁川。潁川兒乃歌之曰。潁水清。灌氏寧。潁水濁。灌氏族。一節是灌夫不好處〇又散序二段作上下綫索使酒侵丞相族誅等事皆在其內灌夫家居雖富。然失勢。卿相侍中賓客益衰。又點賓客及魏其侯失勢。遙接魏其亦欲倚灌夫引繩批根。引繩者矯枉以直也批根者直窮到底也蓋指下生平慕之後棄之者相與共正之共排之也生平慕之後棄之者。灌夫亦倚魏其而通列侯宗室為名高。兩人相為引重。其游如父子然。相得驩甚。無厭。恨相知晚也。寫得兩人因失勢相投俱有一種咆唬不平處便是得禍根本

灌夫有服。過丞相。遙接武安丞相從容曰。吾欲與仲孺過魏其侯。會仲孺有服。是縮脚語便是口頭語灌夫曰。將軍乃肯幸臨況魏其侯。乃肯幸臨況是意外語夫安敢以服為解。請語魏其侯帳具。將軍旦日早臨。武安許諾。灌夫且語魏其侯如所謂武安侯。魏其與其夫人益市牛酒。夜灑掃。早帳具至旦。平明令門下候伺。極力摹寫以見其不堪至日中。丞相不來。旦日夜平明日中照應生情魏其謂灌夫曰。丞相豈忘之哉。灌夫不懌曰。夫以服請。宜往。乃駕自往迎丞相。丞相特前戲許灌夫。殊無意往。及夫至門。丞相尚臥。於是夫入見曰。將軍昨日幸許過魏其。魏其夫妻治具。自旦至今。未敢嘗食。武安鄂謝曰。吾昨日醉。忽忘與仲孺言。乃駕往。又徐行。灌夫愈益怒。及飲酒酣。夫起舞屬丞相。丞相不起。夫從坐上語侵之。魏其乃扶灌夫去。謝丞相。丞相卒飲至夜。夜字乃旦日餘波極驩而去。

一

一路寫來以為灌夫使酒矣偏頓住作兩次寫中間又入爭田一段見非特因酒食之過也丞相嘗使籍福請魏其城南田。籍福映前魏其大望曰。老僕雖棄。將軍雖貴。寧可以勢奪乎。不許。灌夫聞。怒罵籍福。籍

福惡兩人有郄乃謾自好謝丞相曰魏其老且死易忍且待之已而武安聞魏其灌夫實怒不予田亦怒曰魏其子嘗殺人蚡活之蚡事魏其無所不可何愛數頃田且灌夫何與也吾不敢復求田（一句一斷寫其盛怒之下氣急不接之語入神）武安由此大怨灌夫魏其一（寫得武安種怨已深牢不可破而非關酒也）元光四年春丞相言灌夫家在潁川橫甚（接上為橫于潁川）民苦之請案上曰此丞相事何請灌夫亦持丞相陰事為奸利受淮南王金與語言（淮南王事不楚楚妙正忙時不及回筆也）賓客居間（又點賓容）遂止俱解（初以為灌夫使酒矣偏頓住作極驪而去此以為武安搆難矣偏頓住作遂止俱解欲緊故寬而其勢愈緊是文情之妙也）夏丞相取燕王女為夫人有太后詔召列侯宗室皆往賀魏其侯過灌夫欲與俱夫謝曰夫數以酒失得過丞相丞相今者又與夫有郄（前段寫三人搆怨遙遙欲合矣）（偏又一頓若颺開者文情之妙）魏其曰事已解彊與俱飲酒酣武安起為壽坐皆避席伏已魏其侯為壽獨故人避席耳餘半膝席灌夫不悅起行酒至武安武安膝席（避席膝席三四錯落妙）曰不能滿觴夫怒因嘻笑曰將軍貴人也屬之時武安不肯（又頓住妙寫使酒一事逐層寫來情景如見）行酒次至臨汝侯臨汝侯方與程不識耳語又不避席（又點避席字）夫無所發怒乃罵臨汝侯（使酒一案必以為灌夫與武安作難乃偏放過武安而發怒閒人寫得不倫不類是酒醉人家數）曰生平毀程不識不直一錢今

日長者爲壽。乃效女兒呫囁耳語。一語不了了是醉怒中語武安謂灌夫曰。程李俱東西宮衞尉。今衆辱程將軍。仲孺獨不爲李將軍地乎。灌夫曰。今日斬頭陷胸。何知程李乎。語無倫次是醉中語怒中語如聞其聲坐乃起更衣。稍稍去。魏其侯去。麾灌夫出。武安遂怒曰。此吾驕灌夫罪。乃令騎留灌夫。灌夫欲出不得。籍福起爲謝。按灌夫項令謝。夫愈怒。前丞相過魏其時灌夫先不懌後愈怒後極驪頤任請田時魏其大望夫怒罵籍福好謝武安亦怒又頓往往賀丞相時夫不悅夫怒嘻笑無所發怒武安遂怒夫愈怒積怨含怒一路寫來神情俱動不肯謝。武安乃麾騎縛夫置傳舍。召長史曰。今日召宗室有詔。劾灌夫罵坐不敬。繫居室。遂按其前事。遣吏分曹逐捕諸灌氏支屬。皆得棄市罪。魏其侯大愧。爲資使賓客請。又點賓客莫能解。武安吏皆爲耳目。諸灌氏皆亡匿。夫繫。遂不得告言武安陰事。一應前淮南王陰事魏其銳身爲救灌夫。夫人諫魏其曰。灌將軍得罪丞相。與太后家忤。寧可救邪。魏其侯曰。侯自我得之。自我捐之。無所恨。且終不令灌仲孺獨死。嬰獨生。乃匿其家。竊出上書。立召入。具言灌夫醉飽事。不足誅。上然之。賜魏其食。曰東朝廷辨之。寫得其事甚小上意無適莫魏其之東朝。盛推灌夫之善。言其醉飽得過。乃丞相以他事誣罪之。武安又盛毀灌夫所爲橫恣。罪逆不道。魏其度不可奈何。因言丞相短。武安曰。

天下幸而安樂無事。蚡得爲肺腑。所好音樂狗馬田宅。蚡所愛倡優巧匠之屬。(音樂句應)(甲第田園)不如魏其灌夫日夜招聚天下豪傑壯士。(天下豪傑應賓客)與論議。腹誹而心謗。不仰視天而俯畫地。辟倪兩宮間。幸天下有變而欲有大功。臣乃不知魏其等所爲。於是

上問朝臣。兩人孰是。御史大夫韓安國曰。魏其言灌夫父死事。身荷戟馳入不測之吳軍。身被數十創。名冠三軍。此天下壯士。非有大惡。爭杯酒。不足引他過以誅也。魏其言是也。丞相亦言灌夫通姦猾。侵細民。家累巨萬。橫恣潁川。凌轢宗室。侵犯骨肉。此所謂枝大於本。脛大於股。不折必披。丞相言亦是。(是也亦是分低昂)唯明主裁之。(兩人對質之言)(反從韓安國口中補出)主爵都尉汲黯是魏其。內史鄭當時是魏其。後不敢堅對。餘皆莫敢對。

上怒內史曰。公平生數言魏其武安長短。今日廷論。局趣效轅下駒。吾幷斬若屬矣。(怒內史者正滿腔不直武安也後應出)不卽罷。起。入。(包句)上食太后。太后亦已使人候伺。具以告太后。太后怒。不食。(帝怒太后怒怒字餘波)曰。今我在也。而人皆藉吾弟。令我百歲後。皆魚肉之矣。且帝寧能爲石人邪。此特帝在。卽錄錄。設百歲後。是屬寧有可信者乎。(太后語皆指韓安國等曰我在尙蹂躪吾弟我死後魚肉之矣且帝能久存耶今帝在尙碌碌持首鼠帝死又安足信乎下文帝云云所以對之也)上謝曰。俱宗室外家。故廷辨

之不然此一獄吏所決耳是時郎中令石建爲上分別言兩人事補出省筆武安已罷
朝出止車門召韓御史大夫載怒曰與長孺共一老禿翁何爲首鼠兩端韓御史良
久謂丞相曰君何不自喜夫魏其毀君君當免冠解印綬歸曰臣以肺腑幸得待罪
固非其任魏其言皆是如此上必多君有讓不廢君魏其必內媿杜門齰舌自殺今
人毀君君亦毀之譬如賈豎女子爭言何其無大體也武安謝罪曰爭時急不知出
此著筆一路寫來事已煩矣又於閒處一間隔之令人眼光少住於是上使御史簿責魏其遙接太后前語故遂簿責魏其所言灌
夫頗不讎欺謾劾繫都司空孝景時魏其常受遺詔曰事有不便以便宜論上及繫
灌夫罪至族事日急諸公莫敢復明言於上魏其乃使昆弟子上書言之幸得復召
見書奏上而案尚書大行無遺詔詔書獨藏魏其家家丞封乃劾魏其矯先帝詔罪
當棄市五年十月悉論灌夫及家屬魏其良久乃聞聞卽恚病痱不食欲死或聞上
無意殺魏其魏其復食治病前云不令夫獨死嬰獨生今復食治病寫勢利意氣之交如此議定不死矣頓乃有蜚
語爲惡言聞上故以十二月晦論棄市渭城其春武安侯病專呼服謝罪使巫視鬼
者視之見魏其灌夫共守欲殺之竟死共完三人事○極惡武安故借鬼以殺之子恬嗣元朔三年武安

侯坐衣襜褕入宮。不敬。淮南王安謀反覺。治。王前朝。武安侯爲太尉。時迎王至霸上。謂王曰。上未有太子。大王最賢。高祖孫。卽宮車晏駕。非大王立。當誰哉。淮南王大喜。厚遺金財物。淮南王事前未及序忽於篇後補序奇妙。上自魏其時不直武安。特爲太后故耳。點明結完太后及聞淮南王金事。上曰。使武安侯在者。族矣。作快語結所以深惡武安也

太史公曰。魏其武安。皆以外戚重。灌夫用一時決筴而名顯。魏其之舉以吳楚。武安之貴在日月之際。然魏其誠不知時變。灌夫無術而不遜。兩人相翼。乃成禍亂。武安負貴而好權。杯酒責望。陷彼兩賢。嗚呼哀哉。遷怒及人。命亦不延。衆庶不載。竟被惡言。嗚呼哀哉。禍所從來矣。澹遠

此三人合傳也雖只是使酒一案若摶揑不湊則穿插不來穿插不來則章法便散緩矣此文家第一費手事也他只用賓客作主賓太后王太后兩兩相照組織成文而中間復插入梁王淮南王條侯高遂桃侯田勝丞相縉籍福趙綰王臧許昌莊青翟韓安國蓋侯頴陰侯竇甫臨汝侯程不識汲黯鄭當時石建許多人提花蹙錦燦然可觀是固史公一篇佳文字也○寫賓客忽集魏其忽集武安一盈一虛各有序法讀之令人感動○三人傳分作三截各爲一章猶不稱好手他却三人打成一片水乳交融絕無痕跡如入田蚡緊接魏其先序魏其帶出灌夫其神理可見○三人有一人單序處兩人雙序處三人合序處竟有撇却三人於虛空別序處不可不細看也○竇太后王太后兩半分映梁王淮南王首尾相照極妙安頓章法○其寫醉語怒語對簿語忙語閒語句句

不同至武帝亦不直武安無奈太后何亦欲廷臣公論乃諸臣竟不做聲遂發作鄭當時是一肚皮不快活語一一入妙○吾尤愛其淮南王事忙時不及回筆乃於篇末作波魏其武安對質語反從韓安國口中說出神化乃爾耶○寫灌夫使酒不一筆寫先寫其醉搏竇甫以爲引起至丞相戲許灌夫起屬丞相必以爲使酒矣乃偏放過頓住挿入請田一事以爲前後搆釁使酒之根是何如神力與

韓長孺列傳

御史大夫韓安國者。梁城安人也。後徙睢陽。嘗受韓子雜家說於騶田生所。事梁孝王爲中大夫。吳楚反時。孝王使安國及張羽爲將。扞吳兵於東界。張羽力戰。安國持重。以故吳不能過梁。（一句敘功歸安國）吳楚已破。安國張羽名由此顯。（只一句敘安國出名根本）梁孝王景帝母弟。竇太后愛之。令得自請置相二千石。出入游戲。僭於天子。天子聞之。心弗善也。太后知帝不善。乃怒梁使者。（乃字妙以見非太后本意○梁使者即安國也）弗見。案責王所爲。韓安國爲梁使。（又補一筆）見大長公主而泣。（寫安國凡三泣）曰。何梁王爲人子之孝。爲人臣之忠。而太后曾弗省也。（突出三句後應還三句作前後關鎖）夫前日吳楚齊趙七國反時。自關以東皆合從西鄉。惟梁最親。爲艱難。（三字妙蓋云所爲甚難）梁王念太后帝在中。而諸侯擾亂。一言泣數行下。跪送臣等六人。將兵擊卻吳楚。吳楚以故兵不敢西。而卒破亡。梁王之力也。（又一句敘功歸到梁）

王令太后以小節苛禮責望梁王梁王父兄皆帝王所見者大故出稱蹕入言警車旗皆帝所賜也卽欲以侘鄙縣驅馳國中以夸諸侯令天下盡知太后帝愛之也將極大事說得雪淡難解事說得冰冷且句句推到太后與帝身上去極寫辭令之妙令人之意消今梁使來輒案責之梁王恐日夜涕泣思慕不知所爲以安國之泣復寫梁王兩泣字陪之何梁王之爲子孝爲臣忠而太后弗恤也又重三句挽上結大長公主具以告太后太后喜曰爲言之帝太后非怒梁王也因帝心不平無法可解故先帝而發是倒用之權術耳得聞此言不覺心開故曰爲言之帝語氣甚急也言之帝心乃解而免冠謝太后曰兄弟不能相教乃爲太后遺憂帝心既解因太后一怒故反爲引罪之詞寫得母子之間說不出之心事一一逼露悉見梁使厚賜之其後梁王益親驩太后長公主更賜安國可直千餘金以上一微詞恐人未易曉故復入此一句寫明太后心事名由此顯應前名題結於漢一結太后也其後安國坐法抵罪蒙獄吏田甲辱安國安國曰死灰獨不復然乎田甲曰然卽溺之二語俊利居無何梁內史缺漢使使者拜安國爲梁內史起徒中爲二千石田甲亡走安國曰甲不就官我滅而宗甲因肉袒謝安國笑曰可溺矣只一句妙公等足與治乎卒善遇之一寫安國長者梁內史之缺也因內史事一欲寫田甲一欲寫公孫詭雙手不能雙運故序完田甲後復提一句接入詭事孝王新得齊人公孫詭說之欲請以爲內史竇太后聞乃詔王以安

國爲內史公孫詭羊勝說孝王求爲帝太子及益地事恐漢大臣不聽乃陰使人刺漢用事謀臣及殺故吳相袁盎景帝遂聞詭勝等計畫乃遣使捕詭勝必得漢使十輩至梁相以下舉國大索月餘不得內史安國聞詭勝匿孝王所安國入見王而泣（又泣）曰主辱臣死大王無良臣故事紛紛至此今詭勝不得請辭賜死（無可奈何故用側峯突入使人聳聽然極深婉文筆之妙）王曰何至此安國泣數行下（再下泣字以見淚淫淫其承睫也欲感動梁王故不得不如此）曰大王自度於皇帝孰與太上皇之與高皇帝及皇帝之與臨江王親孝王曰弗如也（反問起以梁王特兄弟至親故以父子破之）安國曰夫太上臨江親父子之間然而高帝曰提三尺劍取天下者朕也故太上皇終不得制事居於櫟陽臨江王適長太子也以一言過廢王臨江用宮垣事卒自殺中尉府何者治天下終不以私亂公（一句破的）語曰雖有親父安知其不爲虎雖有親兄安知其不爲狼（古諺詞兄古韻叶許郎反）今大王列在諸侯悅一邪臣浮說犯上禁撓明法天子以太后故不忍致法於王太后日夜涕泣幸大王自改而大王終不覺寤有如太后宮車即晏駕大王尚誰攀乎（寫情至之語故令人感眞不待詞之畢也）語未卒孝王泣數行下（映前泣下）謝安國曰吾今出詭勝詭勝自殺漢使還報梁事皆得釋安國之力也（收一

句

於是景帝太后益重安國。一孝王卒。共王卽位。安國坐法失官居家。建元中。武安侯田蚡爲漢太尉。親貴用事。安國以五百金物遺蚡。（安國乃以賄用）蚡言安國太后。天子。亦素聞其賢。（應名顯結於漢及景帝太后益重之）卽召以爲北地都尉。遷爲大司農。閩越東越相攻。安國及大行王恢將。（爲下附王恢事故卽安國下倒插一句王恢令人不覺）未至越。越殺其王降。漢兵亦罷。一建元六年、武安侯爲丞相。安國爲御史大夫。（御史大夫一點）匈奴來請和親。天子下議。大行王恢。燕人也。數爲邊吏。習知胡事。議曰。漢與匈奴和親。率不過數歲卽復倍約。不如勿許。興兵擊之。安國曰。（下欲附王恢終於與安國相配而起是正傳體也）千里而戰。兵不獲利。今匈奴負戎馬之足。懷禽獸之心。（語新妙）遷徙鳥舉。難得而制也。得其地不足以爲廣。有其衆不足以爲彊。自上古不屬爲人。漢數千里爭利。則人馬罷。虜以全制其敝。且彊弩之極。矢不能穿魯縞。衝風之末。力不能漂鴻毛。非初不勁。末力衰也。（註一句妙）擊之不便。不如和親。（此議應前持重）羣臣議者多附安國。於是上許和親。一其明年。則元光元年。（則字妙言和親之未幾卽馬邑之一年也）雁門馬邑豪聶翁壹因大行王恢言上曰。匈奴初和親。親信邊。可誘以利。陰使聶翁壹爲間。亡入匈奴。謂單于曰。吾能斬馬邑令丞吏。以城降。財物可盡得。單于愛信之。以爲然。許聶翁壹。聶翁壹乃還。詐斬死罪囚。縣其頭馬邑城。示單于使者爲信。曰馬邑長吏已死。可急來。於是單于穿塞將十餘萬騎。入武州塞。序馬邑事約略是附傳體當是時。當是時正接入安國又以李廣四人陪之若不爲安國者妙漢伏兵車騎材官三十餘萬。匿馬邑旁谷中。衛尉李廣爲驍騎將軍。太僕公孫賀爲輕車將軍。大行王恢爲將屯將軍。太中大夫李息爲材官將軍。御史大夫韓安國爲護軍將軍。序馬邑事止爲此護軍一事卽護軍事又附入王恢事章法奇變諸將皆屬護軍。約單于入馬邑而漢兵縱發。王恢李息李廣別從代主擊其輜重。於是單于入漢長城武州塞。未至馬邑百餘里。行掠鹵。徒見畜牧於野。不見一人。單于怪之。攻烽燧。得武州尉史。欲刺問尉史。尉史曰。漢兵數十萬伏馬邑下。單于顧謂左右曰。幾爲漢所賣。乃引兵還。出塞曰。吾得尉史。乃天也。命尉史爲天王。塞下傳言單于已引去。漢兵追至塞。度弗及。卽罷。王恢等兵三萬。又提王恢功首罪魁也聞單于不與漢合。度往擊輜重。必與單于精兵戰。漢兵勢必敗。則以便宜罷兵。皆無功。天子怒王恢不出擊單于輜重。擅引兵罷也。十七字作一氣讀恢曰。始約虜入馬邑城。兵與單于接。而臣擊其輜重。可得利。今單于聞不至而還。臣以三萬人衆不敵。禔取辱耳。臣固知還而斬。

然得完陛下士三萬人（句法峭拔）於是下恢廷尉廷尉當恢逗橈當斬—（寫王恢之失計正極寫安國和親之得計也借客形主）恢私行千金丞相蚡（應前五百金）蚡不敢言上而言於太后曰王恢首造馬邑事今不成而誅恢是爲匈奴報仇也（只一句簡淨）上朝太后太后以丞相言告上上曰首爲馬邑事者恢也（答首造馬邑事）故發天下兵數十萬從其言爲此（只五字寫出帝之悔）且縱單于不可得恢所部擊其輜重猶頗可得以慰士大夫心今不誅恢無以謝天下（亦只一句斷定）於是恢聞之乃自殺—（序完王恢作附傳體）安國爲人多大略智足以當世取舍而出于忠厚焉貪嗜於財（貪嗜於財足見行金於田蚡）所推舉皆廉士賢於己者也（序完王恢倒出安國爲人章法不測）於梁舉壺遂臧固郅他皆天下名士士亦以此稱慕之惟天子以爲國器—（直貫上景帝太后重之）安國爲御史大夫四歲餘（御史大夫二點）丞相田蚡死安國行丞相事奉引墮車（句）蹇（句）天子議置相欲用安國使使視之蹇甚（蹇亦作兩層寫）乃更以平棘侯薛澤爲丞相安國病免（寫安國不相事以見功名富貴之皆天也普爲天下後世不遇人一嘆）數月蹇愈上復以安國爲中尉歲餘徙爲衛尉車騎將軍衛青擊匈奴出上谷破胡龍城將軍李廣爲匈奴所得復失之公孫敖大亡卒皆當斬贖爲庶人明年匈奴大入邊殺遼西太守及入鴈門所殺略數千人車騎

將軍衛青擊之出鴈門。衛尉安國爲材官將軍。序衛青李廣等事亦只歸到此一句屯於漁陽。安國捕生虜言匈奴遠去。卽上書言方田作時。請且罷軍屯。罷軍屯月餘。匈奴大入上谷漁陽。安國壁乃有七百餘人。出與戰不勝。復入壁。匈奴虜略千餘人及畜產而去。天子聞之怒。使使責讓安國。徙安國益東屯右北平。序安國失着以見運退之人觸處皆礙普爲天下後世人一嘆是時。匈奴虜言當入東方。安國始爲御史大夫。御史大夫三點安國功名御史大夫時爲多故傳首卽特書御史大夫韓安國而篇中三呼應及護軍後。稍斥疏下遷。而新幸壯將軍衛青等有功益貴。安國旣疏遠默默也。將屯又爲匈奴所欺。失亡多。甚自愧。幸得罷歸。乃益東徙屯。意忽忽不樂。總序安國意中事忽忽如見並以寓盛衰之感數月。病嘔血死。安國以元朔二年中卒。先出病死補出死之年月

太史公曰。余與壺遂定律歷。觀韓長孺之義。壺遂之深中隱厚。世之言梁多長者。不虛哉。壺遂官至詹事。天子方倚以爲漢相。會遂卒。不然。壺遂之內廉行修。斯鞠躬君子也。贊語借壺遂發揮所謂不知其人視其所與也

每見作傳者單序一人一人而兼及數事層間疊發便嘖嘖爲奇才難矣然而無難也出一機軸便可勉力爲之也而史公序韓長孺偏插入梁王公孫詭事王恢馬邑事衛青擊匈奴事千頭萬緒而俱結至安國將軍八面威風吾於史公亦云○韓安國說太后處說梁王處寫得極其精神是史公得意之筆○前

半與頭事寫得鼓舞飛動固妙乃後半幅韓安國退時失運殊覺厭厭氣盡文字亦寫得厭厭氣盡其奇妙如此

李將軍列傳

李將軍廣者。隴西成紀人也。其先曰李信。秦時爲將。逐得燕太子丹者也。故槐里徙成紀。廣家世世受射。（射字一篇眼目）孝文帝十四年。匈奴大入蕭關。而廣以良家子從軍擊胡。用善騎射。（射一）殺首虜多。爲漢中郎。廣從弟李蔡。亦爲郎。（順便插入一李蔡以爲照應）皆爲武騎常侍。秩八百石。嘗從行。有所衝陷折關及格猛獸。而文帝曰。惜乎。子不遇時。如令子當高帝時。萬戶侯豈足道哉。（借文帝一歎爲數奇不侯之案通篇神理於此挽合）及孝景初立。廣爲隴西都尉。徙爲騎郎將。吳楚軍時。廣爲驍騎都尉。從太尉亞夫擊吳楚軍。取旗。顯功名昌邑下。以梁王授廣將軍印。還。賞不行。（數奇一）徙爲上谷太守。匈奴日以合戰。典屬國公孫昆邪爲上泣曰。李廣才氣。天下無雙。自負其能。數與虜敵戰。恐亡之。於是乃徙爲上郡太守。（忽入閒人作波蓋正好立功處而一語即徙正寫其數奇恐亡之照下爲匈奴生得）後廣轉爲邊郡太守。徙上郡。嘗爲隴西北地鴈門代郡雲中太守。（井後右北平凡八爲邊郡太守）皆以力戰爲名。（即從郡帶下總挈作一束）匈奴大入上郡。（直接上爲上郡太守事省法）天子使中貴人從廣勒習兵擊匈奴。中貴人將騎數

十。句縱。句見匈奴三人、。與戰。三人、。還射傷中貴人。殺其騎且盡。三人殺數十騎足見中貴之無用而監軍
之可廢也中貴人走廣。廣曰。是必射雕者也。先斷一句回合成妙廣乃遂從百騎往馳三人、。三人亡
馬。步行。行數十里。廣令其騎張左右翼。而廣身自射彼三人者。射二○百騎馳三人不見廣勇唯不用百
騎而身自射之正極寫廣勇也殺其二人、。生得一人、。果匈奴射雕者也。回映一句文情之妙已縛之上馬。望匈
奴有數千騎、。數十騎百騎數千騎正與三人照應○多少三人二人一人錯落有致見廣以爲誘騎。皆驚上山陳。廣之
百騎皆大恐。欲馳還走。廣曰。吾去大軍數十里。今如此以百騎走。匈奴追射我立盡。
今我留。匈奴必以我爲大軍誘之。必不敢擊我。廣令諸騎曰。前。句前。句未到匈奴陳
二里所。句止。句令曰。皆下馬解鞍。頓折姿致如親見之○此處令諸騎解鞍而廣未解也其騎曰。虜多且近。卽
有急。奈何。留止事前之說明此有急者添一意外之處也廣曰。彼虜以我爲走。今皆解鞍以示不走。用堅其
意。作兩層寫妙於是胡騎遂不敢擊。一頓住再起有白馬將出護其兵。李廣上馬。前未解鞍也與十
餘騎犇射殺胡白馬將。射三而復還至其騎中。解鞍。此李廣乃解鞍而士則縱馬臥也令士皆縱馬臥。
是時會暮。胡兵終怪之。不敢擊。又插一句亦作兩層寫夜半時。胡兵亦以爲漢有伏軍於傍。欲
夜取之。胡皆引兵而去。平旦。李廣乃歸其大軍。大軍不知廣所之。故弗從。一完上大軍字

居久之孝景崩武帝立左右以爲廣名將也於是廣以上郡太守爲未央衛尉而程不識亦爲長樂衛尉程不識故與李廣俱以邊太守將軍屯及出擊胡（無端插入一程不識）（固是以客形主而卽以衛尉帶入又以邊太守回合妙）而廣行無部伍行陳就善水草屯舍止人人自便不擊刁斗以自衛莫府省約文書籍事然亦遠斥候未嘗遇害程不識正部曲行伍營陳擊刁斗士吏治軍簿至明軍　得休息然亦未嘗遇害（竟作兩對俱以然字轉）不識曰（下衍二段正收上兩段也於不識口中序出反客作主妙）李廣軍極簡易然虜卒犯之無以禁也而其士卒亦佚樂咸樂爲之死我軍雖煩擾然虜亦不得犯我（又作兩對亦以兩然字轉）是時漢邊郡李廣程不識皆爲名將然匈奴畏李廣之略士卒亦多樂從李廣而苦程不識（又總一收而李廣行軍方略借此俱序出奇肆乃爾）程不識孝景時以數直諫爲太中大夫爲人廉謹於文法（一帶序完程不識事作附傳體）後漢以馬邑城誘單于使大軍伏馬邑傍谷而廣爲驍騎將軍領屬護軍將軍是時單于覺之（句）去（句）漢軍皆無功（一數奇）其後四歲廣以衛尉爲將軍出鴈門擊匈奴匈奴兵多破敗廣軍生得廣單于素聞廣賢令曰得李廣必生致之（註一句明上生得之故並下得脫之由上下文情俱動）胡騎得廣（句）廣時傷（句）病（句）置廣兩馬間絡而盛臥廣行十餘里廣佯死睨其

傍有一胡兒騎善馬。廣暫騰而上胡兒馬。因推墮兒。取其弓。鞭馬南馳數十里。復得其餘軍。因引而入塞。匈奴捕者騎數百追之。廣行取胡兒弓。射殺追騎。（射四）以故得脫。（寫得詳盡又復俊妙非史公不能）於是至漢。漢下廣吏。吏當廣所失亡多。爲虜所生得。當斬。贖爲庶人。一（數奇）頃之。家居數歲。廣家與故潁陰侯孫。（灌嬰之孫灌彊）屏野居藍田南山中射獵。嘗夜從一騎出。從人田間飲。還至霸陵亭。霸陵尉醉。呵止廣。廣騎曰故李將軍。尉曰今將軍尚不得夜行。何乃故也。止廣宿亭下。居無何。匈奴入殺遼西太守。敗韓將軍。（韓安國）韓將軍後徙右北平。於是天子乃召拜廣爲右北平太守。廣卽請霸陵尉與俱。至軍而斬之。一（瑣細事寫得如許曲折兼寫李廣之度量）廣居右北平。匈奴聞之。號曰漢之飛將軍。避之。數歲不敢入右北平。一（右北平空寫只寫閒事）廣出獵。見草中石。以爲虎而射之。（射五）中石（句）沒鏃（句）視之（句）石也（句）因復更射之。終不能復入石矣。一（寫廣之射不在中石沒鏃偏寫其不能復入石正反形其初中沒鏃之神勇蓋曰卽李廣亦不可再得矣）廣所居郡。聞有虎。嘗自射之。及居右北平射虎。（射六）虎騰傷廣。廣亦竟射殺之。（寫射石反寫不入石寫射虎反寫騰傷廣蓋虎騰傷廣極寫虎之勇廣竟射殺之正反襯廣之勇也〇右北平時只寫二閒事以見匈奴不入邊而從容射獵如此）廣廉。得賞賜。輒分其麾下。飲食與士共之。終廣之身。爲二千石四十餘年。

總序

應爲八邊郡太守家無餘財終不言家產事——此總序其爲將廣爲人長猨臂其善射亦天性也射七雖其子孫他人學者莫能及廣——廣訥口少言與人居則畫地爲軍陳射闊狹以飲射八專以射爲戲竟死言以射爲戲直至於死○廣爲人篇首未曾序因北平無事序其射又因射并序其爲人章法之妙廣之將兵乏絕之處見水士卒不盡飲廣不近水士卒不盡食廣不嘗食寬緩不苛士以此愛樂爲用又重敘其將略頂爲人兩段來其射見敵急非在數十步之內度不中不發發卽應弦而倒射九用此其將兵數困辱應上生得其射猛獸亦爲所傷云——應虎騰傷○上數段因射序事起故仍以射總收結還下又序事

居頃之遙接徙右北平石建卒於是上召廣代建爲郎中令元朔六年、廣復爲後將軍從大將軍衛青軍出定襄擊匈奴諸將多中首虜率效首虜合格也以功爲侯者而廣軍無功——數奇

後三歲廣以郎中令將四千騎出右北平博望侯張騫將萬騎與廣俱異道行可數百里匈奴左賢王將四萬騎圍廣四萬騎應四千騎廣軍士皆恐廣乃使其子敢往馳之倒插入李敢敢獨與數十騎四千騎四萬騎一以當十危矣此獨以數十騎極寫李敢馳句直貫胡騎出其左右而還告廣曰胡虜易與耳軍士乃安忙中一頓廣爲圜陳外嚮胡急擊之矢下如雨漢兵死者過半漢矢且盡寫得危急廣乃令士持滿毋發而廣身自以大黃弩名出六韜射其裨將殺數人

中華書局印行

射十頓

胡鹵益解會日暮吏士皆無人色而廣意氣自如益治軍軍中自是服其勇也又一

明日復力戰而博望侯軍亦至匈奴軍乃解去漢軍罷弗能追是時廣軍幾沒罷

歸漢法博望侯留遲後期當死贖爲庶人廣軍功自如無賞一數奇初廣之從弟李蔡

與廣俱事孝文帝遙接篇首爲郎事景帝時蔡積功勞至二千石孝武帝時至代相以元朔

五年爲輕車將軍從大將軍擊右賢王有功中率封爲樂安侯元狩二年中代公孫

弘爲丞相蔡爲人在下中名聲出廣下甚遠然廣不得爵邑官不過九卿而蔡爲列

侯位至三公諸廣之軍吏及士卒或取封侯插入李蔡正與不侯相形同合成妙故不勝慨歎遂爾暢言之所以起下文李

廣之一問也○借李蔡諸人相形而通篇之不遇時無功生得無賞諸事俱收入於內廣嘗與望氣王朔燕語曰自漢擊匈奴

而廣未嘗不在其中而諸部校尉以下才能不及中人然以擊胡軍功取侯者數十

人此問正從上文落下而廣不爲後人然無尺寸之功以得封邑者何也又以兩然字對轉豈吾相不

當侯邪且固命也兩句一折極俊宕朔曰將軍自念豈嘗有所恨乎廣曰吾嘗爲隴西守羌

嘗反吾誘而降降者八百餘人吾詐而同日殺之隴西守前總序殺降事乃借此補出至今大恨獨此

耳朔曰禍莫大於殺已降此乃將軍所以不得侯者也一以朔語爲不侯注脚又以下段爲王朔語注脚妙若

庸手爲之便總序傳後矣 後二歲。大將軍。驃騎將軍。霍去病 大出擊匈奴。廣數自請行。天子以爲老。弗許。良久。乃許之。五字中伏下誅衛青 以爲前將軍。是歲。元狩四年也。補出年月借勢一頓 廣既從大將軍青擊匈奴。既出塞。青捕虜。知單于所居。乃自以精兵走之、而令廣并於右將軍趙食其軍。出東道。東道少回遠。而大軍行。水草少。其勢不屯行。寫得曲折隱歸過於大將軍 廣自請曰。臣部爲前將軍。今大將軍乃徙令臣出東道。且臣結髮、而與匈奴戰。今乃一得當單于。得意之語前所遇者左賢王等也 臣願居前。先死單于。悲壯之語千古如生 大將軍青。亦陰受上誡。以爲李廣老。數奇。通篇發數奇意至此方說出數奇正照且固命也 毋令當單于。恐不得所欲。而是時公孫敖新失侯。爲中將軍。從大將軍。大將軍亦欲使敖與俱當單于。作兩層寫而毋令當單于與俱當單于作雙應情事乃盡 故徙前將軍廣。廣時知之。固自辭於大將軍。大將軍不聽。令長史封書與廣之莫府。曰。急詣部。如書。書即徙東道之書也不了了妙 廣不謝大將軍而起行。意甚慍怒而就部。引兵與右將軍食其合軍。出東道。軍亡導。或失道。後大將軍。大將軍與單于接戰。單于遁走。弗能得而還。南絕幕。絕渡也幕漠同 遇前將軍右將軍。廣已見大將軍。還入軍。大將軍使長史持糒醪遺廣。因問廣食其失道狀。應前長史書 青欲上書報天子軍曲折。奇句 廣未對。大將軍使長史急責廣之莫府對簿。（應莫府受書）廣曰。諸校尉無罪。乃我自失道。吾今自上簿。
（怒語如見應前慍怒○老弗許徙道上誠欲使數急詣部責對簿無數挫折請行請前固辭不謝自上簿無限憤恨俱於此寫出）至莫府。廣謂其麾
下曰。廣結髮與匈奴大小七十餘戰。（結髮應前七十餘戰補序）今幸從大將軍出接單于兵。而大
將軍又徙廣部行回遠。而又迷失道。豈非天哉。（以天字結數奇應且固命也○節節序出憤恨如見）且廣年六
十餘矣。終不能復對刀筆之吏。遂引刀自剄。廣軍士大夫一軍皆哭。百姓聞之。知與
不知。無老壯皆爲垂涕。而右將軍獨下吏。當死。贖爲庶人。（足見廣不必死青殺之也）廣子三人。
曰當戶。椒。敢。爲郎。天子與韓嫣戲。嫣少不遜。當戶擊嫣。嫣走。於是天子以爲勇。當
戶早死。拜椒爲代郡太守。皆先廣死。當戶有遺腹子名陵。（完當戶椒事倒插入李陵）廣死軍時
敢從驃騎將軍。廣死明年。李蔡以丞相坐侵孝景園壖地。當下吏治。蔡亦自殺。不
對獄。國除。（又插敘完李蔡事亦就廣死帶入○不對獄又爲不對簿作波）李敢以校尉從驃騎將軍。（遙接）擊胡左賢
王。力戰。奪左賢王旗鼓。斬首多。賜爵關內侯。食邑二百戶。（少爲不侯吐氣）代廣爲郎中令。
頃之。怨大將軍青之恨其父。乃擊傷大將軍。大將軍匿諱之。居無何。敢從上雍。至甘
泉宮。（句）獵。（句）驃騎將軍去病與青有親。射殺敢。去病時方貴幸。上諱云鹿觸殺之。（應匿）

諱之。居歲餘。去病死。（開筆）而敢有女爲太子中人。愛幸。（而字從去病貴幸接來）敢男禹有寵於太子。然好利。（照廣廉不言生產）李氏陵遲衰微矣。一（完李敢事）李陵既壯。（遙接遺腹子）選爲建章監。監諸騎。善射。（世世受射射字餘波十一）愛士卒。天子以爲李氏世將。而使將八百騎。嘗深入匈奴二千餘里。過居延視地形。無所見虜而還。拜爲騎都尉。將丹陽楚人五千人。教射酒泉張掖。（射十二）以屯衛胡。• 數歲。天漢二年秋。貳師將軍李廣利。將三萬騎。擊匈奴右賢王於祁連天山。而使陵將其射士、步兵、五千人。（即教射五千人）出居延北可千餘里。欲以分匈奴兵。毋令專走貳師也。陵既至期還。而單于以兵八萬圍擊陵軍。陵軍五千人。（再疊五千人一句應上八萬以見不敵）兵矢既盡。士死者過半。而所殺傷匈奴亦萬餘人。（贊一句）且引且戰。連鬬八日。還未到居延百餘里。（又贊一句所以深出李陵也）匈奴遮狹絕道。陵食乏而救兵不到。虜急擊。招降陵。陵曰。無面目報陛下。遂降匈奴。其兵盡沒。餘亡散得歸漢者四百餘人。（完五千人）單于既得陵。素聞其家聲。（挽上李廣一傳）及戰又壯。乃以其女妻陵而貴之。漢聞。族陵母妻子。自是之後。李氏名敗。而隴西之士居門下者。皆用爲恥焉。

太史公曰、傳曰。其身正。不令而行。其身不正。雖令不從。其李將軍之謂也。余覩李將軍。悛悛如鄙人。口不能道辭。及死之日。天下知與不知。皆爲盡哀。彼其忠實心。誠信於士大夫也。李將軍如許英雄人傑乃以忠實二字結乃知虛浮之人決非英傑也諺曰。桃李不言。下自成蹊。此言雖小。可以喩大也。以後語結

李將軍戰功如此平序直序固亦可觀乃忽分爲千緒萬縷或入議論或入感歎或入一二間事妙矣又忽於傳外插入一李蔡一程不識四面照耀通體皆靈可稱文章神伎○吾尤愛其以李將軍行軍方略於程不識口中序出廣之爲人反從射虎帶下而其不侯殺降事偶在王朔燕語點明錯綜變化純用天機有意無意之間令人莫測○插李蔡至封侯拜相正歎其不侯追未幾而自殺矣國除矣轉眼之間灰飛燼滅即封侯拜相亦何在哉正其所以深歎其不侯也○此篇以射字貫故中間射字凡十二回合而首以文帝歎其不遇末以武帝誡其數奇前後互挽是一篇主意○序殺三人處縱馬臥處生得騰馬處大黃射裨將處極力摹寫如親見親聞之○他人能忙此獨閒閒正其忙處也他人能整此獨亂亂正其整處也唯史公能之

匈奴列傳

匈奴。其先祖夏后氏之苗裔也。曰淳維。唐虞以上有山戎獫狁葷粥。由夏后追序唐虞居於北蠻。隨畜。收而轉移。一句總序其畜之所多則馬牛羊。其奇畜則橐駞驢驘駃騠騊駼驒騱。畜產一逐水草遷徙。毋城郭常處耕田之業。然亦各有分地。國土二毋文書。以言語爲約束。法令三兒能騎羊。引弓射鳥鼠。少長則射狐兔。用爲食。士力能彎弓。盡爲甲騎。其

俗寬則隨畜因射獵禽獸爲生業急則人習戰攻以侵伐其天性也其長兵則弓矢短兵則刀鋋利則進不利則退不羞遁走苟利所在不知禮義四情性自君王以下咸食畜肉衣其皮革被旃裘壯者食肥美老者食其餘五衣食貴壯健賤老弱父死妻其後母兄弟死皆取其妻妻之其俗有名不諱而無姓字風俗六○以上總序一作提綱是第一節夏道衰遙接夏后氏而公劉失其稷官變于西戎邑于豳周事一其後三百有餘歲戎狄攻太王亶父亶父亡走岐下而豳人悉從亶父而邑焉作周周事二其後百有餘歲周西伯昌伐畎夷氏後十有餘年武王伐紂而營雒邑復居於豐鄗放逐戎夷涇洛之北以時入貢命曰荒服周事三其後二百有餘年周道衰而穆王伐犬戎得四白狼四白鹿以歸自是之後荒服不至於是周遂作甫刑之辟周事四穆王之後二百有餘年周幽王用寵姬襃姒之故與申侯有卻申侯怒而與犬戎共攻殺周幽王于驪山之下遂取周之焦穫而居于涇渭之閒侵暴中國秦襄公救周於是周平王去酆鄗而東徙雒邑當是之時秦襄公伐戎至岐始列爲諸侯周事五秦事始此是後六十有五年而山戎越燕而伐齊齊釐公與戰于齊郊周事六其後四十四年而山戎伐燕燕告急于齊齊桓

公北伐山戎。山戎走。周事七　其後二十有餘年。而戎狄至洛邑。伐周襄王。襄王奔于鄭之氾邑。初周襄王欲伐鄭。故娶戎狄女爲后。與戎狄兵共伐鄭。已而黜狄后。狄后怨而襄王後母曰惠后。有子子帶。欲立之。於是惠后與狄后子帶爲內應。開戎狄。戎狄以故得入。破逐周襄王。而立子帶爲天子。於是戎狄或居於陸渾。東至於衞。侵盜暴虐中國。中國疾之。故詩人歌之曰。戎狄是膺。薄伐獫狁。至于太原。出輿彭彭。城彼朔方。周襄王既居外四年。乃使使告急于晉。晉文公初立。欲修霸業。乃興師伐逐戎翟。誅子帶。迎內周襄王。居於雒邑。一周事八稍詳插詩詞作致八段俱用其後是後迭下○以上周秦間事是第二節　當是之時。秦晉爲彊國。晉文公攘戎翟。居於河西圁洛之間。號曰赤翟白翟。秦穆公得由余。西戎八國服於秦。故自隴以西有緜諸緄戎翟獂之戎。岐梁山涇漆之北有義渠應大荔烏氏朐衍之戎。而晉北有林胡應樓煩應之戎。頂秦晉間序戎名後有應者有不應者夾插作章法　燕北有東胡應山戎。又補燕事燕亦邊界也　各分散居谿谷。自有君長。往往而聚者百有餘戎。然莫能相一。一又用當時事總序一段作承上卽以起下關鎖作章法　自是之後。百有餘年。晉悼公使魏絳和戎翟。戎翟朝晉。接秦晉燕後下晉事一　百有餘年。趙襄子踰句注而破幷代以臨胡貉。其後既與韓魏共滅智伯。分晉地而有之。則趙有代句注之北。魏有河西上郡。以與戎界邊。〔晉事二〕、、其後義渠之戎築城郭以自守。而秦稍蠶食。至於惠王。遂拔義渠二十五城。〔秦事三〕惠王擊魏。魏盡入西河及上郡于秦。〔秦事四〕秦昭王時。義渠戎王與宣太后亂。有二子。宣太后詐而殺義渠戎王於甘泉。遂起兵伐殘義渠。於是秦有隴西北地上郡。築長城以拒胡。〔秦事五〕而趙武靈王亦變俗胡服。習騎射。北破林胡樓煩。築長城。自代並陰山下。至高闕為塞。而置雲中鴈門代郡。〔晉事六〕、、其後燕有賢將秦開。為質於胡。胡甚信之。歸而襲破走東胡。東胡卻千餘里。與荊軻刺秦王秦舞陽者。開之孫也。燕亦築長城。自造陽至襄平。置上谷漁陽右北平遼西遼東郡以拒胡。〔燕事七〕當是之時。冠帶戰國七。而三國邊於匈奴。〔承明秦晉燕過接上下〕、、其後趙將李牧時。匈奴不敢入趙邊。〔晉事八〕、、後秦滅六國。而始皇帝使蒙恬將十萬之衆。北擊胡。悉收河南地。因河為塞。築四十四縣城臨河。徙適戍以充之。而通直道。自九原至雲陽。因邊山險。塹谿谷。可繕者治之。起臨洮。至遼東萬餘里。又度河據陽山北假中。〔秦事九○以上敘三國事是第三節以下方入匈奴正傳〕、、當是之時。東胡彊。而月氏盛。〔先序東胡月氏客〕匈奴單于曰頭曼。頭曼不勝秦。〔仍接秦事下〕北徙十餘年而蒙恬死。諸侯畔秦。中國擾亂。諸秦所徙適戍邊者皆復去。於是匈奴得寬。復稍度河南。與中國界於故塞。單于有太子名冒頓。（由諸戎入匈奴由匈奴入冒頓逐步不亂）後有所愛閼氏生少子。而單于欲廢冒頓而立少子。乃使冒頓質於月氏。（頂月氏彊盛）冒頓既質於月氏。而頭曼急擊月氏。月氏欲殺冒頓。冒頓盜其善馬騎之亡歸。頭曼以爲壯。令將萬騎。冒頓乃作爲鳴鏑。習勒其騎射。令曰。鳴鏑所射而不悉射者斬之。（先出令）行獵鳥獸。有不射鳴鏑所射者。輒斬之。（先射禽獸）已而冒頓以鳴鏑自射其善馬。左右或不敢射者。冒頓立斬不射善馬者。（次射善馬法變）居頃之。復以鳴鏑自射其愛妻。左右或頗恐。不敢射。冒頓又復斬之。（次射愛妻）居頃之。冒頓出獵。以鳴鏑射單于善馬。左右皆射之。（次射單于善馬）於是冒頓知其左右皆可用。從其父單于頭曼獵。以鳴鏑射頭曼。其左右亦皆隨鳴鏑而射殺單于頭曼。（後射單于作五層寫斬之斬者射之皆隨射段段變法而七鳴鏑五左右錯落作致）遂盡誅其後母與弟及大臣不聽從者。冒頓自立爲單于。・冒頓既立。是時東胡彊盛。（遙接）聞冒頓殺父自立。乃使使謂冒頓。欲得頭曼時有千里馬。冒頓問羣臣。羣臣皆曰。千里馬。匈奴寶馬也。勿與。冒頓曰。柰何與人鄰國而愛一馬乎。遂與之千里馬。（先與千里馬）居頃之。東胡以爲冒頓畏之。乃使使謂冒頓。欲得單于一閼氏。冒頓復問左右。左右皆怒曰。東胡無道。乃求閼氏。請擊之。冒頓曰。奈何與人鄰國愛一女子乎。遂取所愛閼氏予東胡。次與閼氏東胡王愈益驕。西侵。與匈奴間中有棄地。莫居千餘里。各居其邊爲甌脫。字奇東胡使使謂冒頓曰。匈奴所與我界甌脫外棄地。匈奴非能至也。吾欲有之。冒頓問羣臣。羣臣或曰。此棄地。予之亦可。勿予亦可。於是冒頓大怒曰。地者國之本也。奈何予之。諸言予之者。皆斬之。後不予地亦作三層寫段段變化與前一樣作章法冒頓上馬。令國中有後者斬。寫得精神飛舞遂東襲擊東胡。東胡初輕冒頓。不爲備。及冒頓以兵至。擊大破滅東胡王。而虜其民人及畜產。既歸。西擊走月氏。南并樓煩白羊河南王。侵燕代。悉復收秦所使蒙恬所奪匈奴地者。與漢關故河南塞。至朝那膚施。遂侵燕代。上作兩段蓄住至此一瀉而下直卷、上秦燕諸事有前兩頓乃成此快觀是、時漢兵與項羽相距。中國罷於兵革。以故冒頓得自彊。控弦之士三十餘萬。又找一時事一筆周密之極○以上寫匈奴冒頓彊盛是第四節自淳維以至頭曼千有餘歲。時大時小。別離分散尚矣。其世傳不可得而次云。然至冒頓而匈奴最彊大。盡服從北夷。而南與中國爲敵國。其世傳國官號乃可得而記云。●又總叙一段承上起下與前一樣作章法置左右賢王。左右谷蠡王。左右大將。左右大都尉。左右大當戶。左右骨都侯。匈奴謂賢曰屠耆。故常以太子爲左屠耆王。自如左右賢以下至當戶。大者萬騎。小者數千。凡二十四長。立號曰萬騎。官爵一 諸大臣皆世官。呼衍氏蘭氏。其後有須卜氏。此三姓其貴種也。氏族二 然前云有名而無姓何也 諸左方王將居東方。直上谷以往者。東接穢貉朝鮮。右方王將居西方。直上郡以西。接月氏氐羌。而單于之庭直代雲中。各有分地。逐水草移徙。地界三 而左右賢王左右谷蠡王最爲大國。左右骨都侯輔政。諸二十四長亦各自置千長百長什長裨小王。句 相。句 封都尉當戶且渠之屬。部落四 歲正月。諸長小會單于庭。句 祠。句 五月大會蘢城。祭其先天地鬼神。句 秋。句 馬肥大會蹛林。課校人畜計。朝會五 其法拔刃尺者死。坐盜者沒入其家。有罪小者軋。大者死。獄久者不過十日。一國之囚不過數人。刑法六 而單于朝出營拜日之始生。夕拜月。其坐長左而北鄉。日上戊己。其送死有棺槨金銀衣裘。而無封樹喪服。近幸臣妾從死者多至數千百人。禮制七 舉事而候星月。月盛壯則攻戰。月虧則退兵。其攻戰斬首虜賜一卮酒。而所得鹵獲因以予之。得人以爲奴婢。故其戰。人人自爲趣利。善爲誘兵以冒敵。故其見敵則逐利。如鳥之集。其困敗則瓦

解雲散矣。戰而扶輿死者。盡得死者家財。兵法八

後北服渾庾屈射丁靈鬲昆薪犁之國。於是匈奴貴人大臣皆服。以冒頓單于爲賢。又總序一段、是第五節　是時漢初定中國。徙韓王信於代。都馬邑。匈奴大攻圍馬邑。韓王信降匈奴。匈奴得信。因引兵南踰句注。攻太原。至晉陽下。高帝自將兵往擊之。會冬大寒雨雪。卒之墮指者十二三。於是冒頓佯敗走。誘漢兵。漢兵逐擊冒頓。冒頓匿其精兵。見其羸弱。於是漢悉兵多步兵三十二萬北逐之。高帝先至平城。步兵未盡到。爲漢回護一句　冒頓縱精兵四十萬騎圍高帝於白登七日。漢兵中外不得相救餉。寫危急之甚　匈奴騎其西方盡白馬。東方盡青駹馬。北方盡烏驪馬。南方盡騂馬。又于馬上著色一番閒甚然匈奴之強正于此閒處點出是寫生神手　高帝乃使使間厚遺閼氏。閼氏乃謂冒頓曰。兩主不相困。今得漢地。而單于終非能居之也。且漢王亦有神。動單于只此一句　單于察之。冒頓與韓王信之將王黃趙利期。而黃利兵又不來。疑其與漢有謀。亦取閼氏之言。又補一句正不專爲閼氏之語　乃解圍之一角。於是高帝令士皆持滿傅矢外鄉。從解角直出。寫漢兵亦有氣勢　竟與大軍合。而冒頓遂引兵而去。漢亦引兵而罷。作兩平結不作低昂正回護漢高處　使劉敬結和親之約。是後韓王信爲匈奴將。及趙利王黃等數倍

約。侵盜代雲中。居無幾何。陳豨反。又與韓信合謀擊代。漢使樊噲往擊之。復拔代鴈門雲中郡縣不出塞。•是時匈奴以漢將衆往降。故冒頓常往來侵盜代地。於是漢患之。高帝乃使劉敬奉宗室女公主爲單于閼氏。歲奉匈奴絮繒酒米食物各有數。約爲昆弟以和親。冒頓乃少止。•奉字乃止字妙前回護處又于此點明後燕王盧綰反。率其黨數千人降匈奴。往來苦上谷以東。高祖崩。孝惠呂太后時。漢初定。故匈奴以驕。又夾插漢事冒頓乃爲書遺高后妄言。高后欲擊之。諸將曰以高帝賢武。然尚困於平城。於是高后乃止。復與匈奴和親。•至孝文帝初立。復修和親之事。•其三年五月。匈奴右賢王入居河南地侵盜上郡葆塞蠻夷。殺略人民。於是孝文帝詔丞相灌嬰發車騎八萬五千。詣高奴擊右賢王。右賢王走出塞。文帝幸太原。是時濟北王反。文帝歸。罷丞相擊胡之兵。其明年。單于遺漢書曰。天所立匈奴大單于。敬問皇帝無恙。前時皇帝言和親事。稱書意合歡。漢邊吏侵侮右賢王。右賢王不請。聽後義盧侯難氏等計。與漢吏相距。補出右賢王入塞之事絕二主之約。離兄弟之親。皇帝讓書再至。發使以書報。不來。漢使不至。漢以其故不和。鄰國不附。今以小吏之敗約故。罰右賢王。使之西求月氏擊之以天之福吏卒良馬彊力以夷滅月氏盡斬殺降下之定樓蘭烏孫呼揭及其旁二十六國皆以爲匈奴諸引弓之民并爲一家（以謙語作誇語倔強處殊有氣節筆致飛舞）北州已定（四字妙甚蓋云北州已定止有南方未服耳驕倔含蓄竟不說出詞令之妙）願寢兵休士卒養馬（應吏卒良馬彊力）除前事復故約以安邊民以應始古使少者得成其長老者安其處世世平樂未得皇帝之志也故使郎中係雩淺奉書請獻橐駞一匹騎馬二匹駕四駟皇帝卽不欲匈奴近塞則且詔吏民遠舍使者至卽遣之以六月中來至薪望之地（至獻馬等文意完矣又出數語作後勁至末一振通篇神氣俱動書詞出何人手其妙如此豈可謂北方無人）書至漢議擊與和親孰便公卿皆曰單于新破月氏乘勝不可擊且得匈奴地澤鹵非可居也和親甚便漢許之孝文皇帝前六年漢遺匈奴書曰皇帝敬問匈奴大單于無恙使郎中係雩淺遺朕書曰右賢王不請聽後義盧侯難氏等計絕二主之約離兄弟之親漢以故不和鄰國不附今以小吏敗約故罰右賢王使西擊月氏盡定之願寢兵休士卒養馬除前事復故約以安邊民使少者得成其長老者安其處世世平樂朕甚嘉之此古聖主之意也（卽直述前書不必另出爐冶妙）漢與匈奴約爲兄弟所以遺單于甚厚倍約離兄弟之親者常在匈奴（只一句已足）然右賢王

事已在赦前。單于勿深誅。單于若稱書意。明告諸吏。使無負約。有信。敬如單于書。使者言單于自將伐國有功。甚苦兵事。服繡袷綺衣。繡袷長襦。錦袷袍各一。比余一。黃金飾具帶一。黃金胥紕一。繡十匹。錦三十匹。赤綈綠繒各四十匹。使中大夫意。謁者令肩遺單于。（匈奴一番誇張此則以淡然應之不必另出詞指而令人之意已消固是妙著然一時匈奴方彊漢正多事匈奴欲動漢務安靜其情事如此史公不必多一句只連載兩書而情形自見）後頃之。冒頓死。子稽粥立。號曰老上單于。老上稽粥單于初立。孝文皇帝復遣宗室女公主爲單于閼氏。使宦者燕人中行說傅公主。說不欲行。漢彊使之。說曰。必我行也。爲漢患者。（倒句）中行說既至。因降單于。單于甚親幸之。初匈奴好漢繒絮食物。中行說曰。匈奴人衆。不能當漢之一郡。然所以彊者。以衣食異。無仰于漢也。今單于變俗好漢物。漢物不過什二。則匈奴盡歸于漢矣。（此上乃說詞）其得漢繒絮。以馳草棘中。衣袴皆裂敝。以示不如旃裘之完善也。得漢食物皆去之。以示不如湩酪之便美也。（此乃曲寫說之心事）於是說教單于左右疏記。以計課其人衆畜物。漢遺單于書。牘以尺一寸。辭曰。皇帝敬問匈奴大單于無恙。所遺物及言語云云。中行說令單于。遺漢書以尺二寸牘。及印封皆令廣大長。倨傲其辭曰。天地所生日月所置

匈奴大單于敬問漢皇帝無恙所以遺物言語亦云云（此乃序說之敘匈奴事）漢使或言曰匈
奴俗賤老中行說窮漢使曰而漢俗屯戍從軍當發者其老親豈有不自脫溫厚肥
美以齎送飲食行戍乎漢使曰然中行說曰匈奴明以戰攻爲事其老弱不能鬬故
以其肥美飲食壯健者蓋以自爲守衛如此父子各得久相保何以言匈奴輕老也
（貴壯賤老一解）漢使曰匈奴父子乃同穹廬而臥父死妻其後母兄弟死盡取其妻妻之無
冠帶之飾闕庭之禮中行說曰匈奴之俗人食畜肉飲其汁衣其皮畜食草飲水隨
時轉移故其急則人習騎射寬則人樂無事其約束輕易行也君臣簡易一國之政
猶一身也父子兄弟死取其妻妻之惡種姓之失也故匈奴雖亂必立宗種今中國
雖詳不取其父兄之妻親屬益疏則相殺至乃易姓皆從此類且禮義之敝上下交
怨望而室屋之極生力必屈夫力耕桑以求衣食築城郭以自備故其民急則不習
戰功緩則罷於作業嗟土室之人（土室正對穹廬字新）顧無多辭令喋喋而佔佔冠固何當（風俗
作一解）自是之後漢使欲辯論者中行說輒曰漢使無多言顧漢所輸匈奴繒絮米糵
令其量中必善美而已矣何以爲言乎且所給備善則已不備苦惡則候秋孰以騎

馳蹂而稼穡耳。數段以辯論勝仍是中國餘習此段獨出矯健寫匈奴悍強情性不特說之性與習移史公亦筆隨事化日夜教單于候利害處。總結一句收所未盡以上漢與匈奴和親事是第六節

漢孝文皇帝十四年。匈奴單于十四萬騎入朝那蕭關。殺北地都尉卬。鹵人民畜產甚多。遂至彭陽。使奇兵入燒回中宮。候騎至雍甘泉。於是文帝以中尉周舍。郎中令張武爲將軍。發車千乘。騎十萬。軍長安旁以備胡寇。而拜昌侯盧卿爲上郡將軍。甯侯魏遬爲北地將軍。隆慮侯周竈爲隴西將軍。東陽侯張相如爲大將軍。成侯董赤爲前將軍。大發車騎往擊胡。單于留塞內月餘乃去。漢逐出塞卽還。不能有所殺。漢與匈奴相殺伐

匈奴日已驕。歲入邊。殺略人民畜產甚多。雲中遼東最甚。至代郡萬餘人。漢患之。乃使使遺匈奴書。單于亦使當戶報謝。復言和親事。先虛寫一段

孝文帝後二年。使使遺匈奴書曰。皇帝敬問匈奴大單于無恙。使當戶且居雕渠難。郎中韓遼遺朕馬二匹。已至敬受。先帝制。長城以北。引弓之國。受命單于。長城以內。冠帶之室。朕亦制之。使萬民耕織射獵衣食。父子無離。臣主相安。俱無暴逆。一段述舊制今聞渫惡民貪降其進取之利。倍義絕約。忘萬民之命。離兩主之驩。然其事已在前矣。一段說近事推開得妙

書曰。二國已和親。兩主驩說。寢兵休卒養馬。

世世昌樂。闇然更始。朕甚嘉之。聖人者日新。改作更始。使老者得息。幼者得長。各保其首領而終其天年。朕與單于俱由此道。順天恤民。世世相傳。施之無窮。天下莫不咸便。一段始答來意漢與匈奴鄰敵之國。匈奴處北地。寒殺氣早降。故詔吏遺單于秫蘗金帛絲絮佗物歲有數。一段序饋遺今天下大安。萬民熙熙。朕與單于爲之父母。朕追念前事。薄物細故。謀臣計失。皆不足以離兄弟之驩。朕聞天不頗覆。地不偏載。朕與單于皆捐往細故。俱蹈大道。墮壞前惡。以圖長久。使兩國之民若一家子。元元萬民。下及魚鼈。上及飛鳥。跂行喙息蠕動之類。莫不就安利而辟危殆。故來者不止。天之道也。一段總序前後歸至和親俱去前事。朕釋逃虜民。單于無言章尼等。朕聞古之帝王。約分明而無食言。單于留志。天下大安。和親之後。漢過不先。只四字不但峭健亦自說得有體一篇書詞平妥無奇止此四字出色單于其察之。單于既約和親。於是制詔御史曰。匈奴大單于遺朕書。言和親已定。亡人不足以益衆廣地。匈奴無入塞。漢無出塞。犯令約者殺之。可以久親。後無咎。俱便。朕已許之。其布告天下。使明知之。漢與匈奴和親、後四歲。老上稽粥單于死。子軍臣立爲單于。既立。孝文皇帝復與匈奴和親。而中行說復事之。省筆復點說事軍臣單于立、四歲。

匈奴復絕和親。大入上郡雲中。各三萬騎。所殺略甚衆而去。於是漢使三將軍軍屯北地。代屯句注。趙屯飛狐口。緣邊亦各堅守以備胡寇。又置三將軍軍長安西細柳渭北棘門霸上以備胡。胡騎入代句注邊。烽火通於甘泉長安。數月漢兵至邊。匈奴亦去遠塞。漢兵亦罷。●漢與匈奴又相殺伐兩次邊釁彼此、相當雖絕和親之故正復和親之根 後歲餘。孝文帝崩。孝景帝立。而趙王遂乃陰使人於匈奴。吳楚反。欲與趙合謀入邊。漢圍破趙。匈奴亦止。自是之後。孝景帝復與匈奴和親。通關市。給遺匈奴。遣公主。如故約。終孝景時。時小入盜邊。無大寇。●漢與匈奴復和親無大戰爭內外相安正反襯武帝也。○文景後和親或約或絕是第七節 今帝即位。明和親約束。厚遇。通關市。饒給之。匈奴自單于以下皆親漢。往來長城下。寫得中外一家恬熙無事以見漢武開邊之多事也 漢使馬邑下人聶翁壹。奸蘭出物與匈奴交。詳爲賣馬邑城以誘單于。單于信之。而貪馬邑財物。乃以十萬騎入武州塞。漢伏兵三十餘萬馬邑旁。御史大夫韓安國爲護軍。護四將軍以伏單于。韓傳詳此簡 單于既入漢塞。未至馬邑百餘里。見畜布野而無人牧者。怪之。乃攻亭。是時鴈門尉史行徼。見寇。保此亭。知漢兵謀。韓傳詳此簡 單于得。欲殺之。尉史乃告單于漢兵所居。單于大驚曰。吾固疑之。乃引兵還。句出句 曰吾得尉史。天也。天使若言。以尉史為天王。漢兵約單于入馬邑而縱。單于不至。以故漢兵無所得。漢將軍王恢部出代擊胡輜重。聞單于還。兵多不敢出。漢以恢本造兵謀而不進。斬恢。（多少事收入數行情事俱盡與韓傳參看可得其簡法）自是之後。匈奴絕和親。攻當路塞。往往入盜於漢邊。不可勝數。然匈奴貪。尚樂關市。嗜漢財物。漢亦尚關市不絕以中之。一（馬邑）（開邊然羈縻未絕是第八節）自馬邑軍後五年之秋。漢使四將軍各萬騎擊胡關市下。將軍衛青出上谷至蘢城。得胡首虜七百人。公孫賀出雲中無所得。公孫敖出代郡為胡所敗七千餘人。李廣出鴈門為胡所敗。而匈奴生得廣。廣後得亡歸。漢囚敖廣。敖廣贖為庶人。（漢出塞一得七百亡七千漢失利）其冬。匈奴數入盜邊。漁陽尤甚。漢使將軍韓安國屯漁陽備胡。（胡奴入塞二漢失利）其明年秋。匈奴二萬騎入漢。殺遼西太守。略二千餘人。胡又入敗漁陽太守軍千餘人。圍漢將軍安國。安國時千餘騎亦且盡。會燕救至。匈奴乃去。（匈奴入塞三殺四千人漢失利）匈奴又入鴈門。殺略千餘人。於是漢使將軍衛青將三萬騎出鴈門。李息出代郡。擊胡。得首虜數千人。（匈奴入塞四殺略千餘得數千得失相當）其明年。衛青復出雲中以西至隴西。擊胡之樓煩白羊王於河南。得胡首虜數千。牛羊百餘萬。於是漢遂取河南地。築朔方。復繕故秦時蒙恬所爲塞。因河爲固。漢亦棄上谷之什辟縣造陽地以予胡。是歲漢之元朔二年也。漢出塞五取河南地棄什辟造陽得失相當 其後冬。匈奴軍臣單于死。軍臣單于弟左谷蠡王伊稚斜自立爲單于。攻破軍臣單于太子於單。於單亡降漢。漢封於單爲涉安侯。數月而死。匈奴太子降漢六 伊稚斜單于既立。其夏。匈奴數萬騎入殺代郡太守恭及略千餘人。匈奴入塞七殺太守略千餘人漢失利 其秋。匈奴又入鴈門。殺略千餘人。匈奴入塞八殺略千餘人漢失利 其明年。匈奴又復入代郡定襄上郡各三萬騎。殺略數千人。匈奴入塞九殺略數千人漢失利 匈奴右賢王怨漢奪之河南地而築朔方。數爲寇盜邊。及入河南侵擾朔方。殺略吏民甚衆。匈奴入塞十殺略吏民漢失利 其明年春。漢以衛青爲大將軍。將六將軍十餘萬人出朔方高闕。擊胡右賢王。右賢王以爲漢兵不能至。飲酒醉。漢兵出塞六七百里。夜圍右賢王。右賢王大驚。脫身逃走。諸精騎往往隨後去。漢得右賢王衆男女萬五千人。裨小王十餘人。漢出塞十一得萬五千人匈奴失利 其秋。匈奴萬騎入殺代郡都尉朱英。略千餘人。匈奴入塞十二殺都尉略千餘人漢失利 其明年春。漢復遣大將軍衛青。將六將軍兵十餘萬騎。乃再出定襄數百里。擊匈奴。得首虜。前後凡萬九千餘級。而漢亦亡兩將軍軍三千餘騎。右將軍建得以身脫。而前將軍翕侯趙信。兵不利。降匈奴。趙信者。故胡小王。降漢。漢封爲翕侯。以前將軍與右將軍幷軍分行。獨遇單于兵。故盡沒。單于既得翕侯。以爲自次王。用其姊妻之。與謀漢。信敎單于益北絕幕。以誘罷漢兵。徼極而取之。無近塞。單于從其計。漢出塞十三得萬九千級亡兩將軍三千騎趙信降兵盡沒得不償失其明年。胡騎萬人入上谷。殺數百人。匈奴入塞十四殺數百人漢失利其明年春。漢使驃騎將軍去病將萬騎出隴西。過焉支山千餘里。擊匈奴。得胡首虜騎萬八千餘級。破得休屠王祭天金人。漢出塞十五得萬八千級匈奴失利其夏。驃騎將軍復與合騎侯數萬騎出隴西北地二千里。擊匈奴。過居延。攻祁連山。得胡首虜三萬餘人。禆小王以下七十餘人。是時匈奴亦來入代郡鴈門。殺略數百人。漢使博望侯及李將軍廣出右北平。擊匈奴左賢王。左賢王圍李將軍。卒可四千人。且盡。殺虜亦過當。會博望侯軍救至。李將軍得脫。漢失亡數千人。合騎侯後驃騎將軍期。及與博望侯皆當死。贖爲庶人。漢出塞十六得三萬人殺略數百卒四千且盡失亡數千人得失相當其秋。單于怒渾邪王休屠王居西方。爲漢所殺虜數萬人。欲召誅之。渾邪王與休屠王恐。謀降漢。漢使驃騎將軍往迎之。渾邪王殺休屠王。幷將其衆降漢。凡四萬餘人。號十萬。於是漢已得渾邪王。則隴西北地河西。益少胡寇。徙關東貧民。處所奪匈奴河南新秦中。以實之。而減北地以西戍卒半。匈奴渾邪王降漢十七其明年匈奴入右北平定襄。各數萬騎。殺略千餘人而去。匈奴入塞十八殺略千餘人漢失利其明年春。漢謀曰。翕侯信爲單于計。居幕北。以爲漢兵不能至。乃粟馬。發十萬騎。負私從馬。凡十四萬匹。糧重不與焉。令大將軍青。驃騎將軍去病。中分軍。大將軍出定襄。驃騎將軍出代。咸約絕幕擊匈奴。匈奴單于聞之。遠其輜重。以精兵待於幕北。與漢大將軍接戰一日。會暮大風起。漢兵縱左右翼圍單于。單于自度戰不能如漢兵。單于遂獨身與壯騎數百。潰漢圍西北遁走。漢兵夜追不得。行斬捕匈奴首虜萬九千級。北至闐顏山趙信城而還。單于之遁走。其兵往往與漢兵相亂。而隨單于。單于久不與其大衆相得。其右谷蠡王以爲單于死。乃自立爲單于。眞單于復得其衆。而右谷蠡王乃去其單于號。復爲右谷蠡王。漢驃騎將軍之出代二千餘里。與左賢王接戰。漢兵得胡首虜凡七萬餘級。左賢王將皆遁走。驃騎封於狼居胥山。禪姑衍。臨翰海而還。是後匈奴遠遁。而幕南無王庭。漢出塞十九得萬九千級又七萬級匈奴大失利然物故數萬馬死十餘萬得失亦相當以上漢與匈奴十九反覆漢之出塞者七匈奴之入塞者十漢之失利者多以著開邊之失漢度河自朔方以西至令居往往通渠至田官吏卒五六萬人稍蠶食地接匈奴以北一作一小結關鎖匈奴從此衰矣自絕和親至此是第九節初漢兩將軍大出圍單于所殺虜八九萬而漢士卒物故亦數萬漢馬死者十餘萬匈奴雖病遠去而漢亦馬少無以復往另起一頭序明漢與匈奴得失雖極得利時而其失如此以承上節以起下是上節之結尾下節之冒頭匈奴用趙信之計遣使於漢好辭請和親天子下其議或言和親或言遂臣之丞相長史任敞曰匈奴新破困宜可使為外臣朝請于邊漢使任敞於單于單于聞敞計大怒留之不遣先是漢亦有所降匈奴使者單于亦輒留漢使相當寫匈奴與漢絕無饒讓此傳本旨故處處點明是漢方復收士馬會驃騎將軍去病死於是漢久不北擊胡欲約和親留漢使數歲伊稚斜單于立十三年死子烏維立為單于是歲漢元鼎三年也烏維單于立而漢天子始出巡郡縣其後漢方南誅兩越不擊匈奴匈奴亦不侵入邊寫匈奴與漢亦只兩平〇不擊匈奴二烏維單于立三年漢已滅南越遣故太僕賀將萬五千騎出九原二千餘里至浮苴井而還不見匈奴一人不見匈奴三應匈奴遠遁漢又遣故從驃侯趙破奴萬餘騎出令居數千里至匈奴河水而還亦不見匈奴一人不見匈奴四是時天子巡邊至朔方勒兵十八萬騎以見武節而使郭吉風告單于郭吉既至匈奴匈奴主

客問所使郭吉禮卑言好曰吾見單于而口言單于見吉吉曰南越王頭已懸於漢北闕今單于能卽前與漢戰天子自將兵待邊單于卽不能卽南面而臣於漢何徒遠走亡匿於幕北寒苦無水草之地（長句）毋爲也（字字壯響千載之下如耳聞之）語卒而單于大怒立斬主客見者而留郭吉不歸遷之北海上而單于終不肯爲寇於漢邊休養息士馬習射獵數使使於漢好辭甘言求請和親（匈奴好詞和親五）漢使王烏等窺匈奴匈奴法漢使非去節而以墨黥其面者不得入穹廬王烏北地人習胡俗去其節黥面得入穹廬單于愛之佯許甘言爲遣其太子入漢爲質以求和親（匈奴佯許入質和親六）漢使楊信于匈奴是時漢東拔穢貉朝鮮以爲郡而西置酒泉郡以鬲絕胡與羌通之路漢又西通月氏大夏又以公主妻烏孫王以分匈奴西方之援國又北益廣田至胘靁爲塞而匈奴終不敢以爲言（插敍一段爲漢生色正爲漢欲臣從匈奴先出注脚）是歲翕侯信死漢用事者以匈奴爲已弱可臣從也楊信爲人剛直屈强（間接楊信）素非貴臣單于不親單于欲召入不肯去節單于乃坐穹廬外見楊信楊信既見單于說曰卽欲和親以單于太子爲質於漢單于曰非故約故約漢常遣公主給繒絮食物有品以和親而匈奴亦不擾邊今

乃欲反古令吾太子爲質。無幾矣。匈奴不遣太子七 匈奴俗見漢使非中貴人。其儒先。以爲欲說折其辯。其少年。以爲欲刺折其氣。每漢使入匈奴。匈奴輒報償。漢留匈奴使。匈奴亦留漢使。必得當。乃肯止。又插一段與前相稱寫匈奴與漢終不相下以破臣從之說與不諾楊信留路充國之故關合前後 楊信既歸。漢使王烏。而單于復讇以甘言。欲多得漢財物。給謂王烏曰。吾欲入漢見天子。面相約爲兄弟。王烏歸報漢。漢爲單于築邸於長安。遣太子約和親面約兄弟匈奴節節虛詞漢事事崇信 匈奴曰。非得漢貴人使。吾不與誠語。匈奴使其貴人至漢。病。漢予藥。欲愈之。不幸而死。而漢使路充國佩二千石印綬往使。因送其喪。厚葬直數千金。曰此漢貴人也。單于以爲漢殺吾貴使者。乃留路充國不歸。諸所言者。單于特空紿王烏。殊無意入漢及遣太子來質。於是匈奴數使奇兵侵犯邊。漢乃拜郭昌爲拔胡將軍。及浞野侯屯朔方以東。備胡。匈奴無意入漢留使者入犯邊八 路充國留匈奴三歲。單于死。烏維單于立十歲而死。子烏師廬立爲單于。年少。號爲兒單于。是歲元封六年也。自此之後。單于益西北。左方兵直雲中。右方直酒泉燉煌郡。兒單于立。漢使兩使者。一弔單于。一弔右賢王。欲以乖其國。使者入匈奴。匈奴悉將致單于。單于怒而盡留漢使。漢使留匈奴者前後十餘輩。而匈奴使來。漢亦輒留相當。寫漢終不能有加於匈奴○匈奴留漢使九 是歲、漢使貳師將軍廣利。西伐大宛。而令因杅將軍敖築受降城。先提後乃序出 其冬、匈奴大雨雪。畜多饑寒死。兒單于年少。好殺伐。國人多不安。左大都尉欲殺單于。使人閒告漢曰。我欲殺單于降漢。漢遠。卽兵來迎我。我卽發。初漢聞此言。故築受降城。猶以爲遠。註明築受降城 其明年春、漢使浞野侯破奴將二萬餘騎出朔方西北二千餘里。期至浚稽山而還。浞野侯既至期而還。左大都尉欲發而覺。單于誅之。發左方兵擊浞野。浞野侯行捕首虜數千人。還未至受降城四百里。匈奴兵八萬騎圍之。浞野侯夜自出求水。匈奴閒捕。生得浞野侯。因急擊其軍。軍中郭縱爲護。維王爲渠。相與謀曰。及諸校尉畏亡將軍而誅之。莫相勸歸。軍遂沒於匈奴。匈奴兒單于大喜。遂遣奇兵攻受降城。不能下。乃寇入邊而去。浞野侯降匈奴、匈奴入邊十 其明年、單于欲自攻受降城。未至。病死。兒單于立三歲而死。子年少。匈奴乃立其季父烏維單于弟右賢王呴犁湖爲單于。是歲太初三年也。匈奴欲攻受降城十一 呴犁湖單于立。漢使光祿徐自爲出五原塞數百里。遠者千餘里。築城鄣、列亭至盧朐。而使游擊將軍韓說。長平侯衛伉屯其旁。使彊弩都尉路博德築居延澤上。其秋。匈奴大入定襄雲中。殺略數千人。敗數二千石而去。行破壞光祿所築城列亭鄣。又使右賢王入酒泉張掖。略數千人。會任文擊救。盡復失所得而去。 漢築城鄣匈奴入邊十二 是歲。貳師將軍破大宛。斬其王而還。匈奴欲遮之。不能至。 匈奴欲遮貳師十三 其冬。欲攻受降城。會單于病死。呴犁湖單于立一歲死。匈奴乃立其弟左大都尉且鞮侯為單于。 匈奴欲攻受降城十四 漢既誅大宛。威振外國。天子意欲遂困胡。乃下詔曰。高皇帝遺朕平城之憂。高后時單于書絕悖逆。昔齊襄公復百世之讎。春秋大之。是歲太初四年也。 漢欲困匈奴十五 且鞮侯單于既立。盡歸漢使之不降者。路充國等得歸。單于初立。恐漢襲之。乃自謂我兒子安敢望漢天子。漢天子我丈人行也。漢遣中郎將蘇武厚幣賂遺單于。單于益驕。禮甚倨。非漢所望也。 寫漢終不能有加於匈奴○匈奴歸漢使十六 其明年。浞野侯破奴得亡歸漢。 浞野侯亡歸十七 其明年。漢使貳師將軍廣利以三萬騎出酒泉。擊右賢王於天山。得胡首虜萬餘級而還。匈奴大圍貳師將軍。幾不脫。漢兵物故什六七。 李廣利擊匈奴十八 漢復使因杅將軍敖出西河。與彊弩都尉會涿涂山。毋所得。 因杅將軍出西河十九 又使騎都尉李陵將步騎五千人。出居延北千餘里。與單于會合戰。陵所殺傷萬餘人。兵及食盡。

欲解歸匈奴圍陵陵降匈奴。其兵遂沒。得還者四百人。單于乃貴陵。以其女妻之。李陵降匈奴、二十。後二歲。復使貳師將軍將六萬騎。步兵十萬。出朔方。彊弩都尉路博德將萬餘人。與貳師會。游擊將軍說將步騎三萬人。出五原。因杅將軍敖將萬騎步兵三萬人。出鴈門。匈奴聞。悉遠其累重於余吾水北。而單于以十萬騎待水南。與貳師將軍接戰。貳師乃解而引歸。與單于連戰十餘日。貳師聞其家以巫蠱族滅。因并衆降匈奴。得來還千人一兩人耳。游擊說無所得。因杅敖與左賢王戰不利。引歸。是歲漢兵之出擊匈奴者。不得言功多少。功不得御。貳師降匈奴二十一。一路寫匈奴少衰。漢得少利矣。乃以上四節。降者物故者毋所得者。終不能有加於匈奴。而損失日甚。以著開邊之失。有詔捕太醫令隨但。言貳師將軍家室族滅。使廣利得降匈奴。借沒要緊人以不了語結。若尙有半篇文字在後。如臨涯遠望。而天連秋水。極目無邊。○漢不擊匈奴。至復擊匈奴。是第十節。

太史公曰。孔氏著春秋。隱桓之閒則章。至哀定之際則微。爲其切當世之文而罔褒。忌諱之辭也。世俗之言匈奴者。患其徼一時之權。而務讇納其說。以便偏指。不參彼已。將率席中國廣大。氣奮。人主因以決策。是以建功不深。堯雖賢。興事業不成。得禹而九州寧。且欲興聖統。唯在擇任將相哉。唯在擇任將相哉。

一篇文字分作十節先敘匈奴始末後序漢與匈奴事只平寫直寫草草率畧而中間事情利害一一現出如唐太宗襲裘而來眞氣已驚戶牖正不必多事裝束也○前半序匈奴事先從諸戎翟序起如終南萬嶺積翠千重後半序漢武事如黃河九曲驚濤萬里各具一勝○序漢武馬邑以後與匈奴相殺各十餘萬人草菅民命實未能有加於匈奴是史公作傳之旨然只於武帝卽位時寫漢約和親匈奴親漢極言其盛先提一案後逐節逐事據實直書不作論斷而得失自見所云定哀以後多微詞也與平準封禪一樣序法

衛將軍驃騎列傳

大將軍衛青者、平陽人也、其父鄭季。爲吏。給事平陽侯家。（衛氏始事平陽侯後尙平陽主故以平陽關鎖前後）與侯妾衛媼通。生青•青同母兄衛長子。•（此句截下句連下）而姊衛子夫自平陽公主家。得幸天子。故冒姓爲衛氏。（以上四句一連蓋子夫事爲冒衛氏倒提虛序也其實因衛青序衛長子作一層因衛媼序衛孺少兒子夫步廣作一層而子夫得幸事實序在後）字仲卿•長子更字長君•長君母號爲衛媼。•（蓋此時始號爲衛媼前衛媼倒提也）媼長女衛孺。次女少兒。次女卽子夫。後子夫男弟步廣。皆冒衛氏。一（序完世系兄弟）青爲侯家人。（間接給事平陽家）少時歸其父。其父使牧羊。先母之子。皆奴畜之。不以爲兄弟數。（先母之子虛序不）青嘗從入至甘泉居室。有一鉗徒。相青曰。貴人也。官至封侯。青笑曰。人奴之。（人奴之妙猶曰人奴視我耳是不平之語作人奴之生便不成句）生得毋笞罵。卽足矣。安得封侯事乎。一青壯。爲侯家

騎從平陽主一應還給事平陽家建元二年春青姊子夫得入宮幸上此方實序子夫得幸事皇后堂
邑大長公主女也無子句妬句大長公主聞衞子夫幸有身妬之上妬乃皇后性妬泛言此妬之是大
長公主代皇后妬妬子夫也乃使人捕青青時給事建章未知名大長公主執囚青欲殺之因子夫得
貴乃先因子夫欲殺史公照應感慨其友騎郎公孫敖與壯士篡取之以故得不死上聞乃召青爲建
章監侍中應給事建章及同母昆弟貴衞長君步廣賞賜數日間累千金先敍昆弟孺爲太僕公孫
賀妻少兒故與陳掌通上召貴掌後序二姊公孫敖由此益貴點還公孫敖子夫爲夫人青爲
太中大夫一又以子夫青雙結以見衞青所以貴也點次不爽元光五年青爲車騎將軍擊匈奴出上谷太
僕公孫賀爲輕車將軍出雲中太中大夫公孫敖爲騎將軍出代郡衞尉李廣爲驍
騎將軍出鴈門軍各萬騎青至龍城斬首虜數百騎將軍敖亡七千騎衞尉李廣爲
虜所得得脫歸皆當斬贖爲庶人賀亦無功一大將軍擊匈奴一元朔元年春衞夫人有男
立爲皇后夾序子夫事其秋青爲車騎將軍出鴈門三萬騎擊匈奴斬首虜數千人一大將
軍擊匈奴二明年匈奴入殺遼西太守虜略漁陽二千餘人敗韓將軍軍漢令將軍李息
擊之出代令車騎將軍青出雲中以西至高闕遂略河南地至於隴西捕首虜數千

畜數十萬。走白羊樓煩王。遂以河南地爲朔方郡。大將軍擊匈奴三以三千百八戶。封青爲長平侯。青校尉兩校尉俱冠以青字見因青而封也蘇建有功。以千一百戶封建爲平陵侯。使建築朔方城。青校尉張次公有功。封爲岸頭侯。蘇建張次公只虛序帶過天下曰匈奴逆天理。亂人倫。暴長虐老。以盜竊爲務。行詐諸蠻夷。造謀籍兵。數爲邊害。故興師遣將。以征厥罪。詩不云乎。薄伐獫狁。至于太原。出車彭彭。城彼朔方。今車騎將軍青度西河。至高闕。獲首鹵二千三百級。前數千此詳序二千三百後三千七十一車輜畜產畢收爲鹵。已封爲列侯。遂西定河南地。按榆谿舊塞。絕梓領。梁北河。討蒲泥。破符離。按行也絕度也梁爲橋也字法峭斬輕銳之卒。捕伏聽者三千七十一級。伏聽伏路探聽之人也執訊獲醜。驅馬牛羊百有餘萬。前數十萬此百餘萬詔書增多者爲青飾功者全甲兵而還。益封青三千戶。篇中俱以詔書代序事此其一其明年。匈奴入殺代郡太守友。入略鴈門千餘人。其明年。匈奴大入代定襄上郡。殺略漢數千人。匈奴兩入不關兩將軍事亦詳書者以見兩將軍以匈奴重也。其明年。元朔之五年。三明年後恐不清楚故又點一筆春。漢令車騎將軍青將三萬騎出高闕。衛尉蘇建爲游擊將軍。左內史李沮爲彊弩將軍。太僕公孫賀爲騎將軍。代相李蔡爲輕車將軍。皆領屬車騎將軍。俱出朔方。三將軍屬衛青大行李息岸頭侯張次公爲將軍。出右北平。兩將軍不屬衛青咸擊匈奴。大將軍擊匈奴四匈奴右賢王當衞青等兵。不當李息張次公也以爲漢兵不能至此。飲醉。漢兵夜至。圍右賢王。右賢王驚。夜逃。獨與其愛妾一人壯騎數百。馳。潰圍北去。略序亦精當簡盡漢輕騎校尉郭成等逐數百里。不及。得右賢裨王十餘人。衆男女萬五千餘人。畜數千百萬。於是引兵而還。至塞。天子使使者持大將軍印。卽軍中拜車騎將軍青爲大將軍。諸將皆以兵屬大將軍。至是則李息張次公兩將軍亦屬之矣大將軍立號而歸。卽軍中拜持印立號形容點染色澤如新天子曰。大將軍青躬率戎士。師大捷。獲匈奴王十有餘人。益封青六千戶。而封青子伉爲宜春侯。青子不疑爲陰安侯。青子登爲發干侯。詔書二青固謝曰。臣幸得待罪行間。賴陛下神靈。軍大捷。皆諸校尉力戰之功也。陛下幸已益封臣青。臣青子在繈褓中。未有勤勞。上幸列地封爲三侯。非臣待罪行間所以勸士力戰之意也。伉等三人何敢受封。天子曰。我非忘諸校尉功也。今固且圖之。封拜事借青之一辭中作一折乃詔御史曰。護軍都尉公孫敖。三從大將軍擊匈奴。前蘇建張次公則曰青校尉此封公孫敖等則曰從大將軍常護軍。傅校獲王。以千五百戶封敖爲合騎侯。都尉韓說。從大將軍出窳渾。至匈奴右賢王庭。爲麾下搏戰獲王。以千三百戶封說爲龍頟侯。

騎將軍公孫賀從大將軍獲王以千三百戶封賀爲南窌侯輕車將軍李蔡再從大將軍獲王以千六百戶封蔡爲樂安侯（四人列序）校尉李朔校尉趙不虞校尉公孫戎奴各三從大將軍獲王以千三百戶封朔爲涉軹侯以千三百戶封不虞爲隨成侯以千三百戶封戎奴爲從平侯（三人總序一篇之中變法）將軍李沮李息及校尉豆如意有功賜爵關內侯食邑各三百戶一（又帶序變法）〇（詔書三）其秋匈奴入代殺都尉朱英一（夾序匈奴事）其明年春大將軍青出定襄合騎侯敖爲中將軍太僕賀爲左將軍翕侯趙信爲前將軍衞尉蘇建爲右將軍郎中令李廣爲後將軍左內史李沮爲彊弩將軍咸屬大將軍斬首數千級而還一（大將軍擊匈奴五）月餘悉復出定襄擊匈奴斬首虜萬餘人（大將軍擊匈奴六）右將軍建前將軍信幷軍三千餘騎獨逢單于兵與戰一日餘漢兵且盡前將軍故胡人降爲翕侯見急匈奴誘之遂將其餘騎可八百犇降單于右將軍蘇建盡亡其軍獨以身得亡去自歸大將軍大將軍問其罪正閎長史安議郎周霸等建當云何霸曰自大將軍出未嘗斬裨將今建棄軍可斬以明將軍之威（一段論法）閎安曰不然兵法小敵之堅大敵之禽也今建以數千當單于數萬力戰一日餘士盡不敢有二心

自歸。自歸而斬之。是示後無反意也。不當斬。（一段論理）大將軍曰。靑幸得以肺腑待罪行間。不患無威。而霸說我以明威。甚失臣意。且使臣職雖當斬將。以臣之尊寵而不敢自擅專誅于境外。而且歸天子。天子自裁之。於是以見爲人臣不敢專權。不亦可乎。（前兩議已盡。而大將軍之議復進一層。退讓和柔。正從此看出）軍吏皆曰。善。遂囚建詣行在所。（囚建赦建作兩節寫）入塞罷兵。是歲也。大將軍姊子霍去病。（此兩人合傳也。插入霍去病無痕。另一種筆法）年十八。（句）幸。（句）爲天子侍中。善騎射。再從大將軍。（驃騎擊匈奴一擊匈奴二）受詔與壯士。爲剽姚校尉。與輕勇騎八百直棄大軍數百里赴利。斬捕虜首過當。於是天子曰。剽姚校尉去病。斬首虜二千二十八級。及相國當戶。斬單于大父行籍若侯產。生捕季父羅姑比。再冠軍。以千六百戶。封去病爲冠軍侯。上谷太守郝賢。四從大將軍。（郝賢雖四從大將軍而實因驃騎封也。後總序可見）捕斬首虜二千餘人。以千一百戶。封賢爲衆利侯。（詔書四）是歲。失兩將軍軍。亡翕侯。軍功不多。故大將軍不益封。（接序在後。正與去病相形）右將軍建至。（間接）天子不誅。赦其罪。贖爲庶人。大將軍既還。賜千金。（大將軍不益封。但借賜金插入閒事。作餘波）是時王夫人方幸於上。甯乘說大將軍曰。將軍所以功未甚多。身食萬戶。三子皆爲侯者。徒以皇后故也。（一路序大將軍戰功。幾忘却本來面目。又借閒事一點。奇）

妙至此 今王夫人幸。而宗族未富貴。願將軍奉所賜千金。爲王夫人親壽。 王夫人正爲子夫照應大將軍壽王夫人親正爲堂邑公主四衛青照應 大將軍乃以五百金爲壽。天子聞之。問大將軍。大將軍以實言。上乃拜甯乘爲東海都尉。一張騫從大將軍。以嘗使大夏。留匈奴中久。導軍。知善水草處。軍得以無饑渴。因前使絕國功。封騫博望侯。一 張騫事插序 冠軍侯去病既侯三歲。 以下序去病事 元狩二年春。以冠軍侯去病爲驃騎將軍。將萬騎出隴西。有功。 驃騎擊匈奴三 天子曰。驃騎將軍率戎士。踰烏盭。討遬濮。涉狐奴。歷五王國。輜重人衆懾慴者弗取。冀獲單于子。 序功處爲去病說高一層 轉戰六日。過焉支山千有餘里。合短兵。殺折蘭王。斬盧胡王。誅全甲。 句法峭 執渾邪王子。及相國都尉。首虜八千餘級。收休屠祭天金人。益封去病二千戶。一 詔書五 其夏。驃騎將軍與合騎侯敖俱出北地。異道。博望侯張騫郎中令李廣俱出右北平。異道。皆擊匈奴。 驃騎擊匈奴四 郎中令將四千騎先至。博望侯將萬騎在後至。匈奴左賢王將數萬騎圍郎中令。郎中令與戰二日。死者過半。所殺亦過當。博望侯至。匈奴兵引去。博望侯坐行留。當斬。贖爲庶人。而驃騎將軍出北地。已遂深入。與合騎侯失道。不相得。驃騎將軍踰居延。至祁連山。捕首虜甚多。天子曰。驃騎將軍踰居延。遂過小月氏。攻祁連山。得酋涂王。以衆降者二千五百人。斬首虜三萬二百級。獲五王五王母單于閼氏王子五十九人。相國將軍當戸都尉六十三人。師大率減什三。降級處極力鋪張喪師處一句帶過回護掩飾兩俱有之益封去病五千戸。賜校尉從至小月氏爵左庶長。鷹擊司馬破奴再從驃騎將軍。斬遬濮王。捕稽且王。千騎將得王王母各一人。王子以下四十一人。捕虜三千三百三十人。前行捕虜千四百人。以千五百戸封破奴爲從驃侯。校尉句王高不識。從驃騎將軍。捕呼于屠王王子以下十一人。捕虜千七百六十八人。以千一百戸。封不識爲宜冠侯。校尉僕多有功。封爲煇渠侯。合騎侯敖坐行留不與驃騎會。當斬。贖爲庶人。一詔書六諸宿將所將士馬兵亦不如驃騎。驃騎所將常選。然亦敢深入。常與壯騎先其大將軍。軍亦有天幸。未嘗困絕也。然而諸宿將常坐留落不遇。插散序一段凡作三折感歎頓挫極爲乎神是史公妙處由此驃騎日以親貴。比大將軍。一前後俱寫驃騎事即因驃騎點大將軍夾序一筆回顧本傳其秋。單于怒渾邪王居西方數爲漢所破。亡數萬人。以驃騎之兵也。前點大將軍此仍歸到還驃騎單于怒。欲召誅渾邪王。渾邪王與休屠王等謀欲降漢。使人先遣使向邊境。要遮漢人。令報天子。要邊是時大行李息將城河上。得渾邪王使。

卽馳傳以聞。天子聞之。於是恐其以詐降而襲邊。乃令驃騎將軍將兵往迎之。驃騎
既渡河。與渾邪王衆相望。渾邪王裨將見漢軍而多欲不降者。頗遁去。故颺一筆 驃騎乃
馳入與渾邪王相見。卽撇入一筆極寫去病 斬其欲亡者八千人。驃騎擊匈奴五 遂獨遣渾邪王乘傳
先詣行在所。盡將其衆渡河。降者數萬。號稱十萬。寫得氣槩出羣英武之甚 既至長安。天子所以
賞賜者數十巨萬。封渾邪王萬戶爲漯陰侯。封其裨王呼毒尼爲下麾侯。鷹庇爲渾
渠侯。禽黎爲河綦侯。大當戶銅離爲常樂侯。帶序完渾邪王事 於是天子嘉驃騎之功曰。驃
騎將軍去病率師攻匈奴西域王渾邪王及厥衆萌咸相犇。率以軍糧接食。並將控
弦萬有餘人。誅獟駻。獲首虜八千餘級。降異國之王三十二人。戰士不離傷。十萬之
衆咸懷集服。仍與之勞。分功與之也 爰及河塞。庶幾無患。幸既永綏矣。以千七百戶益封
驃騎將軍。減隴西北地上郡戍卒之半。以寬天下之繇。詔書七 居頃之。乃分徙降者邊
五郡故塞外。而皆在河南。因其故俗爲屬國。其明年。匈奴入右北平定襄。殺略漢
千餘人。又帶序匈奴入漢 其明年。天子與諸將議曰。翕侯趙信爲單于畫計。常以爲漢兵
不能度幕。指漢兵不能度幕也 輕留。單于故輕留也 今大發士卒。其勢必得所欲。一段大議只此數語簡淨之妙 是歲

元狩四年也元狩四年春上令大將軍青驃騎將軍去病（大將軍驃騎合序）將各五萬騎步
兵轉者踵軍數十萬（步兵轉餉踵軍之後者數十萬人也）而敢力戰深入之士皆屬驃騎（應所將驃騎常選）
始爲出定襄當單于捕鹵言單于東乃更令驃騎出代郡令大將軍出定襄（曲折寫來正見
寵驃騎處）郎中令爲前將軍太僕爲左將軍主爵趙食其爲右將軍平陽侯襄爲後將軍
皆屬大將軍兵卽度幕人馬凡五萬騎（前各五萬騎此五萬騎單指大將軍所將）與驃騎等咸擊匈奴車
于（大將軍擊匈奴七驃騎擊匈奴六）趙信爲單于謀曰漢兵既度幕人馬罷匈奴可坐收鹵耳（應趙信爲
單于畫計）乃悉遠北其輜重皆以精兵待幕北而適値大將軍軍出塞千餘里見單于兵
陳而待（先寫單于陳）於是大將軍令武剛車自環爲營（後寫大將軍陳）而縱五千騎往當匈奴（前寫
大將軍縱）匈奴亦縱可萬騎（後寫匈奴縱兩邊已合正倥偬時中間又借大風作一襯事固雄奇文亦英邁）會日且入大風起砂
礫擊面兩軍不相見漢益縱左右翼繞單于（又寫漢兵縱作兩層寫妙）單于視漢兵多而士馬尚
彊戰而匈奴不利薄暮單于遂乘六羸壯騎可數百直冒漢圍西北馳去時已昏漢
匈奴相紛挐殺傷大當（前兩邊相持此一邊已颺去紛挐云者正單于已去之後補寫一筆餘勢猶勁也大當蓋大略相當耳）漢軍左
校捕鹵言單于未昏而去（追敍一筆蓋薄暮已去至此乃知也）漢軍因發輕騎夜追之大將軍軍因隨

其後匈奴兵亦散走。前兩合至此乃兩散遲。明。行二百餘里。不得單于。頗捕斬首虜萬餘級。此段寫戰極有色澤即日且入薄暮已昏夜遲明逐節寫來委蛇容與章法布置極妙遂至窴顏山趙信城。得匈奴積粟食軍。軍留一日而還。悉燒其城餘粟以歸。一此一段大文又作一振。爲餘勢大將軍之與單于會也。又提一句直接而前將軍廣。右將軍食其軍。別從東道。或失道。後擊單于。大將軍引還。過幕南。乃得前將軍右將軍。大將軍欲使使歸報。令長史簿責前將軍廣。廣自殺。右將軍至。下吏。贖爲庶人。大將軍軍入塞。又提一句直接凡斬捕首虜萬九千級。一一總序功是時匈奴衆失單于十餘日。右谷蠡王聞之。自立爲單于。單于後得其衆。右王乃去單于之號。一帶序匈奴事失單于正應六贏冒圍驃騎將軍亦將五萬騎。又補一句五萬騎是驃騎所將前合敘此與上兩分車重與大將軍軍等。而無裨將。應郎中廣等四將軍悉以李敢等爲大校。當裨將。出代右北平千餘里。直左方兵。所斬捕功已多大將軍。寫大將軍戰功極力鋪序而驃騎功多於大將軍反只虛點一筆於詔中詳序是史公春秋處軍既還。天子曰。驃騎將軍去病。率師。躬將所獲葷粥之士。約輕齎。絕大幕。涉獲章渠。以誅比車耆。轉擊左大將。斬獲旗鼓。歷涉離侯。濟弓閭。獲屯頭王。韓王等三人。將軍相國當戶都尉八十三人。封狼居胥山。禪于姑衍。登臨翰海。執鹵獲醜七萬有四百四十三級。師率減什三取食於敵逴行殊遠而糧不絕（此詔極序驃騎而大將軍一段戰功一字不及）以五千八百戶益封驃騎將軍右北平太守路博德屬驃騎將軍會與城不失期從至檮余山斬首捕鹵二千七百級以千六百戶封博德爲符離侯北地都尉邢山從驃騎將軍獲王以千二百戶封山爲義陽侯故歸義因淳王復陸支樓專王伊卽軒皆從驃騎將軍有功以千三百戶封復陸支爲壯侯以千八百戶封伊卽軒爲衆利侯從驃侯破奴昌武侯安稽從驃騎有功益封各三百戶校尉敢得旗鼓爲關內侯食邑二百戶校尉自爲爵大庶長（詔書八）軍吏卒爲官賞賜甚多而大將軍不得益封軍吏卒皆無封侯者

（兩將軍事一實序一詔序一益封一不益封兩兩對照又借軍吏相形此中固多感慨）兩軍之出塞塞閱官及私馬凡十四萬匹而復入塞者不滿三萬匹（止序功伐而喪師處竟不提起只師減什三一句約略過去此詔旨也而史公亦不明言却于馬數上閒閒點出馬猶如此人其幾何一片文情正於閒處著色也）乃益置大司馬位大將軍驃騎將軍皆爲大司馬定令令驃騎將軍秩祿與大將軍等（又於位次上點明）自是之後大將軍青日退而驃騎日益貴（上驃騎親貴比大將軍此驃騎更進於大將軍逐段加增文法點次之妙）舉大將軍故人門下多去事驃騎輒得官爵唯任安不肯（序兩將軍進退已極明矣又借故人門下借任安作餘波作感慨史公每於閒處著色）

驃騎將軍爲人（兩將軍事兩兩）

夾序完此用驃騎爲人大將軍爲人兩比雙結少言不泄。有氣敢任。天子嘗欲敎之孫吳兵法。對曰。顧方畧何如耳。不至學古兵法。天子爲治第。令驃騎視之。對曰。匈奴未滅。無以家爲也。由此上益重愛之。寫驃騎靈巧然少而侍中。句貴。句不省士。其從軍。天子爲遣太官齎數十乘。既還。重車餘棄粱肉。而士有饑者。其在塞外。卒乏糧。或不能自振。而驃騎尚穿域蹋鞠。事多此類。寫驃騎是少年撇脫意氣磊落大將軍爲人。仁善退讓。以和柔自媚於上。然天下未有稱也。—寫大將軍是老成持重兩兩對照天下未有稱直至贊中說明驃騎將軍自四年軍後三年。元狩六年而卒。天子悼之。發屬國玄甲軍。陳自長安至茂陵。喪儀爲冢象祁連山。塋域謚之。并武與廣地曰景桓侯。子嬗代侯。嬗少。字子侯。上愛之。幸其壯而將之。居六歲。元封元年。嬗卒。謚哀侯。無子。絕。國除。—序完驃騎事自驃騎將軍死後。前因大將軍帶出驃騎此因驃騎死帶出大將軍章法連環之妙大將軍長子宜春侯伉。坐法失侯。後五歲。伉弟二人陰安侯不疑及發干侯登皆坐酎金失侯。失侯後二歲。冠軍侯國除。其後四年。大將軍青卒。謚爲烈侯。子伉代爲長平侯。—伉代侯事在後失侯事亦在後頓住序擊匈奴事諸本以十四年爲伉之卒夫伉此時何嘗死乎自大將軍圍單于之後十四年。而卒竟不復擊匈奴者。以漢馬少。前官私馬損失以爲閒閒點次耳孰知竟爲馬少不擊匈奴張本哉史記夫豈可草草讀過而方南誅兩越。東伐朝鮮。擊羌西南夷。以故久不伐胡。— 兩將軍與擊匈奴事終身故終以匈奴事結 大。將。軍。以。其。得。尙。平。陽。公。主。尙主事只點一句 故長平侯伉代侯。六歲坐法失侯。左方 宋本作左方從 之兩大將軍及諸裨將名。句 最。最索隱曰凡計也 大將軍青。凡七出擊匈奴。斬捕首虜五萬餘級。一與單于戰。收河南地。遂置朔方郡。再益封。凡萬一千八百戶。封三子爲侯。侯千三百戶。幷之萬五千七百戶。— 又總序功次結上起下 其校尉裨將。以從大將軍侯者九人。公孫賀公孫敖李蔡張次公蘇建韓說李朔趙不虞公孫戎奴其李朔以下三人後無傳 其裨將及校尉。已爲將者十四人。以下十四人不序封侯者但序爲將者 爲裨將者曰。李廣。自有傳。— 李廣有傳不在十四人之列 無傳者曰。將軍公孫賀。賀義渠人。其先胡種。賀父渾邪。景帝時爲平曲侯。坐法失侯。賀。武帝爲太子時舍人。武帝立八歲。以太僕爲輕車將軍。軍馬邑。後四歲。以輕車將軍出雲中。後五歲以騎將軍從大將軍。有功。封爲南窌侯。後一歲。以左將軍再從大將軍出定襄。無功。後四歲。以坐酎金失侯。後八歲。以浮沮將軍出五原二千餘里。無功。後八歲。以太僕爲丞相。封葛繹侯。賀七爲將軍。出擊匈奴無大功。而再侯。爲丞相。坐子敬聲與陽石公主奸。爲巫蠱。族滅無後。— 賀妻卽衞孺青之姊而去病之母姨也 將軍李息。郁郅人。事景帝。至武帝立八歲。爲材官將軍。軍馬邑。後六歲。爲將軍。出代。後三歲。爲將軍。從大將軍出朔方。皆無功。凡三爲將軍。其後常爲大行。一將軍公孫敖。義渠人。以郎事武帝。武帝立十二歲。爲驃騎將軍。出代。亡卒七千人。當斬。贖爲庶人。後五歲。以校尉從大將軍。有功。封爲合騎侯。後一歲。以中將軍從大將軍。再出定襄。無功。後二歲。以將軍出北地。後驃騎期。當斬。贖爲庶人。後二歲。以校尉從大將軍。無功。後十四歲。以因杅將軍築受降城。七歲。復以因杅將軍再出擊匈奴。至余吾。亡士卒多。下吏當斬。詐死。亡居民間五六歲。後發覺。復繫。坐妻爲巫蠱。族。凡四爲將軍。出擊匈奴。一侯。一將軍李沮。雲中人。事景帝。武帝立十七歲。以左內史爲彊弩將軍。後一歲。復爲彊弩將軍。一將軍李蔡。成紀人也。事孝文帝景帝武帝。以輕車將軍從大將軍。有功。封爲樂安侯。已爲丞相。坐法死。一將軍張次公。河東人。以校尉從衞將軍青。有功。封爲岸頭侯。其後太后崩。爲將軍。軍北軍。後一歲。爲將軍。從大將軍。再爲將軍。坐法失侯。次公父隆。輕車武射也。以善射。景帝幸近之也。一將軍蘇建。杜陵人。以校尉從衞將軍青。有功。爲平陵侯。以將軍築朔方。後四歲。爲游擊將軍。從大將軍出朔方。後一歲。以右將軍再從大將軍。

出定襄。亡翕侯。失軍。當斬。贖爲庶人。其後爲代郡太守。卒。家在大猶鄉。一將軍趙信。
以匈奴相國降爲翕侯。武帝立十七歲。爲前將軍與單于戰。敗降匈奴。一將軍張騫。
以使通大夏還。爲校尉。從大將軍有功。封爲博望侯。後三歲爲將軍。出右北平。失期。
當斬。贖爲庶人。其後使通烏孫。爲大行而卒。家在漢中。一將軍趙食其。祋祤人也。武
帝立二十二歲。以主爵爲右將軍。從大將軍出定襄。迷失道。當斬。贖爲庶人。一將軍
曹襄。以平陽侯爲後將軍。從大將軍出定襄。襄曹參孫也。一將軍韓說。弓高侯庶孫
也。以校尉從大將軍有功。爲龍頟侯。坐酎金失侯。元鼎六年、以待詔爲橫海將軍。擊
東越有功。爲按道侯。以太初三年、爲游擊將軍。屯於五原外列城。爲光祿勳。掘蠱太
子宮。衛太子殺之。一將軍郭昌。雲中人也。以校尉從大將軍。元封四年、以太中大夫
爲拔胡將軍。屯朔方。還擊昆明。無功。奪印。一將軍荀彘。太原廣武人。以御見。侍中。爲
校尉。數從大將軍。以元封三年、爲左將軍。擊朝鮮。無功。以捕樓船將軍。坐法死。一最
驃騎將軍去病。凡六出擊匈奴。其四出以將軍。斬捕鹵首十一萬餘級。及渾邪王以
衆降數萬。遂開河西酒泉之地。西方益少胡寇。四益封。凡萬五千一百戶。其校吏有

功爲侯者凡六人趙破奴郝賢高不識僕多路博德邢山其歸義王復陸支伊卽軒亦從驃騎封不序而後爲將軍二人一亦以將軍敘將軍路博德平州人以右北平太守從驃騎將軍有功爲符離侯驃騎死後博德以衞尉爲伏波將軍伐破南越益封其後坐法失侯爲彊弩都尉屯居延卒一將軍趙破奴故九原人嘗亡入匈奴已而歸漢爲驃騎將軍司馬出北地時有功封爲從驃侯坐酎金失侯後一歲爲匈河將軍攻胡至匈河水無功後二歲擊虜樓蘭王復封爲浞野侯後六歲爲浚稽將軍將二萬騎擊匈奴左賢王左賢王與戰兵八萬騎圍破奴破奴生爲虜所得遂沒其軍居匈奴中十歲復與其太子安國亡入漢後坐巫蠱族一自衞氏興大將軍青百封其後枝屬爲五侯凡二十四歲而五侯盡奪衞氏無爲侯者又作一總總收衞氏感慨無限

太史公曰、蘇建語余曰吾嘗責大將軍至尊重而天下之賢大夫毋稱焉願將軍觀古名將所招選擇賢者勉之哉大將軍謝曰自魏其武安之厚賓客天子常切齒彼親附士大夫招賢絀不肖者人主之柄也人臣奉法遵職而已何與招士此正爲篇中天下未有稱一句作注脚驃騎亦放此意其爲將如此驃騎略帶一筆此傳是一篇大文字載大將軍擊匈奴者七驃騎擊匈奴者六詔書封拜敍功者八附序諸將軍者十六而匈奴之入皇后王夫人之寵兩將軍之爲人經緯穿插埋伏布置首尾渾然不露堆疊痕跡豈非神手○篇中因寫戰功文字闊大故閒事便插不入卽如衞青尙平陽公主事亦不及回筆故只於篇末一點作文家要忍於割捨若貪於使事便爲事累矣今人作碑誌者纖徵必載夫豈有好文也哉○正序片段大文之中復帶風流感慨然俱在無意中不露一毫形跡是史公妙處○戰功俱不實寫細序只武剛車一段寫得氣勢飛動層折歷落與李將軍傳一樣

平津侯主父列傳

丞相公孫弘者、齊菑川國薛縣人也。字季。少時爲薛獄吏。（伏）有罪免。家貧。牧豕海上。年四十餘。乃學春秋雜說。養後母孝謹。—（兩節平序却伏下案）建元元年、天子初卽位。招賢良文學之士。是時弘年六十。（應四十餘句）徵以賢良爲博士。使匈奴。還報不合上意。上怒以爲不能。弘乃病免歸。—（欲寫公孫發達先寫其蹭蹬數節之下至此又作一閃可謂窮矣）元光五年、有詔徵文學。菑川國復推上公孫弘。（一跌之下重復再起）弘讓謝國人曰。臣已嘗西應命。以不能罷歸。願更推選。（又借公孫之讓再作一閃）國人固推弘。弘至太常。太常令所徵儒士各對策。百餘人。弘第居下。（臨時又作一閃）策奏。天子擢弘對爲第一。召入見。狀貌甚麗。拜爲博士。—（凡作幾閃幾跌之後方爲公孫吐氣）是時通西南夷道。置郡。巴蜀民苦之。詔使弘視之。還奏事。盛毀西南夷無所用。上不聽（公孫遇主之後可以一往得意矣忽然又作一閃使人驚疑文章之妙）弘爲人恢奇多聞常稱以爲人主病不廣大人臣病不儉節弘爲布被（伏）食不重肉（伏）後母死服喪三年每朝會議開陳其端令人主自擇不肯面折廷爭（一閃之後不卽入事重序其爲人于空處寫數語以承上卽以起下作文章過接惟史公能之）於是天子察其行敦厚（應孝謹）辯論有餘（應雜說）習文法吏事（應爲獄吏）而又緣飾以儒術（應學春秋公孫一生事此一段括盡通篇只寫此足矣）上大說之（寫公孫遇主處凡幾節上大說之一）二歲中至左內史弘奏事有不可不庭辯之嘗與主爵都尉汲黯請間汲黯先發之弘推其後（卽前不肯面折廷爭事此又詳陳之）天子常悅所言皆聽以此日益親貴（天子說言皆聽且益親貴二）常與公卿約議至上前皆倍其約以順上旨（寫公孫俱摹擬其心事曲盡處神骨俱肖）汲黯廷詰弘曰（庭詰與不肯廷爭相照）齊人多詐而無情實始與臣等建此議今皆倍之不忠上問弘弘謝曰夫知臣者以臣爲忠不知臣者以臣爲不忠（囫圇得妙）上然弘言左右幸臣每毀弘上益厚遇之（益厚遇之三）元朔三年張歐免以弘爲御史大夫是時通西南夷東置滄海北築朔方之郡弘數諫以爲罷敝中國以奉無用之地願罷之於是天子乃使朱買臣等難弘置朔方之便發十策弘不得一（非果不能也正寫其依阿逢世）弘乃謝曰山東鄙人不知其便若是（是改口逢君之語寫來刻入吾故曰非不能也）願罷

西南夷滄海而耑奉朔方。反進一步逢君之妙 上乃許之。汲黯曰。弘位在三公。奉祿甚多。然爲布被。此詐也。布被事至此始說明 上問弘。弘謝曰。有之。夫九卿與臣善者無過黯。然今日庭詰弘。誠中弘之病。夫以三公爲布被。誠飾詐欲以釣名。一段是自陳 且臣聞管仲相齊。有三歸。侈擬于君。桓公以霸。亦上僭於君。晏嬰相景公。食不重肉。妾不衣絲。齊國亦治。此下比於民。今臣弘位爲御史大夫。而爲布被。自九卿以下至于小吏無差。誠如汲黯言。此一段是自比古人 且無汲黯忠。陛下安得聞此言。末掉一句歸至汲黯曲曲寫來如聽面談機詐逼露 天子以爲謙讓。愈益厚之。一愈益厚之四 卒以弘爲丞相。封平津侯。一 弘爲人意忌。外寬內深。諸嘗與弘有卻者。雖陽與善。陰報其禍。殺主父偃。徙董仲舒於膠西。皆弘之力也。一路序來恐人忘公孫之奸故又重點一段直爲誅心章法亦變化 食一肉脫粟之飯。應食不重肉肉被作兩處應 故人所善賓客。仰衣食弘奉祿。皆以給之。家無所餘。士亦以此賢之。一前語直誅其心可謂刻矣故又略揚數語以掩飾之 淮南衡山謀反。治黨與方急。弘病甚。自以爲無功而封。位至丞相。無功而封反從公孫意中寫出筆墨刻毒 宜佐明主塡撫國家。使人由臣子之道。今諸侯有畔逆之計。此皆宰相奉職不稱。恐竊病死。無以塞責。乃上書曰。臣聞天下之通道五。所以行之者三。曰君臣父子兄弟夫婦長幼之序。此五者天下之通道也。智仁勇。此三者天下之通德。所以行之者也。故曰力行近乎仁。好問近乎智。知恥近乎勇。知此三者。則知所以自治。知所以自治。然後知所以治人。天下未有不能自治而能治人者也。此百世不易之道也。引書迂遠不切正寫公孫之經術如是今陛下躬行大孝。鑒三王。建周道。兼文武。厲賢予祿。量能授官。今臣弘罷駑之質。無汗馬之勞。陛下過意擢臣弘卒伍之中。封爲列侯。致位三公。臣弘行能不足以稱。素有負薪之病。恐先狗馬塡溝壑。終無以報德塞責。願歸侯印。乞骸骨。避賢者路。天子報曰。古者賞有功。褒有德。守成尚文。遭遇右武。未有易此者也。朕宿昔庶幾獲承尊位。懼不能寧。惟所與共爲治者。君宜知之。蓋君子善善惡惡。君宜知之。兩君宜知之是隱語是意會語兩者默默心照君若謹行。常在朕躬。君不幸罹霜露之病。何恙不已。猶曰能一心爲忠臣病自好也句法則峭迺上書歸侯。乞骸骨。是章朕之不德也。今事少閒。君其省思慮。一精神。輔以醫藥。因賜告牛酒雜帛。居數月。病有瘳。視事。前寫公孫告病心事若是純忠至後視事一便爲彊顏乃知前言是史公借此貶公孫耳非其眞意也元狩二年。弘病竟以丞相終。子度嗣爲平津侯。度爲山陽太守十餘歲。坐法失侯。

一主父偃者。齊臨菑人也。學長短縱橫之術。晚乃學易春秋百家言。晚學與公孫四十學春秋一樣游齊諸生間。莫能厚遇也。閃一齊諸儒生。相與排擯。不容於齊。閃二家貧。假貸無所得。迺北游燕趙中山。皆莫能厚遇。爲客甚困。閃三孝武元光元年中、以爲諸侯莫足游者。乃西入關見衞將軍。衞將軍數言上。上不召。資用乏。留久。諸公賓客多厭之。閃四欲寫主父得君先寫其困頓一路逼來與公孫一樣。乃上書闕下。朝奏暮召入見。困便困煞快便快煞令人擊節所言九事。其八事爲律令。一事諫伐匈奴。朝奏暮召九言八從極寫得意、忽於九事抽出一事章法不板其辭曰。臣聞明主不惡切諫以博觀。忠臣不敢避重誅以直諫。是故事無遺策。而功流萬世。今臣不敢隱忠避死。以效愚計。願陛下幸赦而少察之。一段一冒司馬法曰。國雖大。好戰必亡。天下雖平。忘戰必危。天下既平。天子大凱。春蒐秋獮。諸侯春振旅。秋治兵。所以不忘戰也。是武帝時之言且夫怒者。逆德也。兵者。凶器也。爭者。末節也。古之人君。一怒必伏尸流血。故聖王重行之。夫務戰勝。窮武事者。未有不悔者也。是武帝時之言移向高帝時不得移向宣帝時不得深中時弊故能感動昔秦皇帝任戰勝之威。蠶食天下。幷吞戰國。海內爲一。功齊三代。務勝不休。欲攻匈奴。李斯諫曰。不可。夫匈奴無城郭之居。委積之守。遷徙鳥擧。難得而制也。輕兵深入。糧食必絕、踵糧以行。重不及事。得其地。不足以爲利也。遇其民。不可役而守也。勝必殺之。非民父母也。靡敝中國。快心匈奴。非長策也。秦皇帝不聽。遂使蒙恬將兵攻胡。辟地千里。以河爲境。地固澤鹹鹵。不生五穀。然後發天下丁男以守北河。暴兵露師十有餘年。死者不可勝數。終不能踰河而北。是豈人衆不足。兵革不備哉。其勢不可也。一頓又起 又使天下飛芻輓粟。起於東腄琅邪負海之郡。轉輸北河。率三十鍾而致一石。男子疾耕不足於糧饟。女子紡績不足於帷幕。百姓靡敝。孤寡老弱不能相養。道路死者相望。蓋天下始畔秦也。一段秦事詳 及至高皇帝定天下。略地於邊。聞匈奴聚于代谷之外而欲擊之。御史成進諫曰。不可。夫匈奴之性。獸聚而鳥散。從之如搏影。今以陛下盛德攻匈奴。臣竊危之。高帝不聽。遂北至於代谷。果有平城之圍。高皇帝蓋悔之甚。乃使劉敬往結和親之約。然後天下忘干戈之事。一段高帝平城事畧 故兵法曰。興師十萬。日費千金。夫秦常積衆暴兵數十萬人。一折 雖有覆軍殺將係虜單于之功。亦適足以結怨深讎。不足以償天下之費。二折 夫上虛府庫。下敝百姓。甘心于外國。非完事也。三折 夫匈奴難得而制。非一世也。行盜侵驅。所以爲業也。天性固然。上及虞夏殷周。又追而上之 固弗程督。禽獸畜之。不屬爲人。四折 夫上不觀虞夏殷周之統。而下修近世之失。近世指秦皇漢高　此臣之所大憂。百姓之所疾苦也。五折　且夫兵久則變生。事苦則慮易。
乃使邊境之民。靡敝愁苦而有離心。將吏相疑而外市。故尉佗章邯得以成其私也。
夫秦政之所以不行者。權分乎二子。尉佗章邯　此得失之效也。秦漢雙起頂秦遺漢為漢諱也　故周書曰。
安危在出令。存亡在所用。願陛下詳察之。少加意而熟慮焉。一　秦詞前平平而起忽將秦高立兩峯後借
此聞發曲折詳盡　是時。趙人徐樂。齊人嚴安。俱上書言世務。各一事。平空插入徐嚴一連寫三篇書詞安頓得宜是
大手筆　徐樂曰。臣聞天下之患。在於土崩。不在於瓦解。忽作奇語突起　古今一也。一　何謂土崩。
秦之末世是也。陳涉無千乘之尊。尺土之地。身非王公大人名族之後。無鄉曲之譽。
非有孔墨曾子之賢。陶朱猗頓之富也。六句四十餘字作一氣下　然起窮巷。奮棘矜。偏袒大呼而
天下從風。此其故何也。由民困而主不恤。下怨而上不知也。俗已亂而政不修。三句一連
中插一也字奇　此三者陳涉之所以為資也。是之謂土崩。故曰天下之患在於土崩。一　一何結
謂瓦解。吳楚齊趙之兵是也。七國謀為大逆。號皆稱萬乘之君。帶甲數十萬。威足以
嚴其境內。財足以勸其士民。然不能西攘尺寸之地。而身為禽於中原者。此其故何
也。兩句對照　非權輕于匹夫而兵弱於陳涉也。當是之時。先帝之德澤未衰。而安土樂俗

之民衆。故諸侯無境外之助。此之謂瓦解。故曰天下之患不在瓦解。一（竟作兩比截然對峙文法）（精綻）由是觀之。天下誠有土崩之勢。雖布衣窮處之士或首惡而危海內。陳涉是也。況三晉之君或存乎。一天下雖未有大治也。誠能無土崩之勢。雖有彊國勁兵。不得旋踵而身爲禽矣。吳楚齊趙是也。況羣臣百姓能爲亂乎哉。一（即借陳涉吳楚一反一正再作兩小比襯上單）（頂土崩不說瓦解法少變）此二體者安危之明要也。賢主所留意而深察也。一（結一句分上下半篇間者關）東五穀不登。年歲未復。民多窮困。重之以邊境之事。推數循理而觀之。則民且有不安其處者矣。不安故易動。易動者土崩之勢也。一（一轉土崩餘波）故賢主獨觀萬化之原。明于安危之機。修之廟堂之上。而銷未形之患。其要期使天下無土崩之勢而已矣。（二轉）故雖有彊國勁兵。陛下逐走獸。射蜚鳥。弘游燕之囿。淫縱恣之觀。極馳騁之樂。自若也。金石絲竹之聲不絕於耳。帷帳之私。俳優侏儒之笑不乏于前。（十句一意而句法變化不嫌其多）而天下無宿憂。名何必湯武。俗何必成康。（三轉）雖然。臣竊以爲陛下天然之聖。寬仁之資。而誠以天下爲務。則湯武之名不難侔。而成康之俗可復興也。一此二體者立。然後處尊安之實。揚名廣譽於當世。親天下而服四夷。餘恩遺德爲數世隆南面負扆。

攝袂而揖王公。此陛下之所服也。━（詞雄氣浩）臣聞圖王不成。其敝足以安。安則陛下何求而不得。何爲而不成。何征而不服乎哉。━（以一瀉之勢作收又另一法）嚴安上書曰臣聞周有天下。其治三百餘歲。成康其隆也。刑錯四十餘年而不用。及其衰也。亦三百餘歲。故五伯更起。五伯者。常佐天子興利除害。誅暴禁邪。匡正海內。以尊天子。（一節）五伯既沒。賢聖莫續。天子孤弱。號令不行。諸侯恣行。彊凌弱。衆暴寡。田常簒齊。六卿分晉。並爲戰國。此民之始苦也。於是彊國務攻。弱國備守。合從連横。馳車擊轂。介胄生蟣蝨。民無所告愬。（二節）及至秦王。蠶食天下。并吞戰國。稱號曰皇帝。主海內之政。壞諸侯之城。銷其兵。鑄以爲鍾虡。示不復用。元元黎民。得免於戰國。逢明天子。人人自以爲更生。嚮使秦緩其刑罰。（中作一曲）薄賦斂。省徭役。貴仁義。賤權利。上篤厚。下知巧。變風易俗。化於海內。則世世必安矣。（三節）秦不行是風。而修其故俗。爲智巧權利者進。篤厚忠信者退。法嚴政峻。諂諛者衆。日聞其美。意廣心軼。欲肆威海外。乃使蒙恬將兵以北攻胡。辟地進境。戍於北河。蜚芻輓粟以隨其後。又使尉佗屠睢。將樓船之士。南攻百越。使監祿鑿渠運糧。深入越。越人遁逃。曠日持久。糧食絕乏。越人擊之。秦兵大敗。秦乃使尉佗將卒以戍越。當是時秦禍北搆于胡。南挂于越。宿兵無用之地。進而不得退。行十餘年。丁男被甲。丁女轉輸。苦不聊生。自經于道樹。死者相望。（自秦不行是風一起至此三十餘句一氣下豪邁之甚）及秦皇帝崩。天下大叛。陳勝吳廣舉陳。武臣張耳舉趙。項梁舉吳。田儋舉齊。景駒舉郢。周市舉魏。韓廣舉燕。窮山通谷。豪士並起。不可勝載也。然皆非公侯之後。非長官之吏也。無尺寸之勢。起閭巷。杖棘矜。應時而皆動。不謀而俱起。不約而同會。壤長地進。至于霸王。時教使然也。秦貴為天子。富有天下。滅世絕祀者。窮兵之禍也。（四節）故周失之弱。秦失之彊。不變之患也。（以上總結周秦）今欲招南夷。朝夜郎。降羌僰。略濊州。建城邑。深入匈奴。燔其蘢城。議者美之。此人臣之利也。非天下之長策也。（一振）今中國無狗吠之驚。而外累於遠方之備。靡敝國家。非所以子民也。行無窮之欲。甘心快意。結怨於匈奴。非所以安邊也。禍結而不解。兵休而復起。近者愁苦。遠者驚駭。非所以持久也。今天下鍛甲砥劍。橋箭累弦。轉輸運糧。未見休時。此天下之所共憂也。夫兵久而變起。事煩而慮生。今外郡之地。或幾千里。列城數十。形束壤制。旁脅諸侯。非公室之利也。（應非天下之長策）上觀齊晉之所以亡者。公室卑削。六卿大盛也。下觀秦之所以滅者。嚴法刻深。欲大無窮也。雙頂周秦應 今郡守之權。非特六卿之重也。地幾千里。
非特閭巷之資也。甲兵器械。非特棘矜之用也。以遭萬世之變則不可稱諱也。一忽然
一卷竟住又是一法 書奏天子。天子召見三人。謂曰。公等皆安在。何相見之晚也。於是上乃拜
主父偃。徐樂。嚴安為郎中。一借武帝公等一語總收三人所云安頓之妙也 數見上疏言事。詔拜偃為謁者。
遷樂為中大夫。一歲中四遷偃。一一句側轉主父下入主父傳 偃說上曰。古者諸侯不過百里。彊
弱之形易制。今諸侯或連城數十。地方千里。緩則驕奢易為淫亂。急則阻其彊而合
從以逆京師。今以法割削之。則逆節萌起。前日鼂錯是也。今諸侯子弟或十數。而適
嗣代立。餘雖骨肉。無尺寸地封。則仁孝之道不宣。願陛下令諸侯得推恩分子弟以
地侯之。彼人人喜得所願。上以德施。實分其國。不削而稍弱矣。於是上從其計。一又
說上曰。茂陵初立。天下豪傑并兼之家。亂民之眾。皆可徙茂陵。內實京師。外銷姦猾。
此所謂不誅而害除。上又從其計。一分封徙茂陵只畧寫作兩從其計對照書詞亦刪潤簡當 尊立衛皇后及發
燕王定國陰事。偃有功焉。一立后發燕事只一句簡而又簡煩簡相參之妙 大臣皆畏其口。賂遺累千金。人
或說偃曰。太橫矣。主父曰。臣結髮游學四十餘年。身不得遂。親不以為子。昆弟不收。

賓客棄我。我阨日久矣。且丈夫生不五鼎食。死卽五鼎烹耳。吾日暮途遠。故倒行暴施之。（主父爲人卽借主父口中寫出）偃盛言朔方地肥饒。外阻河。蒙恬城之以逐匈奴。內省轉輸戍漕。廣中國。滅胡之本也。上覽其說。下公卿議。皆言不便。公孫弘曰。秦時常發三十萬衆築北河。終不可就。已而棄之。主父偃盛言其便。上竟用主父計。立朔方郡。（朔方事亦只略寫與上配）元朔二年、主父言齊王內淫軼行僻。上拜主父爲齊相。至齊。遍召昆弟賓客。散五百金予之。數之曰。始吾貧時。昆弟不我衣食。賓客不我內門。今吾相齊。諸君迎我或千里。吾與諸君絕矣。毋復入偃之門。（寫刻薄處富貴吐氣處如聞其聲）乃使人以王與姊姦事動王。王以爲終不得脫罪。恐效燕王論死。乃自殺。有司以聞。主父始爲布衣時。嘗游燕趙。及其貴。發燕事。趙王恐其爲國患。欲上書言其陰事。爲偃居中。不敢發。及爲齊相。出關。卽使人上書。告言主父偃受諸侯金。以故諸侯子弟多以得封者。及齊王自殺。上聞大怒。以爲主父劫其王令自殺。乃徵下吏治。主父服受諸侯金。實不劫王令自殺。上欲勿誅。是時公孫弘爲御史大夫。乃言曰。齊王自殺無後。國除爲郡。入漢。主父偃本首惡。陛下不誅主父偃。無以謝天下。乃遂族主父偃。（齊趙事一齊摶捖總）

收完淨是大筆力

主父方貴幸時。賓客以千數。及其族死。無一人收者。唯獨洨孔車收葬之。天子後聞之。以爲孔車長者也。復撫其間事結正見昔之太橫與數昆弟處我以此驕人人亦以此報我驕橫刻薄下場頭遂至此此深於歎世者也

太史公曰、公孫弘行義雖修。然亦遇時。遇時是一篇主意 漢興八十餘年矣。上方鄉文學。招俊乂、以廣儒墨。弘爲舉首。主父偃當路。諸公皆譽之。及名敗身誅。士爭言其惡。悲夫。

太皇太后詔大司徒大司空。蓋聞治國之道。富民爲始。富民之要。在於節儉。孝經曰。安上治民。莫善於禮。禮與奢也。寧儉。昔者管仲相齊桓。霸諸侯。有九合一匡之功。而仲尼謂之不知禮。以其奢泰侈擬於君故也。夏禹卑宮室。惡衣服。後聖不循。由此言之。治之盛也。德優矣。莫高於儉。儉化俗。民則尊卑之序得。而骨肉之恩親。爭訟之原息。斯乃家給人足。刑錯之本也歟。可不務哉。夫三公者。百寮之率。萬民之表也。未有樹直表而得曲影者也。孔子不云乎。子率以正。孰敢不正。舉善而敎不能則勸。維漢興以來。股肱宰臣。身行儉約。輕財重義。較然著明。未有若故丞相平津侯公孫弘者也。位在丞相。而爲布被脫粟之飯。不過一肉。故人所善賓客。皆分奉祿以給之。無有

所餘。誠內自克約而外從制。汲黯詰之。乃聞于朝。此可謂減於制度而可施行者也。德優則行。否則止。與內奢泰而外爲脆服以釣虛譽者殊科。以病乞骸骨。孝武皇帝卽制曰。賞有功。褒有德。善善惡惡。君宜知之。其省思慮。存精神。輔以醫藥。賜告治病。牛酒雜帛。居數月。有瘳。視事。至元狩二年。竟以善終於相位。夫知臣莫若君。此其效也。弘子度嗣爵。後爲山陽太守。坐法失侯。夫表德章義。所以率俗厲化。聖王之制。不易之道也。其賜弘後子孫之次當爲後者爵關內侯。食邑三百戶。徵詣公車。上名尙書。朕親臨拜焉。

公孫以議朔方族主父與主父是一時人故扯冤家合傳猶之袁盎鼂錯也○寫公孫曲學阿世徂詐隱忍如秦庭之鏡直見其肺肝恐公孫自爲亦不能透盡如此○主父傳中忽帶序嚴徐兩書豈非難事他却隨手拈來卽隨手放去不見重疊痕跡而主父書泛引時事以曲折引入徐樂書勢作奇峰巉巖斬削嚴安事則由周至漢逐段敷衍浩汗不窮三書是三種筆法所以使人不厭也○史公不喜公孫故字字刻入而其惡自見褚先生乃補綴太后一詔以襃封爲公孫之慶便以公孫爲好人錯認主意矣其詔詞平直不裁剪更不佳也

南越尉佗列傳

南越王尉佗者。眞定人也。姓趙氏。秦時已幷天下。略定楊越。置桂林南海象郡。以謫徙民。與越雜處。先從南越序起 十三歲。佗秦時用爲南海龍川令。一始接入佗事 至二世時。南海尉任囂病。且死。召龍川令趙佗。再提龍川令以接上卽以起下 語曰。聞陳勝等作亂。一句斷 秦爲無道。天下苦之。項羽劉季陳勝吳廣等州郡各共興軍聚衆。虎爭天下。中國擾亂。未知所安。豪傑畔秦相立。是傳聞語 南海僻遠。吾恐盜兵侵地至此。吾欲興兵絕新道。新道是秦時新開之道也 自備待諸侯變。會病甚。一段備盜借此爲名處 且番禺負山險阻南海。東西數千里。頗有中國人相輔。此亦一州之主也。可以立國。一段欲自主是主意實 郡中長吏無足與言者。應龍川令 故召公告之。卽被佗書。行南海尉事。囂死。佗卽移檄告橫浦陽山湟谿關曰。盜兵且至。急絕道。聚兵自守。承絕道備盜一段 因稍以法誅秦所置長吏。以其黨爲假守。秦已破滅。佗卽擊幷桂林象郡。自立爲南越武王。一承可以立國一段佗卽遵用任囂成策以爲應合 高帝已定天下。爲中國勞苦。故釋佗弗誅。說得有體正結虎爭天下待諸侯變一案 漢十一年。遣陸賈因立佗爲南越王。與剖符通使。和集百越。毋爲南邊患害。與長沙接境。一伏長沙事詳在陸賈傳中 高后時。有司請禁南越關市鐵器。佗曰。高帝立我。通使物。今高后聽讒臣。別異蠻夷。隔絕器物。此必長沙王計也。欲倚中國。擊滅南越而幷王之。自爲功也。於是佗乃自尊號爲南越武帝。

發兵攻長沙邊邑。敗數縣而去焉。應長沙接境高后遣將軍隆慮侯竈往擊之。會暑溼。士卒大疫。兵不能踰嶺。歲餘高后崩。卽罷兵。佗因此以兵威邊。財物賂遺閩越西甌駱。役屬焉。東西萬餘里。迺乘黃屋左纛。稱制。與中國侔。一極爲尉佗出色應負山險阻東西數千里可以立國及孝文帝元年、初鎭撫天下。使告諸侯四夷從代來卽位意。喩盛德焉。說得有體與釋佗弗誅一樣體面語乃爲佗親冢在眞定。應眞定人置守邑。歲時奉祀。召其從昆弟。尊官厚賜寵之。先布置以買其心詔丞相陳平等舉可使南越者。平言好畤陸賈先帝時習使南越。應前迺召賈以爲太中大夫往使。因讓佗自立爲帝。曾無一介之使報者。文帝書畧陸賈至南越。王甚恐。爲書謝。稱曰。蠻夷大長老夫臣佗。前日高后隔異南越。竊疑長沙王讒臣。又遙聞高后盡誅佗宗族。掘燒先人冢。以故自棄。兩句懸守冢奉祀昆弟爲官以見文帝妙用犯長沙邊境。且南方卑溼。蠻夷中間。其東閩越千人衆號稱王。其西甌駱裸國亦稱王。老臣妄竊帝號。聊以自娛。豈敢以聞天王哉。說得趣甚亦是一時實情乃頓首謝。願長爲藩臣。奉貢職。於是乃下令國中曰。吾聞兩雄不俱立。兩賢不並世。妙在自占地步想趙佗是一極聰明人皇帝賢天子也。自今以後。去帝制黃屋左纛。陸賈還報。孝文帝大說。遂至孝景時。帶序景帝時便甚稱臣使人朝請。然南越其居國竊如故號名。其使天子。稱王朝命如諸侯。—極寫老佗遜處極遜豪處極豪讀之如見其人是史公筆力。至建元四年卒。佗孫胡爲南越王。此時閩越王郢興兵擊南越邊邑。胡使人上書曰。兩越俱爲藩臣。毋得擅興兵相攻擊。今閩越興兵侵臣。臣不敢興兵。唯天子詔之。便寫得一味恭遜不如老佗豪邁然時勢亦然也於是天子多南越義守職約。爲興師遣兩將軍往討閩越。兵未踰嶺。閩越王弟餘善殺郢以降。於是罷兵。天子使莊助往諭意南越王。胡頓首曰。天子乃爲臣興兵討閩越。死無以報德。遣太子嬰齊入宿衞。謂助曰。國新被寇。使者行矣。胡方日夜裝入見天子。欲即入見天子而不能者國新被寇也四字倒在前妙甚助去後。其大臣諫胡曰。漢興兵誅郢。亦行以驚動南越。且先王昔言事天子期無失禮。要之不可以說好語入見。入見則不得復歸。亡國之勢也。於是胡稱病。竟不入見。—作一縱後十餘歲胡實病甚。應前假病太子嬰齊請歸。胡薨。諡爲文王。嬰齊代立。即藏其先武帝璽。應以前國中帝制如故嬰齊其入宿衞在長安時。追序法取邯鄲樛氏女。生子興。及即位。上書請立樛氏女爲后。興爲嗣。漢數使使者風諭嬰齊。嬰齊尚樂擅殺生自恣。懼入見。要用漢法比內諸侯。固稱病。遂不入見。遣子次公入宿衞。—又作一縱嬰齊薨。諡爲明王。太子興代立。其母爲太后。太后自未爲嬰齊姬時。追序事中又復追序節節脫化嘗與霸陵人安國少季通。及嬰齊薨後。元鼎四年。漢使安國少季往諭王王太后以入朝。比內諸侯。令辯士諫大夫終軍等。宣其辭。勇士魏臣等。輔其缺。忽用文語排衛尉路博德將兵屯桂陽。待使者。王年少。太后中國人也。嘗與安國少季通。又接兩句以申明之其勢乃緊其使復私焉。國人頗知之。多不附太后。太后恐亂起。亦欲倚漢威。寫太后心事曲折如見數勸王及羣臣求內屬。卽因使者上書。請比內諸侯。三歲一朝。除邊關。於是天子許之。賜其丞相呂嘉銀印。及內史中尉太傅印。餘得自置。除其故黥劓刑。用漢法。比內諸侯。使者皆留塡撫之。王王太后飭治行裝重齎。爲入朝具。前兩王不入朝先作兩閃至此則飭裝治行萬萬入朝矣而偏不然正逼出下文姿勢也其相呂嘉年長矣。相三王。則前之諫胡者卽嘉也宗族官仕爲長吏者七十餘人。男盡尚王女。女盡嫁王子兄弟宗室。及蒼梧秦王有連。其居國中甚重。越人信之。多爲耳目者。得衆心愈於王。重起一峯寫呂嘉勢力氣槩幾與老佗一樣王之上書。數諫止王。王弗聽。有畔心。數稱病。不見漢使者。使者皆注意嘉。勢未能誅。上一層寫太后意此一層寫使者意下一層又寫太后意層層寫入曲曲入妙王王太后亦恐嘉等先事發。乃置酒。介漢使者權。謀誅嘉等。使者皆東鄉。太后南鄉。王北鄉。相嘉大臣皆西鄉

中華書局印行

侍坐。飲。坐次與鴻門一樣以東鄉爲尊也 嘉弟爲將。將卒居宮外。酒行。太后謂嘉曰。南越內屬。國之利也。而相君苦不便者。何也。以激怒使者。一層 使者狐疑相杖。遂莫敢發。二層 嘉見耳目非是。卽起而出。三層耳目非是妙 太后怒。欲鏦嘉以矛。王止太后。四層 嘉遂出。分其弟兵就舍。稱病不肯見王及使者。五層 乃陰與大臣作亂。六層 王素無意誅嘉。嘉知之。以故數月不發。七層 太后有淫行。國人不附。欲獨誅嘉等。力又不能。八層前寫心事層層折入此寫事情則層層逼出其妙如此

天子聞嘉不聽王。王太后弱孤不能制。使者怯無決。又以爲王王太后已附漢。獨呂嘉爲亂。不足以興兵。又借天子總收上一段事乘勢就瀉入漢事承上起下絕妙章法 欲使莊參以二千人往使。參曰。以好往。數人足矣。以武往。二千人無足以爲也。語警健 辭不可。天子罷參也。郟壯士故濟北相韓千秋。先提壯士妙 奮曰。以區區之越。又有王太后應。獨相呂嘉爲害。願得勇士二百人。必斬嘉以報。正見壯士 於是天子遣千秋與王太后弟樛樂將二千人往。入越境。呂嘉等乃遂反。下令國中曰。王年少。太后中國人也。又與使者亂。專欲內屬。以上實 盡持先王寶器入獻天子以自媚。多從人行。至長安。虜賣以爲僮僕。以上虛 取自脫一時之利。無顧趙氏社稷。爲萬世慮計之意。乃與其弟將卒攻殺王太后及漢使者。遣

人告蒼梧秦王。應蒼梧王有連及其諸郡縣。立明王長男越妻子術陽侯建德爲王。越妻應樛后而韓千秋兵入。即緊接韓千秋破數小邑。其後越直開道給食。未至番禺四十里。越以兵擊千秋等。遂滅之。使人函封漢使者節置塞上。好爲謾辭謝罪。發兵守要害處。仍絕道自備於是天子曰。韓千秋雖無成功。亦軍鋒之冠。封其子延年爲成安侯。樛樂其姊爲王太后首願屬漢。封其子廣德爲龍亢侯。一乃下赦曰。天子微。諸侯力政。譏臣不討賊。今呂嘉建德等反。自立晏如。令罪人及江淮以南樓船十萬師往討之。元鼎五年、秋、衞尉路博德爲伏波將軍。出桂陽。下匯水。四路進兵極寫聲勢赫弈○桂陽從西北入主爵都尉楊僕爲樓船將軍。出豫章。下橫浦。從正北入故歸義越侯二人爲戈船下厲將軍。出零陵。或下離水。或抵蒼梧。從正西入使馳義侯因巴蜀罪人。發夜郎兵。下牂牁江。自西南轉向東北入東方則閩越界也咸會番禺。此乃約束總收上四路兵馬下又散開元鼎六年、冬、樓船將軍將精卒先陷尋陝。破石門。得越船粟。因推而前。挫越鋒。以數萬人待伏波。先序樓船伏波將軍將罪人道遠。會期後。與樓船會。乃有千餘人。遂俱進。次序伏波樓船居前。至番禺。建德嘉皆城守。樓船自擇便處。居東南面。伏波居西北面。會暮。樓船攻敗越人。縱火燒城。再序樓船○此段序樓船事也乘便即插伏波西北

（蓋一東南一西北為下文驅入伏波營之地金針暗度之妙且樓船自擇便處反為伏波之驅先伏一案以見天幸）越素聞伏波名。日暮。不知其兵多少。伏波乃為營。遣使者招降者。賜印。復縱令相招。（再序伏波）樓船力攻燒敵。反驅而入伏波營中。（再序樓船）黎旦。城中皆降伏波。（再序伏波一遞一段如層波怒濤從空而起妙文四路進兵只用兩路）呂嘉建德已夜與其屬數百人亡入海。以船西去。伏波又因問所得降者貴人。以知呂嘉所之。遣人追之。（又閃作餘波）以其故校尉司馬蘇弘。得建德。封為海常侯。越郎都稽。得嘉。封為臨蔡侯。（此兩人即追呂嘉建德者也即乘便寫其封爵不與伏波等同序奇）蒼梧王趙光者。越王同姓。聞漢兵至。及越揭陽令定自定屬漢。（完蒼梧王事自定者自定屬漢之計不待喻也）越桂林監居翁諭甌駱屬漢。皆得為侯。（完甌駱事應前趙佗役屬甌駱）戈船下厲將軍兵。及馳義侯所發夜郎兵未下。南越已平矣。（完戈船下厲事）遂為九郡。伏波將軍益封。樓船將軍兵以陷堅。為將梁侯。（完伏波樓船事收得完淨）自尉佗初王後五世。九十三歲而國亡焉。（總收一句）

太史公曰、尉佗之王。本由任囂。遭漢初定。列為諸侯。隆慮離溼疫。佗得以益驕。甌駱相攻。南越動搖。漢兵臨境。嬰齊入朝。其後亡國。徵自樛女。呂嘉小忠。令佗無後。樓船從欲。怠傲失惑。伏波困窮。智慮愈殖。因禍為福。成敗之轉。譬若糾墨。（贊通用韻不用者也奕焉如詩）

如頌是另一體

史公一傳必似一人此篇寫老佗處其丰神氣槩幾與隆準一流所云遇高帝則北面而臣之遇光武則並驅中原未知鹿死誰手吾於老佗亦云〇大凡提三寸管欲以量衡千古若遇一時一事亦有何難便因諸事紛來不及湊手顧此則失彼耳即以一手寫兩事已爲難得乃史公此傳寫僇太后呂嘉事太后呂嘉使者一人一樣心事而飲酒之間一刻一樣事勢偏能一時收來層層現出筆下既鬆眼中復巧故能驅遣如意不可不細讀也〇序下南越之兵四路齊進聲勢赫奕而樓船伏波行師建功處初看合序細看則分而又步步接緊步步照顧頓句安章極其神妙可云神化之筆〇一篇南越傳自老佗建國後五世九十三歲一目可了條理井井眞所云有成竹於胷中故蛻尾拔地而起也

東越列傳

閩越王無諸、及越東海王搖者。其先皆越王句踐之後也。姓騶氏。（閩越東甌雙提）秦已并天下。皆廢爲君長。以其地爲閩中郡。一及諸侯畔秦。無諸搖率越歸鄱陽令吳芮。所謂鄱君者也。從諸侯滅秦。當是之時。項籍主命。弗王。以故不附楚。一漢擊項籍。無諸搖率越人佐漢。（廢秦歷項入漢一閩越東甌雙序）漢五年、復立無諸爲閩越王。王閩中故地。都東冶。（單序閩越）孝惠三年、舉高帝時越功。曰閩君搖功多。其民便附。乃立搖爲東海王。都東甌。世俗號爲東甌王。（單序東甌）後數世至孝景三年。吳王濞反。欲從閩越。閩越未肯行。獨東甌從吳。及吳破東甌。受漢購。殺吳王丹徒。以故皆得不誅。歸國。（閩越東甌合序）吳王子子駒。亡走閩越。怨東甌殺其父。常勸閩越擊東甌。至建元三年、閩越發兵圍東甌。（閩越東甌相攻）東甌食盡。（句）困。（句）且降。乃使人告急天子。天子問太尉田蚡。蚡對曰。越人相攻擊。固其常。又數反覆。不足以煩中國往救也。自秦時棄弗屬。於是中大夫莊助詰蚡曰。特患力弗能救。德弗能覆。誠能。何故棄之。且秦舉咸陽而棄之。何乃越也。（一折醒快）今小國以窮困來告急天子。天子弗振。當安所告愬。又何以子萬國乎。（一振更醒）上曰。太尉未足與計。吾初即位。不欲出虎符發兵郡國。乃遣莊助以節發兵會稽。會稽太守欲距不爲發兵。助乃斬一司馬。諭意指。遂發兵浮海救東甌。未至。閩越引兵而去。東甌請舉國徙中國。乃悉舉衆來。處江淮之間。（完東甌事）至建元六年、閩越擊南越。南越守天子約。不敢擅發兵擊。而以聞。上遣大行王恢出豫章。（江西）大農韓安國出會稽。（浙江。兩路進兵）皆爲將軍。兵未踰嶺。（從江西入者當踰梅嶺。從浙江入者當踰仙霞嶺）閩越王郢發兵距險。其弟餘善乃與相宗族謀曰。王以擅發兵擊南越。不請。故天子兵來誅。今漢兵衆彊。今即幸勝之。後來益多。終滅國而止。今殺王以謝天子。天子聽。罷兵。固一國完。不聽。乃力戰。不勝。即亡入海。節節緊湊畫計明盡三今字寫目前急著皆曰善。卽鏦殺王。使使奉其頭致大行。大行曰。所爲來者。
誅王。今王頭至。謝罪。不戰。而耘。利。莫大焉。不戰而耘卽耕者不變之義漢書作殞何啻千里乃以便宜案兵。
告大農軍。而使使奉王頭。馳報天子。詔罷兩將兵。曰。郢等首惡。獨無諸孫繇君丑不
與謀焉。乃使郎中將立丑爲越繇王。奉閩越先祭祀。餘善已殺郢。威行於國。國民多
屬。竊自立爲王。繇王不能矯其衆。持正。天子聞之。爲餘善不足復興師。曰餘善數與
郢謀亂。而後首誅郢。師得不勞。因立餘善爲東越王。與繇王並處。一前閩越東甌兩王並提至此序
完今又從閩越一國分出兩王至元鼎五年、南越反。東越王餘善上書。請以卒八千人從樓船將軍。
擊呂嘉等。兵至揭陽。以海風波爲解。不行。持兩端。陰使南越。及漢破番禺。不至。是時
樓船將軍楊僕。始出樓船姓名使使上書。願便引兵擊東越。上曰。士卒勞倦。不許。罷兵。令諸
校屯豫章梅嶺待命。一作頓一元鼎六年秋、餘善聞樓船請誅之。漢兵臨境。且往。寫一時傳
聞震恐神情乃遂反。發兵距漢道。號將軍騶力等爲吞漢將軍。入白沙。江西武林。浙江梅嶺。江西
東越三路入犯殺漢三校尉。是時漢使大農張成。故山州侯齒將屯。弗敢擊。卻就便處。皆坐
畏懦誅。餘善刻武帝璽自立。詐其民爲妄言。入犯自立實妄言虛天子遣橫海將軍韓說出句

章。浮海。從東方往。樓船將軍楊僕出武林。中尉王溫舒出梅嶺。越侯爲戈船下瀨將軍。出若邪白沙。（入東越四路一水三陸句章東梅嶺西武林東北白沙西北白沙武林梅嶺卽東越入犯路）元封元年冬、咸入東越。東越素發兵距險。（點一句接上發兵距漢道幷爲下敗樓船校尉之地）使狗北將軍守武林。（狗北吞漢極寫其不堪）敗樓船軍數校尉。殺長吏。樓船將軍率錢唐轅終古斬狗北將軍。（完狗北事）爲禦兒侯。一（轅終古因斬狗北而侯也此後事卽帶序於此是另一法）自。兵。未。往。（禦兒侯是提後事在前此句是追序前事於後各有一法）故越衍侯吳陽。前在漢。漢使歸諭餘善。餘善弗聽。及橫海將軍先至。越衍侯吳陽以其邑七百人。反攻越軍於漢陽。從建成侯敖。與其率從繇王居股謀曰。餘善首惡。刼守吾屬。今漢兵至。衆彊。計殺餘善。自歸諸將。儻幸得脫。（卽用餘善前計以殺餘善天道好還於此益信）乃遂俱殺餘善。以其衆降橫海將軍。故封繇王居股爲東成侯。萬戶。封建成侯敖爲開陵侯。封越衍侯吳陽爲北石侯。封橫海將軍說爲按道侯。封橫海校尉福爲繚嫈侯。福者。成陽共王子。故爲海常侯。坐法失侯。舊從軍無功。以宗室故侯。諸將皆無成功。莫封。東越將多軍。漢兵至。棄其軍降。封爲無錫侯。一於是天子曰。東越陜多阻。閩越悍。數反覆。（卽東越事帶轉閩越）（雙收應前）詔軍吏皆將其民徙處江淮間。東越地遂虛。

太史公曰。越雖蠻夷。其先豈嘗有大功德於民哉。何其久也。先虛喝一句作致歷數代常爲君王。句踐一稱伯。然餘善至大逆。滅國遷衆。其先苗裔。繇王居股等。又頂一句猶尙封爲萬戶侯。由此知越世世爲公侯矣。蓋禹之餘烈也。先虛說大功德此乃點出禹字

此傳不用詞采以格法勝故其雙序處單序處分序處合序處丰骨稜稜一味老辣至於閩越分後橫海出軍亦以乾淨明了從首至尾團簇無一懈筆欲學單徑序事之法當於此等處留心○自古不遺詞不使才之文極難下筆一篇千餘字純是一片立格命局自出丰裁

朝鮮列傳

朝鮮王滿者、故燕人也。點王滿只一句下單序朝鮮事自始全燕時。嘗略屬眞番朝鮮。爲置吏。築鄣塞。燕時朝鮮內屬秦滅燕。屬遼東外徼。秦時朝鮮不內屬漢興。爲其遠。難守。復脩遼東故塞。至浿水爲界。屬燕。漢初朝鮮亦不內屬燕王盧綰反。入匈奴。滿亡命。始入滿事聚黨千餘人。魋結蠻夷服。而東走出塞。渡浿水。居秦故空地上下鄣。稍役屬眞番朝鮮蠻夷。及故燕齊亡命者。王之。都王險。—即王京會孝惠高后時。天下初定。遼東太守卽約滿爲外臣。保塞外蠻夷。無使盜邊。諸蠻夷君長。欲入見天子。勿得禁止。以聞。上許之。先爲後事立案以故滿得兵威財物。侵降其旁小邑。眞番臨屯皆來服屬。方數千里。—寫朝鮮一時之盛傳子至孫右渠所

誘漢亡人滋多。又未嘗入見。眞番旁衆國。欲上書見天子。又雍閼不通。事事與上約相反元封二年、漢使涉何誘諭右渠。終不肯奉詔。何去至界上。臨浿水。使御刺殺送何者朝鮮裨王長。卽渡。馳入塞。遂歸報天子曰。殺朝鮮將。上爲其名美。卽不詰。拜何爲遼東東部都尉。朝鮮怨何。發兵襲攻殺何。一寫使者生事天子好名朝鮮倔彊報怨三事合併寫天子募罪人擊朝鮮。其秋、遣樓船將軍楊僕。從齊浮渤海。兵五萬人。左將軍荀彘出遼東。討右渠。兩路入朝鮮一水一陸右渠發兵距險。左將軍卒正多。率遼東兵先縱。敗散。多還走。坐法斬。陸兵先敗樓船將軍將齊兵七千人。先至王險。右渠城守。窺知樓船軍少。卽出城擊樓船。樓船軍敗散。走。將軍楊僕失其衆。遁山中十餘日。稍求收散卒。復聚。水兵復敗左將軍擊朝鮮浿水西。軍未能破自前。左將軍兵僅僅自守未能自前與下破浿上軍乃前照應天子爲兩將未有利。總上一句乃使衛山因兵威往諭右渠。右渠見使者。頓首謝。願降。恐兩將詐殺臣。今見信節。請服降。遣太子入謝。獻馬五千匹。及饋軍糧。人衆萬餘。持兵。方渡浿水。使者及左將軍。疑其爲變。謂太子已服降。宜命人毋持兵。太子亦疑使者左將軍詐殺之。遂不渡浿水。復引歸。兩疑字點出兩邊猜忌心事總從涉何來山還報天子。天子誅山。一正懲涉何前事也左將軍破浿水上軍。乃前。至城下。間接擊浿水軍事中間插入衞山一事圍其西北。樓船亦往會。居城南。先點明地方以見兩將各居一面故約降不相聞約戰不往會也右渠遂堅守城。數月未能下。一左將軍素侍中。句幸。句將燕代卒。句悍。句乘勝。軍多驕。先提主戰之根樓船將齊卒。入海。固已多敗亡。其先與右渠戰。困辱亡卒。卒皆恐。將心慙。先提主和之根其圍右渠。常持和節。左將軍急擊之。一雙承上兩段朝鮮大臣。乃陰間使人私約降樓船。往來言。尚未肯決。左將軍數與樓船期戰。樓船欲急就其約。不會。一一段寫樓船心事左將軍亦使人求間郤降下朝鮮。朝鮮不肯。心附樓船。以故兩將不相能。左將軍心意樓船前有失軍罪。今與朝鮮私善。而又不降。疑其有反計。未敢發。一段寫左將軍心事以上兩將事。段段對寫天子曰。將率不能前。及使衞山諭降右渠。右渠遣太子。山使不能剸決。與左將軍計相誤。卒沮約。今兩將圍城。又乖異。以故久不決。一段事即天子之言總序一遍使濟南太守公孫遂往征之。漢書征作正是有便宜得以從事。執樓船之根遂至左將軍。左將軍曰。朝鮮當下久矣。不下者有狀。言樓船數期不會。具以素所意告遂。曰。今如此不取。恐為大害。非獨樓船。又且與朝鮮共滅吾軍。遂亦以為然。而以節召樓船將軍入左將軍營計事。卽命左將軍麾下。執捕樓船將軍。并其軍。以報天子。天子誅遂。一與衞山對左將軍已并兩軍。卽急擊朝鮮。朝鮮相路人相韓陰。尼谿相參將軍王唊。（按後止有路人韓陰參唊而無尼谿之名則作四人爲是）相與謀曰。始欲降樓船。樓船今執。獨左將軍并將戰益急。恐不能與戰。王又不肯降。陰唊路人皆亡降漢。路人道死。元封三年夏、尼谿相參乃使人殺朝鮮王右渠來降。王險城未下。故右渠之大臣成已又反。復攻吏。左將軍使右渠子長降相路人之子最告諭其民。誅成已。以故遂定朝鮮。爲四郡。封參爲澅淸侯。陰爲萩苴侯。唊爲平州侯。長爲幾侯。最以父死頗有功。爲溫陽侯。—（朝鮮事完）左將軍徵至。坐爭功相嫉。乖計。棄市。樓船將軍亦坐兵至列口。當待左將軍。擅先縱。亡失多。當誅。贖爲庶人。（并完樓船左將軍事）

太史公曰。右渠負固。國以絕祀。涉何誣功。爲兵發首。樓船將狹。及難離咎。悔失番禺。乃反見疑。荀彘爭勞。與遂皆誅。兩軍俱辱。將率莫侯矣。（俱四字句用韻）

（傳中止伐朝鮮一事俱用對寫法涉何使衞山使衞山誅公孫遂誅使者疑太子疑左將軍乘勝驕悍樓船困辱恐懾樓船和左將軍戰以致樓船疑左將軍亦疑節節相配段段相生極得遞換脫卸之妙）

西南夷君長以什數夜郎最大其西靡莫之屬以什數滇最大自滇以北君長以什數邛都最大（逐段作結語即作提綱如亂山起伏各自結穴文法佳妙自此史公創起而韓退之游黃谿記白樂天廬山草堂記皆祖之）此皆魋結耕田有邑聚（大約西南夷有兩種一種近匈奴因匈奴之俗一種近漢因漢俗觀大宛傳可見此在西南近漢者也）其外西自同師以東北至楪榆名為巂昆明（中插巂昆明法略變）皆編髮隨畜遷徙毋常處毋君長地方可數千里（此在西北近匈奴者也）自巂以東北君長以什數徙筰都最大自筰以東北君長以什數冉駹最大其俗或土著或移徙在蜀之西自冄駹以東北君長以什數白馬最大皆氐類也（此在西夷之東北固土著因漢俗移徙因匈奴俗○以上排六段奇峰以為後七郡張本）此皆巴蜀西南外蠻夷也（結一句作西南夷總序）始楚威王時使將軍莊蹻將兵循江上略巴蜀黔中以西莊蹻者故楚莊王苗裔也蹻至滇池地方三百里旁平地肥饒數千里以兵威定屬楚欲歸報會秦擊奪楚巴黔中郡道塞不通因還以其眾王滇變服從其俗以長之秦時常頞略通五尺道（即棧道也）諸此國頗置吏焉十餘歲秦滅及漢興皆棄此國而開蜀故徼巴蜀民或竊出商賈取其筰馬僰僮髦牛以此巴蜀殷富（以上序一滇事）建元六年大行王恢擊東越東越殺王郢以報恢因兵威使番陽令唐蒙風指曉南越南越食蒙蜀枸醬蒙問

所從來。曰。道西北牂牁。牂牁江廣數里。出番禺城下。蒙歸至長安。問蜀賈人。賈人曰。獨蜀出枸醬。多持竊出市夜郎。夜郎者。臨牂牁江。江廣百餘步。足以行船。南越以財物役屬夜郎。西至同師。然亦不能臣使也。是傳聞語 蒙乃上書說上曰。南越王黃屋左纛。地東西萬餘里。名爲外臣。實一州主也。今以長沙豫章往。水道多絕。難行。竊聞夜郎所有精兵。可得十餘萬。浮船牂牁江。出其不意。此制越一奇也。誠以漢之彊。巴蜀之饒。通夜郎道。爲置吏。易甚。因枸醬而及牂牁江因牂牁江而通夜郎因夜郎而制南越遂節節寫來有枝有葉文章層節之妙 上許之。乃拜蒙爲郎中將。將千人。食重萬餘人。改輜重爲食重字新 從巴蜀筰關入。遂見夜郎侯多同。蒙厚賜。喻以威德。約爲置吏。使其子爲令。夜郎旁小邑。皆貪漢繒帛。以爲漢道險。終不能有也。乃且聽蒙約。寫得委曲入情 還報。乃以爲犍爲郡。發巴蜀卒治道。自僰道指牂牁江。以上序夜郎事 蜀人司馬相如亦言西夷邛筰可置郡。使相如以郎中將往喻。皆如南夷。爲置一都尉。十餘縣。屬蜀。以上序邛都一應前三段 當是時。巴蜀四郡通西南夷道。戍轉相饟。一層 數歲。道不通。二層 士罷餓離溼。死者甚衆。三層 西南夷又數反。發兵興擊。耗費無功。四層 數語作四層寫 上患之。使公孫弘往視問焉。還對言其不便。及弘爲御史大夫。是時方築朔方以據河逐胡。弘因數言西南夷害。可且罷專力事匈奴。上罷西夷。獨置南夷夜郎兩縣一都尉。稍令犍爲自葆就。—以上總序西南夷略頓住及元狩元年、博望侯張騫使大夏來。言居大夏時見蜀布卭竹杖。使問所從來。—枸醬竹杖一樣點綴照應生情曰從東南身毒國可數千里。得蜀賈人市。或聞卭西可二千里有身毒國。騫因盛言大夏在漢西南。慕中國。患匈奴隔其道。誠通蜀身毒國道便近。有利無害。於是天子乃令王然于柏始昌呂越人等使間出西夷西。指求身毒國。至滇。滇王嘗羌乃留。又插滇事爲求道西十餘輩。歲餘皆閉昆明。莫能通身毒國。以上插序昆明滇王與漢使者言曰。漢孰與我大。及夜郎侯亦然。下語冷雋以道不通故。各自以爲一州主。不知漢廣大。又自註一句妙得情事如親見之使者還。因盛言滇大國。足事親附。天子注意焉。—及至南越反。上使馳義侯因犍爲發南夷兵。且蘭君恐遠行。旁國虜其老弱。乃與其衆反。殺使者及犍爲太守。漢乃發巴蜀罪人嘗擊南越者八校尉擊破之。會越已破。漢八校尉不下。卽引兵還。行誅頭蘭。頭蘭常隔滇道者也。已平頭蘭。遂平南夷爲牂牁郡。—夜郎侯始倚南越。又插夜郎事南越已滅。會還誅反者。夜郎遂入朝。上以爲夜郎王。—完夜郎事南越破後。及漢誅且蘭卭君。並殺筰侯。

冉駹皆振恐。請臣置吏。乃以卭都爲越巂郡。筰都爲沈黎郡。冉駹爲汶山郡。廣漢西白馬爲武都郡。以上序昆明筰冉駹白馬事應後三段 上使王然于以越破及誅南夷兵威風喻滇王入朝。滇王者其衆數萬人其旁東北有勞浸靡莫。皆同姓相扶未肯聽。勞浸靡莫數侵犯使者吏卒。元封二年、天子發巴蜀兵擊滅勞浸靡莫以兵臨滇滇王始首善以故弗誅。滇王離難西南夷舉國降請置吏入朝。於是以爲益州郡。賜滇王王印復長其民。一事完 滇西南夷君長以百數。獨夜郎滇受王印。滇小邑最寵焉。提出夜郎滇總收一束百數總前什數一篇緊應通徹

太史公曰、楚之先豈有天祿哉。在周爲文王師。封楚。及周之衰地稱五千里。秦滅諸侯。唯楚苗裔尚有滇王。漢誅西南夷國多滅矣。唯滇復爲寵王。然南夷之端見枸醬。番禺大夏杖卭竹。西夷後揃剽分二方卒爲七郡。

此傳純以局法勝蓋一篇之中如夜郎如滇如卭如巂如昆明如筰如冉駹如白馬而中間什數百數如且蘭身毒之類者正自不少頭緒糾紛便難淸楚故不得不挈綱分緯入手提淸下乃逐節寫來便不復費手矣且前列十數太多至篇末也總算一盤歸到百數仍提出滇夜郎結有首有尾徹始徹終篇如一節節如一句無數可乘無瑕可擊文章之精密者也○南越匈奴大宛俱是大篇獨此搆一篇小費文字如宮殿盤鬱忽有精藍金玉盈笥不遺瑣璅浩汗則無

而精堅
更勝

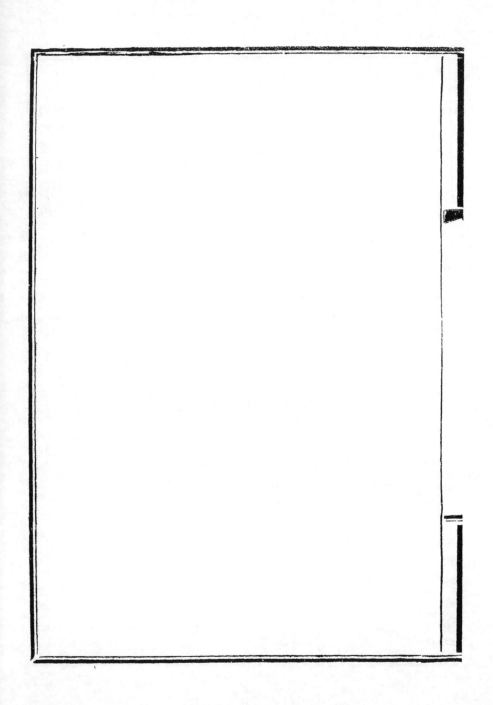

史記論文

武進吳見思齊賢評點
山陰吳興祚留村參訂

司馬相如列傳

司馬相如者、蜀郡成都人也。字長卿。少時好。讀。書。〔詞賦之源〕學擊劍。〔陪〕故其親名之曰犬子。相如既學。慕藺相如之爲人。更名相如。以貲爲郎。事孝景帝。爲武騎常侍。非其好也。—〔相如之才而以貲進以武官故曰非其好也爲相如一歎爲世道一歎〕會景帝不好辭賦。〔輕輕先點出詞賦景帝不好詞賦正爲武帝好詞賦作引〕是時梁孝王來朝。從游說之士。齊人鄒陽。淮陰枚乘。吳莊忌夫子之徒。〔引出許多詞賦之客爲相如作襯〕相如見而說之。因病免。客游梁。梁孝王令與諸生同舍。相如得與諸生游士。居數歲。乃著子虛之賦。—〔先伏子虛賦〕會梁孝王卒。相如歸而家貧。無以自業。〔固以貲爲郎者也倦游家貧文章與阿堵勢不兩立普爲天下人一歎〕素與臨卭令王吉相善。吉曰。長卿久宦游。不遂。而來過我。於是相如往。舍都亭。臨卭令。繆。爲。恭。敬。〔觀下臨卭令之待相如雖古之好賢下士者何以加茲然相如既奔之後復至臨卭不聞臨卬令少爲周旋故先著繆爲恭敬以道破之日往朝相如。相如初尚見之。後稱病。使從者謝吉。吉愈益謹肅。是寫繆爲恭敬臨卬中多富人。而卓王孫家僮八百人。程鄭亦數百人。二人乃相謂曰。令有貴客。爲具召之。幷召令。召相如是爲令客爲幷召令不爲相如寫齷齪心腸如見令既至卓氏。客以百數。至日中。謁司馬長卿。長卿謝病不能往。臨卬令不敢嘗食。自往迎相如。寫繆爲恭敬相如不得已。彊往。正寫相如落拓胸襟蕭然世外文人雅品不是卓王孫一流不是臨卬令一流一。坐盡傾。前寫臨卬令程卓卓氏客濟楚滿堂乃至相如一至則風流文雅照映四座衆人爲之黯然故下此四字正極寫相如也酒酣。臨卬令前奏琴曰。竊聞長卿好之。願以自娛。奏琴妙自娛妙不然相如豈王門之伶人哉相如辭謝。爲鼓一再行。是文人行徑是時卓王孫有女文君新寡。好音。吾嘗推卓王孫此輩人何以有文君之女豈芝草醴泉不必根源乎抑敗倫傷化天所以報之也故相如繆與令相重。而以琴心挑之。又起一頭插入文君寫作鼓琴心事卽作鼓琴注腳○前令繆爲恭敬令相如繆與令相重見王吉是徹底小人已被相如看破○琴心字奇相如之臨卬。從車騎。雍容閒雅。甚都。又補寫相如之臨卬事極寫相如風雅及飲卓氏。弄琴。方接鼓琴事文君竊從戶窺之。心悅而好之。恐不得當也。恐不得當妙寫文君傾慕相如十分注念便將傾城豔質自同等閒千古情詞並未體貼至此既罷。相如乃使人重賜文君侍者。通殷勤。文君夜亡奔相如。相如乃與馳歸家居。徒四壁立。四字奇陗蓋一室中但有四壁卓立而已他無所有也寫窮處極窮卓王孫大怒曰。女至不材。我不忍殺。不分。

一錢也區區以錢較量蓋失節事小錢財事大寫富牛心胷眞堪照膽人或謂王孫王孫終不聽又作一頓文君久之不樂曰長卿第俱如臨邛從昆弟假貸猶足爲生何至自苦如此相如與俱之臨邛盡賣其車騎賣車騎雍容買一酒舍酤酒而令文君當鑪相如身自著犢鼻褌與保庸雜作滌器於市中備極鄙態是慢世是恥卓王孫卓王孫聞而恥之爲杜門不出昆弟諸公更謂王孫曰有一男兩女所不足者非財也今文君已失身於司馬長卿長卿故倦游雖貧其人材足依也兩句亦是口頭解釋之語豈眞知長卿者哉不然昆弟中何無周給之者且又令客又重述令客是富牛口角獨奈何相辱如此卓王孫不得已分予文君僮百人錢百萬及其嫁時衣被財物文君乃與相如歸成都買田宅爲富人一寫得相如文君得意之極夫相如宦游而貧家業盡散豈有此區區齷齪哉蓋鷫鸘不解少有酒資一雙兩好優游度日亦可以終老、、矣故作一颺以起下文居久之蜀人楊得意爲狗監侍上上讀子虛賦而善之遙接子虛賦曰朕獨不得與此人同時哉故作一閃得意曰臣邑人司馬相如自言爲此賦上驚乃召問相如相如曰有是然此乃諸侯之事未足觀也請爲天子游獵賦賦成奏之上許令尙書給筆札一先縱一筆所云賦成奏之是請爲賦終預言也故下接給筆札事相如以子虛虛言也爲楚稱烏有先生者烏有此事也爲齊難無是公者無是人也明天子之義故空籍此三人為辭。以推天子諸侯之苑囿。其卒章歸之於節儉。因以風諫。先提明賦旨方入詞賦 奏之天子。此奏之乃賦成而奏也 天子大說。其辭曰。楚使子虛使於齊。齊王悉發境內之士。備車騎之衆。與使者出田。田罷。先略序一段 子虛過詫烏有先生。而無是公在焉。列出三人過詫者過烏有先生而詫之也 坐定。烏有先生問曰。今日田樂乎。子虛曰。樂。獲多乎。曰少。然則何樂。曰僕樂齊王之欲夸僕以車騎之衆。而僕對以雲夢之事也。先虛序一段一篇大文搖曳而起 曰可得聞乎。子虛曰可。王駕車千乘。選徒萬騎。田於海濱。列卒滿澤。罘罔彌山。揜兔轔鹿。射麋腳麟。騖於鹽浦。割鮮染輪。射中獲多。矜而自功。先序齊事一段已具小賦一篇引起 顧謂僕曰。楚亦有平原廣澤游獵之地。饒樂若此者乎。楚王之獵。何與寡人。僕下車對曰。臣楚國之鄙人也。幸得宿衛十有餘年。時從出游。游于後園。覽于有無。然猶未能徧覩也。又惡足以言其外澤者乎。又作一頓 齊王曰。雖然。略以子之所聞見而言之。僕對曰。唯唯。以上總序事是第一節

臣聞楚有七澤。嘗見其一。未覩其餘也。臣之所見。蓋特其小小者耳。名曰雲夢。雲夢者。方九百里。以謙為夸純以委致勝 其中有山焉。先序其中 其山則盤紆岪鬱。隆崇嵂崒。岑巖參差。日月蔽虧。交錯糾紛。上干青雲。罷池陂陁。下屬江河。其土則丹青赭堊。雌黃白坿。錫

碧金銀。衆色炫燿。照爛龍鱗。其石則赤玉玫瑰琳瑉琨珸。瑊玏玄厲。碝石武夫。一段序其中之山其土其石二段是因山而附序者也其東則有蕙圃衡蘭。芷若射干。穹窮昌蒲。江離蘪蕪。諸蔗猼且。一段序其東則平陸其南則有平原廣澤。登降陁靡。案衍壇曼。緣以大江。限以巫山、其高燥、則生葴菥苞荔。薛莎青薠。其卑溼、則生藏莨蒹葭。東蘠雕胡。蓮藕菰蘆。菴藺軒芋。衆物居之。不可勝圖。一段序其南南則有大江巫山故其高燥一段頂巫山卑溼一段頂大江其西則有湧泉清池。激水推移。外發芙容蔆華。內隱鉅石白沙。其中則有神龜蛟鼉。瑇瑁鼈黿。一段序其西西則皆水其中卽水之中也法變其北則有陰林巨樹。楩柟豫章。桂椒木蘭。蘗離朱楊。樝梨梬栗。橘柚芬芳。其上、則有赤猿蠗蝚。鵷雛孔鸞。騰遠射干。其下、則有白虎玄豹。蟃蜒貙犴。兕象野犀。窮奇獌狿。一段序其北北則茂林其上其下亦卽茂林而言之也○中東南西北五段或單或重排偶之中各寓變化○以上序雲夢之地是第二節於是、乃使專諸之倫。手格此獸。楚王乃駕馴駁之駟。乘雕玉之輿。靡魚須之橈旃。曳明月之珠旗。建干將之雄戟。左烏嘷之雕弓。右夏服之勁箭。陽子驂乘。纖阿爲御。案節未舒。一段寫楚王車服卽陵狡獸轔邛邛。蹵距虛。軼野馬而轊騊駼。乘遺風而射游騏。儵眒淒浰。雷動熛至。星流霆擊。弓不虛發。中必決眥。洞胷達腋。絕乎心繫。獲若雨獸。揜草蔽

地。一段寫專諸之倫手格猛獸　於是楚王乃弭節裴回翱翔容與覽乎陰林觀壯士之暴怒與猛
獸之恐懼徼𠜂受詘殫睹衆物之變態。一段是楚王觀獵以上田獵是第三節　於是鄭女曼姬被阿
錫揄紵縞雜纖羅垂霧縠襞積褰縐紆徐委曲鬱橈谿谷衯衯裶裶揚袘戌削蜚纖
垂髾扶輿猗靡翕呷萃蔡下摩蘭蕙上拂羽蓋錯翡翠之威蕤繆繞玉綏縹乎忽忽
若神仙之仿佛。以上插序楚之嬪妃是第四節　於是乃相與獠於蕙圃媻珊勃窣上金隄揜翡翠
射鵕鸃微矰出纖繳施弋白鵠連駕鵝雙鶬下玄鶴加一段弋鳥前是格獸也　怠而後發游於
清池浮文鷁揚桂枻張翠帷建羽蓋罔瑇瑁鉤紫貝摐金鼓吹鳴籟榜人歌聲流喝
水蟲駭波鴻沸湧泉起奔揚會礧石相擊硠硠礚礚若靁霆之聲聞乎數百里之外
一段水族因前有大江清池神龜蛟鼉鵷雛孔鸞等字故又序此兩段補田獵之未備是第五節　將息獠者郭璞曰獠獵也則息獠者蓋罷獵也　擊
靈鼓起烽燧車案行騎就隊纚乎淫淫班乎裔裔寫得舒徐容與卽詩所云蕭蕭馬鳴悠悠旆旌也　於是楚
王乃登陽雲之臺泊乎無爲澹乎自持勺藥之和具而後御之不若大王終日馳騁
而不下輿脟割輪淬自以爲娛臣竊觀之齊殆不如。罷獵燕飲是第六節勺藥之和等句全破他割鮮染輪一句應還前段　於是王默然無以應僕也烏有先生曰是何言之過也足下不遠千里來況

齊國。王悉發境內之士。而備車騎之衆以出田。乃欲戮力致獲。以娛左右也。何名爲夸哉。問楚地之有無者。願聞大國之風烈。先生之餘論也。今足下不稱楚王之德厚。而盛推雲夢以爲高。奢言淫樂。而顯侈靡。竊爲足下不取也。必若所言。固非楚國之美也。有而言之。是章君之惡。無而言之。是害足下之信。章君之惡而傷私義。二者無一可。而先生行之。必且輕於齊而累於楚矣。一段議論 且齊東有巨海。南有瑯邪。觀乎成山。射乎之罘。浮勃澥。游孟諸。邪與肅愼爲鄰。右以湯谷爲界。秋田乎靑丘。傍偟乎海外。吞若雲夢者八九。其於胸中曾不蔕芥。若乃俶儻瑰偉。異方殊類。珍恠鳥獸。萬端鱗萃。充仞其中者。不可勝記。禹不能名。契不能計。敍楚事甚詳前序齊事甚略乃于篇後補序一段反振挽合以作章法 然在諸侯之位。不敢言游戲之樂。苑囿之大。先生又見客。是以王辭而不能復。何爲無用應哉。借烏有先生之論作一結是第七節子虛賦完 無是公听然而笑。以下上林賦起相如分作兩篇史公合之極是 曰。楚則失矣。齊亦未爲得也。夫使諸侯納貢者。非爲財幣。所以述職也。封疆畫界者。非爲守禦。所以禁淫也。今齊列爲東藩。而外私肅愼。捐國踰限。越海而田。其於義故未可也。只接齊事 且二君之論。不務明君臣之義。而正諸侯之禮。徒事爭游獵之樂。苑囿之大欲以奢侈相勝。荒淫相越。此不可以揚名發譽。而適足以貶君自損也。且夫齊楚之事。又焉足道邪。雙接齊楚下歸到天子 君未睹夫巨麗也。獨不聞天子之上林乎。入上林事 左蒼梧。右西極。丹水更其南。紫淵徑其北。前東西南北序一雲夢獨詳此東西南北兼序四海八荒獨略法變蒼梧西極丹水紫淵俱虛 終始灞滻。出入涇渭。酆鄗潦潏。紆餘委蛇。經營乎其內。蕩蕩兮八川分流。相背而異態。東西南北。馳騖往來。出乎椒丘之闕。行乎洲淤之浦。徑乎桂林之中。過乎泱莽之野。汩乎渾流。順阿而下。赴隘陝之口。觸穹石。激堆埼。沸乎暴怒。洶湧滂濞。滭浡滵汩。湢測泌瀄。橫流逆折。轉騰潎洌。澎濞沆瀣。穹隆雲橈。宛潬膠戾。踰波趨浥。莅莅下瀨。批巖衝擁。奔揚滯沛。臨坻注壑。瀺灂霣墜。沈沈隱隱。砰磅訇磕。潏潏淈淈。湁潗鼎沸。馳波跳沫。汩急漂疾。悠遠長懷。寂漻無聲。肆乎永歸。然後灝溔潢漾。安翔徐徊。翯乎滈滈。東注太湖。衍溢陂池。於是乎蛟龍赤螭。䱭䲛漸離。鰅鰫鰬魠。禺禺鱋鰨。揵鰭擢尾。振鱗奮翼。潛處乎深巖。魚鱉讙聲。萬物眾夥。明月珠子。玓瓅江靡。蜀石黃碝。水玉磊砢。磷磷爛爛。采色澔汗。藂積乎其中。鴻鵠鷫鴇。鴐鵝鸀鳿。鵁鶄鶋目。煩鶩鷛鸈。鱵鴜鵁鸕。羣浮乎其上。前其中其上冠在上此則倒在下變法 汎淫泛濫。隨風澹淡。與波搖蕩。掩薄草渚唼喋菁藻咀嚼菱藕—一段言水澤 於是乎崇山巃嵸崔巍嵯峩深林鉅木嶄巖嵾嵳九嵕巀嶭南山峩峩巖陁甗錡摧崣崛崎振谿通谷蹇產溝瀆谽呀豁閜阜陵別島崴磈葨瘣丘墟堀礨隱轔鬱壘登降施靡陂池貏豸沇溶淫鬻散渙夷陸亭皋千里靡不被築掩以綠蕙被以江離糅以蘪蕪雜以流夷專結縷攢戾莎揭車衡蘭槀本射干茈薑蘘荷葴橙若蓀鮮枝黃礫蔣芧青薠布濩閎澤延曼太原麗靡廣衍應風披靡吐芳揚烈郁郁斐斐衆香發越肸蠁布寫晻薆苾勃—一段言山前賦山在前水在後此賦水在前山在後前山詳水略此水詳山略變法○此賦序山水是第一節 於是乎周覽泛觀瞋盼軋沕芒芒怳忽視之無端察之無崖日出東沼入於西陂其南則隆冬生長踊水躍波獸則㺎旄貘犛沈牛麈麋赤首圜題窮奇象犀其北則盛夏含凍裂地涉冰揭河獸則麒麟角端騊駼橐駝蛩蛩驒騱駃騠驢騾—其南其北與前賦同止序南北與前賦異○一段是東南兼序獸 於是乎離宮別館彌山跨谷高廊四注重坐曲閣華榱璧璫輦道纚屬步櫚周流長途中宿夷嵕築堂纍臺增成巖突洞房俛杳眇而無見仰攀橑而捫天奔星更於閨闥宛虹拖於楯軒青虬蚴蟉於東箱象輿婉蟬於西清靈圄燕於閒觀偓佺之倫暴於南榮醴泉涌於清室通川

過乎中庭。盤石振崖。嶔巖倚傾。嵯峨磼礏。刻削崢嶸。玫瑰碧琳。珊瑚叢生。瑉玉旁唐。璸斒文鱗。赤瑕駁犖。雜臿其間。垂綏琬琰。和氏出焉。一 一段序 宮館 於是乎盧橘夏熟。黃甘橙楱。枇杷橪柹。樗柰厚朴。梬棗楊梅。櫻桃蒲陶。隱夫鬱棣。榙㯓荔枝。羅乎後宮。列乎北園。貤丘陵。下平原。楊翠葉。杌紫莖。發紅華。秀朱榮。煌煌扈扈。照曜鉅野。沙棠櫟櫧。華氾檘櫨。留落胥餘。仁頻并閭。欃檀木蘭。豫章女貞。長千仞。大連抱。夸條直暢。實葉葰茂。攢立叢倚。連卷累佹。崔錯癹骫。阬衡閜砢。垂條扶於。落英幡纚。紛容蕭蔘。旖旎從風。瀏莅芔吸。蓋象金石之聲。管籥之音。柴池茈虒。旋環後宮。雜遝累輯。被山緣谷。循阪下隰。視之無端。究之無窮。一 一段序 果木 於是玄猨素雌。蜼玃飛鸓。蛭蜩蠼蝚。螹胡豰蛫。棲息乎其間。長嘯哀鳴。翩幡互經。夭蟜枝格。偃蹇杪顛。於是乎隃絕梁。騰殊榛。捷垂條。踔稀間。牢落陸離。爛曼遠遷。一 一段序 木上之獸 若此輩者數千百處。嬉游往來。宮宿館客。庖廚不徙。後宮不移。百官備具。一 一段總結上四段○以上 序上林苑內是第二節 於是乎背秋涉冬。天子校獵。乘鏤象。六玉虯。拖蜺旌。靡雲旗。前皮軒。後道游。孫叔奉轡。衛公驂乘。扈從橫行。出乎四校之中。鼓嚴簿。縱獠者。江河爲阹。泰山爲櫓。車騎雷起。隱天動地。

先後陸離。離散別追。淫淫裔裔。緣陵流澤。雲布雨施。一（一段序鹵簿車騎）生貔豹。搏豺狼。手熊羆。足野羊。蒙鶡蘇。絝白虎。被豳文。跨野馬。陵三嵏之危。下積歷之坻。徑陵赴險。越壑厲水。（事多語疊故中下數語間之）推蜚廉。弄解豸。格瑕蛤。鋋猛氏。羂騕褭。射封豕。箭不苟害。解脰陷腦。弓不虛發。應聲而倒。於是乎乘輿弭節裴回。翺翔往來。睨部曲之進退。覽將率之變態。（又下數語間之）然後浸潭促節。儵夐遠去。流離輕禽。蹴履狡獸。轊白鹿。捷狡兔。軼赤電。遺光耀。追怪物。出宇宙。彎繁弱。滿白羽。射游梟。櫟蜚虡。擇肉後發。先中命處。弦矢分。藝殪仆。一（一段是獵獸）然後揚節而上浮。陵驚風。歷駭飈。乘虛無。與神俱。轔玄鶴。亂昆雞。遒孔鸞。促鵕鸃。拂鷖鳥。捎鳳皇。捷鵷雛。掩焦明。一（一段是弋鳥○以上序田獵事是第三節）道盡塗殫。迴車而還。招搖乎襄羊。降集乎北紘。率乎直指。闇乎反鄉。蹶石闕。歷封巒。過鳷鵲。望露寒。下棠梨。息宜春。西馳宣曲。濯鷁牛首。登龍臺。掩細柳。觀士大夫之勤略。鈞獠者之所得獲。觀徒車之所轥轢。乘騎之所蹂若。人民之所蹈躪。與其窮極倦谻。驚憚慴伏。不被創刃而死者。佗佗籍籍。塡坑滿谷。揜平彌澤。一（以上序罷獵而歸是第四節）於是乎游戲懈怠。置酒乎昊天之臺。張樂乎膠葛之宇。撞千石之鐘。立萬石之鉅。建翠華之旗。

樹靈鼉之鼓。奏陶唐氏之舞。聽葛天氏之歌。千人唱。萬人和。山陵爲之震動。川谷爲之蕩波。巴俞宋蔡。淮南于遮。文成顚歌。族舉遞奏。金鼓迭起。鏗鎗鐺𩐨。洞心駭耳。荆吳鄭衞之聲。韶濩武象之樂。陰淫案衍之音。鄢郢繽紛。激楚結風。俳優侏儒。狄鞮之倡。所以娛耳目而樂心意者。麗靡爛熳於前。靡曼美色於後。●一段是音樂 若夫青琴宓妃之徒。絕殊離俗。妖冶嫺都。靚莊刻飭。便嬛綽約。柔橈嬛嬛。嫵媚姌嫋。抴獨繭之褕袘。眇閻易以戌削。媥姺徶循。與世殊服。芬香漚鬱。酷烈淑郁。皓齒粲爛。宜笑的皪。長眉連娟。微睇綿藐。色授魂與。心愉於側。●一段女色子虛祗說得衣服此乃兼及容貌妖冶二句指面便嬛三句指身獨繭四句指衣服芳香二句指氣味皓齒四句細分齒眉目色授二句指意態撰語俱各工妙〇以上置酒是第五節 於是酒中樂酣。天子芒然而思。似若有亡。曰。嗟乎。此泰奢侈。朕以覽聽餘閒。無事棄日。順天道以殺伐。時休息於此。恐後世靡麗。遂往而不反。非所以爲繼嗣創業垂統也。●一段戒泰侈 於是乃解酒罷獵。而命有司曰。地可以墾辟。悉爲農郊。以贍萌隸。隤墻塡塹。使山澤之民得至焉。實陂池而勿禁。虛宮觀而勿仞。●數語就上林苑說 發倉廩以振貧窮。補不足。恤鰥寡。存孤獨。出德號。省刑罰。改制度。易服色。更正朔。與天下爲始。●一段發政施仁 於是歷吉日以齋戒。襲朝衣。乘法駕。建華旗。鳴玉鸞。游乎六藝之囿。騖乎仁義之塗。覽觀春秋之林。射狸首。兼騶虞。弋玄鶴。建干戚。載雲罕。掩羣雅。（仍用車馬射弋事與前映帶）悲伐檀。樂樂胥。修容乎禮園。翱翔于書圃。述易道。放怪獸。登明堂。坐清廟。恣羣臣奏得失。四海之內。靡不受獲。於斯之時。天下大悅。嚮風而聽。隨流而化。喟然興道而遷義。刑錯而不用。德隆乎三皇。功羨於五帝。若此故獵乃可喜也。●（一段興仁慕義仍點獵一句繳還通篇）若夫終日暴露馳騁。勞神苦形。罷車馬之用。抗士卒之精。費府庫之財。而無德厚之恩。務在獨樂。不顧衆庶。忘國家之政。而貪雉兔之獲。則仁者不由也。從此觀之。齊楚之事。豈不哀哉。地方不過千里。而囿居九百。是草木不得墾辟。而民無所食也。夫以諸侯之細。而樂萬乘之所侈。僕恐百姓之被其尤也。●（一段反振收完兩賦以上曲終諷諫是第六節）於是二子愀然改容。超若自失。逡巡避席曰。鄙人固陋。不知忌諱。乃今日見教。謹聞命矣。一賦奏。天子以爲郎。無是公言天子上林廣大。山谷水泉萬物。及子虛言楚雲夢所有甚衆。侈靡過其實。且非義理所尚。故刪取其要。歸正道而論之。一（又撮數語作論斷二賦太長故以收束之）相如爲郎數歲。（間接）會唐蒙使略通夜郎西僰中。發巴蜀吏卒千人。郡又多爲發轉漕萬餘人。用興法。（軍興法也）誅其渠帥。巴蜀民大驚恐。上聞之。乃使相如責唐蒙。因喻告巴蜀民。以非上意。檄曰告巴蜀太守。蠻夷自擅不討之日久矣。（劈頭一句便歸過于蠻夷即爲漢武解釋）時侵犯邊境。勞士大夫。陛下即位。存撫天下。輯安中國。（先寫中國治安）然後興師出兵。北征匈奴。單于怖駭。交臂受事。詘膝請和。康居西域。重譯請朝。稽首來享。移師東指。閩越相誅。右弔番禺。太子入朝。（後寫四海賓服然後轉入南夷）南夷之君。西僰之長。常效貢職。不敢怠墮。延頸舉踵。喁喁然皆爭歸義。欲爲臣妾。（爲南夷贊兩句）道里遼遠。山川阻深。不能自致。（又爲南夷寬兩句是喩告體是當日情事）夫不順者。已誅。而爲善者未賞。（總上兩段不順者匈奴康居閩越番禺爲善者南夷西僰也）故遣中郎將往賓之。（說得平淡妙）發巴蜀士民各五百人。以奉幣帛。衛使者不然。靡有兵革之事。戰鬬之患。（往賓之掩飾遣使奉幣帛衛使者掩飾與發不然恐有兵革戰鬬之事耳不得不與發也絕妙出脫筆如轉圜）今聞其乃發軍興制。驚懼子弟。憂患長老。郡又擅爲轉粟運輸。皆非陛下之意也。當行者或亾逃自賊殺。亦非人臣之節也。（上下半篇正文章交卸處乃以兩非也竟作兩對一則出脫武帝以結上一則責備百姓以起下章法奇妙之極）夫邊郡之士。聞烽舉燧燔。皆攝弓而馳。荷兵而走。流汗相屬。唯恐居後。觸白刃。冒流矢。義不反顧。計不旋踵。人懷怒心。如報私讎。（一路氣勢濃郁說邊郡之士正指伐匈奴西域等事也隱隱照應）彼豈樂死惡生。非編列之民。而與巴蜀異主哉。（一掉即打著巴蜀妙）計深慮遠。急國家之難。而樂盡人臣之道也。（又一折）故有剖符之封。析珪而爵。位爲通侯。居列東第。終則遺顯號于後世。傳土地於子孫。行事甚忠敬。居位甚安佚。名聲施于無窮。功烈著而不滅。是以賢人君子。肝腦塗中原。膏液潤野草。而不辭也。（後半篇大約是兩段此一段是贊邊郡）今奉幣役至南夷。卽自賊殺。或亡逃抵誅。身死無名。謚爲至愚。恥及父母。爲天下笑。人之度量相越。豈不遠哉。然此非獨行者之罪也。（又作一跌）父兄之教不先。子弟之率不謹也。寡廉鮮恥。而俗不長厚也。其被刑戮。不亦宜乎。（一段是責備巴蜀之民責備處輕正其撫安處也遺詞立體之妙）陛下患使者有司之若彼。悼不肖愚民之如此。（兩語又總結通篇有司句責唐蒙結完上半篇愍民句責百姓結完下半篇）故遣信使曉喻百姓以發卒之事。因數之以不忠死亡之罪。讓三老孝弟以不教誨之過。（始序遣使布檄之故）方今田時。重煩百姓。已親見近縣。恐遠所谿谷山澤之民不徧聞。檄到。亟下縣道。使咸知陛下之意。唯毋忽也。

一（仍歸到朝廷德意一住立言有體如此）相如還報。唐蒙已畧通夜郎。因通西南夷道。發巴蜀廣漢卒。作者數萬人。治道二歲。道不成。士卒多物故。費以巨萬計。（告諭未周通道如故接寫下正見虛詞）蜀民及漢用事者。多言其不便。是時邛筰之君長聞南夷與漢通。得賞賜多。多欲願爲內臣妾請吏比南夷（不便者巴蜀願通者南夷兩邊寫來以見情事）天子問相如相如曰邛筰冉駹者近蜀道亦易通秦時嘗通為郡縣至漢興而罷今誠復通為置郡縣愈于南夷天子以為然（正見）（相如本意故告諭之檄多回護曲詞）乃拜相如為中郎將建節往使副使王然于壺充國呂越人馳四乘之傳因巴蜀吏幣物以賂西夷至蜀蜀太守以下郊迎縣令負弩矢先驅（王吉尚在否）蜀人以為寵（又為相如寫一段貴賤雲泥可勝三歎）於是卓王孫臨邛諸公（程鄭亦在也）皆因門下獻牛酒以交驩卓王孫喟然而歎自以得使女尚司馬長卿晚而厚分與其女財與男等同（又寫此一段形容富牛犴肺如見蓋前以錢財作驕態終以錢財作慇懃可見失節事小錢財事大如此輩人深可憐憫深可笑歎也）司馬長卿便畧定西夷邛筰冉駹斯榆之君皆請為內臣除邊關關益斥西至沬若水南至牂牁為徼通零關道橋孫水以通邛都還報天子天子大說一（寫相如建功立業處連寫十句極力鋪張正為文人吐氣）相如使時蜀長老多言通西南夷不為用唯大臣亦以為然相如欲諫業已建之不敢乃著書籍以蜀父老為辭而已詰難之以風天子且因宣其使指令百姓知天子之意（前寫通南夷寫出使晝錦寫卓王孫輩勢利寫相如建功事名湊集不及回筆故於使完之後倒提一筆而附難蜀父老書於此章法）其辭曰漢興七十有八載德茂存乎六世威武紛紜湛恩汪濊羣生澍濡洋溢乎方外（說中國寧謐只）

數語即帶出方外 於是乃命使西征。隨流而攘。風之所被。罔不披靡。因朝冉從駹。定筰存邛。略斯榆。舉苞滿。結軼還轅。東鄉將報。至于蜀都。即序自己出使事起 耆老大夫薦紳先生之徒二十有七人。儼然造焉。辭畢。因進曰。蓋聞天子之于彝狄也。其義羈縻勿絕而已。今罷三郡之士。通夜郎之塗。三年於茲。而功不竟。士卒勞倦。萬民不贍。今又接以西彝。百姓力屈。恐不能卒業。此亦使者之累也。竊爲左右患之。一段序目前事 且夫邛筰西僰之與中國並也。歷年茲多。不可記已。仁者不以德來。彊者不以力并。意者其殆不可乎。一段序古來事 今割齊民以附彝狄。弊所恃以事無用。又總結兩句 鄙人固陋。不識所謂。使者曰。烏謂此邪。必若所云。則是蜀不變服。而巴不化俗也。余尚惡聞若說。是謂如所論則巴蜀當且爲蠻彝我何從聞汝言也索隱解非孫月峯解是。 然斯事體大。固非觀者之所覯也。余之行急。其詳不可得聞已。請爲大夫粗陳其略。蓋世必有非常之人。然後有非常之事。有非常之事。然後有非常之功。四非常字疊從春申傳無望之福等句來 非常者。固常之所異也。故曰非常之原。黎民懼焉。及臻厥成。天下晏如也。又注解兩段語氣詳婉 昔者鴻水浡出。氾濫衍溢。民人登降移徙。陭嶇而不安。夏后氏戚之。乃堙鴻水。決江疏河。灑沈贍菑。東歸之于海。而天下永寧。引禹以見非常

之人非常之功也 當斯之勤。豈惟民哉。不是寬民蓋曰君猶如此豈特勞民哉正側重民一邊 心煩於慮。而身親其勞。躬胝無胈。膚不生毛。故休烈顯乎無窮。聲稱浹乎于茲。申明非常以結上文下即轉入近事 且夫賢君之踐位也。豈特委瑣握齪。拘文牽俗。循誦習傳。當世取說云爾哉。連四句作勢 必將崇論閎議。創業垂統。爲萬世規。故馳騖乎兼容并包。而勤思乎參天貳地。說得大氣勢蓬勃音節閃壯故曰高文典册用相如也。 且詩不云乎。普天之下。莫匪王土。率土之濱。莫非王臣。是以六合之內。八方之外。浸潯衍溢。懷生之物。有不浸潤於澤者。賢君恥之。應兼容并包參天貳地 今封疆之內。冠帶之倫。咸獲嘉祉。靡有闕遺矣。又補內事一筆 而夷狄殊俗之國。遼絕異黨之地。舟輿不通。人迹罕至。政教未加。流風猶微。內之則犯義侵禮于邊境。外之則邪行橫作。放弒其上。君臣易位。尊卑失序。父兄不辜。幼孤爲奴。係纍號泣。內嚮而怨曰。蓋聞中國有至仁焉。德洋而恩普。物靡不得其所。應湛恩汪濊咸獲嘉祉兩節 今獨曷爲遺已。舉踵思慕。若枯旱之望雨。盭夫爲之垂涕。況乎上聖。又惡能已。以賦筆爲之故鏗鏘振響 故北出師以討彊胡。南馳使以誚勁越。四面風德。二方之君鱗集仰流。願得受號者以億計。故乃關沫若。徼牂牁。鏤零山。梁孫原。創道德之塗。垂仁義之統。將博恩廣施。遠撫長駕。使疏逖不閉阻深闇昧得耀乎光明以偃甲兵於此而息誅伐於彼七句一氣下氣勢可觀遐邇一體中外提福不亦康乎彝狄殊俗一段一氣趨下至此乃止夫拯民於沈溺奉至尊之休德反衰世之陵遲繼周氏之絕業斯乃天子之急務也百姓雖勞又惡可以已哉總結一段以少委蛇百姓雖勞正應豈惟民哉是一樣主意且夫王事固未有不始于憂勤而終于佚樂者也又插一筆然則受命之符合在於此矣方將增泰山之封加梁父之事伏封禪書意鳴和鸞揚樂頌上咸五下登三上止云繼周此又進一層觀者未睹指聽者未聞音猶鷦明已翔乎寥廓而羅者猶視乎藪澤悲夫答還者老大夫止此二語絕不深言妙於是諸大夫芒然喪其所懷來而失厥所以進喟然並稱曰允哉漢德此鄙人之所願聞也百姓雖怠請以身先之敞罔靡徙因遷延而辭避

其後人有上書言相如使時受金失官居歲餘復召爲郎凡三爲郎文章官爵亦相勢不兩立可爲三歎相如口吃而善著書常有消渴疾與卓氏婚饒于財其進仕宦未嘗肯與公卿國家之事稱病閒居不慕官爵饒才閒居不慕官爵極寫相如然已爲受金暴白矣常從上至長揚獵是時天子方好自擊熊彘馳逐野獸相如上疏諫之其辭曰臣聞物有同類而殊能者故力稱烏獲捷言慶忌勇期賁育臣之愚竊以爲人誠有之獸亦宜然欲作奇文先立奇想此奇論劈空而下絕無依傍漢

以前章疏所無卽文筆亦不多有是相如創體今陛下好陵阻險。射猛獸。卒然遇軼材之獸。駭不存之地。犯屬車之淸塵。輿不及還轅。人不暇施巧。雖有烏獲逢蒙之伎。力不得用。枯木朽株。盡爲害矣。是胡越起于轂下。而羌彝接軫也。豈不殆哉。陛下至此一氣而下中作兩轉而枯木朽株胡越羌彝作兩跌奇文奇想雖萬全無患。然本非天子之所宜近也。以上一氣而下至此忽然一轉另開一境界如長河奔流千里一折而波濤洶湧自成奇觀又如漁人隨流桃花衍瀁而回身石罅別有洞天豈非奇文且夫淸道而後行。中路而後馳。猶時有銜橛之變。而況涉乎蓬蒿。馳乎丘墳。前有利獸之樂。而內無存變之意。其爲禍也。不亦難矣。又作一段以正論之亦一氣而下中作一轉夫輕萬乘之重。不以爲安。而樂出于萬有一危之塗。以爲娛臣竊爲陛下不取也。緊接數語收完通篇蓋明者遠見於未萌。而智者避危於無形。禍固多藏于隱微。而發于人之所忽者也。故鄙諺曰。家累千金。坐不垂堂。此言雖小。可以喩大。又作垂戒數言并引一諺竟爾便住前突然而起後突然而止首尾相應臣願陛下之留意幸察。上善之。還過宜春宮。相如奏賦以哀二世行失也。其辭曰。登陂陁之長阪兮。坌入曾宮之嵯峩。臨曲江之隑州兮。望南山之參差。巖巖深山之谾谾兮。通谷豁兮谽谺。汩淢噏習以永逝兮。注平皐之廣衍。觀衆庶之塕薆兮。覽竹林之榛榛。東馳土山兮。北揭石瀨。一段流覽山川下乃憑弔二世

(徘徊瞻眺忽然感生正悃情景)彌節容與兮。歷弔二世。持身不謹兮。亡國失勢。信讒不寤兮。宗廟滅絕。嗚呼哀哉。操行之不得兮。墳墓蕪穢而不修兮。魂無歸而不食。敻邈絕而不齊兮。彌久遠而愈佅。精罔閬而飛揚兮。拾九天而永逝。嗚呼哀哉。(此賦語短而意長)相如拜爲孝文園令。天子既美子虛之事。相如見上好僊道。因曰。上林之事未足美也。尚有靡者。臣常爲大人賦。未就。請具而奏之。(亦先縱一筆同前)相如以爲列仙之傳。居山澤間。形容甚臞。此非帝王之僊意也。乃遂就大人賦。(先旨後詞同前)其辭曰。世有大人兮。在于中州。宅彌萬里兮。曾不足以少留。悲世俗之迫隘兮。朅輕舉而遠游。(一篇是遠游之事此三韻是遠游之故)垂絳幡之素蜺兮。載雲氣而上浮。建格澤之長竿兮。總光耀之采旄。垂旬始以爲幓兮。拕彗星而爲髾。掉指橋以偃蹇兮。又旖旎以招搖。(素蜺雲氣六句插二句以形容之)攬欃搶以爲旌兮。靡屈虹而爲綢。紅杳渺以眩湣兮。猋風涌而雲浮。(攙搶屈虹二句又插二句以形容之)駕應龍象輿之蠖略逶麗兮。驂赤螭青虬之蚴蟉蜿蜒。低卬夭蟜据以驕驁兮。詘折隆窮蠼以連卷。沛艾赳螑仡以佁儗兮。放散畔岸驤以孱顏。跮踱輵轄容以委麗兮。綢繆偃蹇怵㚟以梁倚。糾蓼叫奡蹋以艐路兮。蔑蒙踊躍騰而狂趭。莅颯卉翕熛至電過兮。煥然

霧除。霍然雲消。應龍螭虬止二句下俱形容連四句作一調變法以上序龍駕是一節　邪絕少陽而登太陰兮。與眞人
乎相求。互折窈窕以右轉兮。橫厲飛泉以正東。悉徵靈圉而選之兮。部乘衆神於瑤
光。使五帝先導兮。反太一而從陵陽。左玄冥而右含靁兮。前陸離而後潏湟。廝征北
僑而役羨門兮。屬岐伯使尚方。祝融驚而蹕御兮。淸雰氣而後行。屯余車其萬乘兮。
綷雲蓋而樹華旗。使勾芒其將行兮。吾欲往乎南嬉。以上役從神仙是一節　歷唐堯于崇山兮。
過虞舜于九疑。紛湛湛其差錯兮。雜遝膠葛以方馳。騷擾衝蓯其相紛挐兮。滂濞泱
軋。灑以林離。鑽羅列聚叢以蘢茸兮。衍曼流爛壇以陸離。徑入靁室之砰磷鬱律兮。
洞出鬼谷之崛礨嵬磈。偏覽八紘而觀四荒兮。朅渡九江而越五河。經營炎火而浮
弱水兮。杭絕浮渚而涉流沙。奄息總極氾濫水嬉兮。使靈媧鼓瑟而舞馮夷。時若薆
薆。將混濁兮。召屏翳誅風伯而刑雨師。西望崑崙之軋沕洸忽兮。直徑馳乎三危。排
閶闔而入帝宮兮。載玉女而與之歸。舒閬風而搖絕兮。亢烏騰而一止。低回陰山翔
以紆曲兮。吾乃今目睹西王母。暠然白首戴勝而穴處兮。亦幸有三足烏爲之使。必
長生若此而不死兮。雖濟萬世不足以喜。以上周游天下是一節　回車朅來兮。絕道不周。會食

幽都。呼吸沆瀣。餐朝霞兮。噍咀芝英兮。嘰瓊華。嬐侵潯而高縱兮。紛鴻涌而上厲。貫列缺之倒景兮。涉豐隆之滂沛。馳遊道而修降兮。騖遺霧而遠逝。迫區中之隘陜兮。舒節而出乎北垠。遺屯騎於玄闕兮。軼先驅於寒門。下崢嶸而無地兮。上寥廓而無天。視眩眠而無見兮。聽惝恍而無聞。乘虛無而上假兮。超無友而獨存。以上飄然上征是一節此賦無首無尾意到筆隨純祖離騷又一種筆仗相如既奏大人之頌。天子大說。飄飄有凌雲之氣。似游天地之間意。只點兩句而意思已足相如既病免。家居茂陵。天子曰。司馬相如病甚。可往從悉取其書。若不然。後失之矣。使所忠往。而相如已死。家無書。問其妻。應還文君對曰。長卿固未嘗有書也。時時著書。人又取去、、卽空居。長卿未死時。爲一卷書。曰有使者來求書。奏之。無他書。其遺札書言封禪事。奏所忠。忠奏其書。天子異之。●亦先序後詞前後一樣章法其書、曰。伊上古之初肇。自昊穹兮生民。歷撰列辟。以迄于秦。率邇者踵武。逖聽者風聲。紛綸葳蕤。堙滅而不稱者。不可勝數也。續昭夏。崇號謚。略可道者七十有二君。所謂登泰山而封禪者七十二君也。罔若淑而不昌。疇逆失而能存。●一段總論是冒軒轅之前。遐哉邈乎。其詳不可得聞也。五三六經載籍之傳。維見可觀也。書曰。元首明哉。股肱良哉。因斯以談。君莫

盛於唐堯。臣莫賢于后稷。引唐堯入周事堯是客稷是主后稷創業於唐。公劉發迹於西戎。文王改
制。爰周郅隆。大行越成。而後凌夷衰微。千載無聲。豈不善始善終哉。然無異端。愼所
由於前。謹遺敎於後耳。故軌迹夷易。易遵也。湛恩濛涌。易豐也。憲度著明。易則也。垂
統理順。易繼也。是以業隆于襁褓。而崇冠于二后。揆厥所元。終都攸卒。未有殊尤絕
迹可考于今者也。然猶躡梁父。登泰山。建顯號。施尊名。一段借周比擬抑周而進漢大漢之德。逢
涌原泉。沕潏漫衍。旁魄四塞。雲專霧散。上暢九垓。下泝八埏。懷生之類。霑濡浸潤。協
氣橫流。武節飄逝。邇陜游原。迥闊泳沫。首惡湮沒。闇昧昭晳。昆蟲凱澤。回首面內。然
後囿騶虞之珍羣。徼麋鹿之怪獸。䆃一莖六穗於庖。犧雙觡共抵之獸。獲周餘珍。收
龜於岐。招翠黃乘龍于沼。鬼神接靈圉。賓于閒館。奇物譎詭。俶儻窮變。欽哉符瑞臻
茲。猶以爲薄。不敢道封禪。一段頌漢蓋周躍魚隕杭。休之以燎。微夫斯之爲符也。以登介
丘。不亦恧乎。進讓之道。其何爽與。又借周事雙結進者謂周德薄而封禪讓者謂漢德盛而退讓也於是大司馬進
曰。陛下仁育羣生。義征不憓。諸夏樂貢。百蠻執贄。德侔往初。功無與二。休烈浹洽。符
瑞衆變。期應紹至。不特創見。意者泰山梁父。設壇場望幸。蓋號以況榮。作望幸意妙上帝

垂恩儲祉。將以薦成。陛下謙讓而弗發也。挈三神之驩。缺王道之儀。羣生恧焉。或謂且天爲質闇。珍符固不可辭。若然辭之。是泰山靡記而梁父靡幾也。亦各並時而榮。咸濟世而屈。說者尙何稱於後。而云七十二君乎。又一反振應七十二君 夫修德以錫符。奉符以行事。不爲進越。故聖王弗替。而修禮地祇。謁款天神。勒功中嶽。以彰至尊。舒盛德。發榮號。受厚福。以浸黎民也。皇皇哉。斯事天下之壯觀。王者之丕業。不可貶也。願陛下全之。而後因雜薦紳先生之略術。使獲燿日月之末光絕炎。以展采錯事。猶兼正列其義。校飭厥文。作春秋一藝。將襲舊六爲七。攄之無窮。俾萬世得激淸流。揚微波。蜚英聲。騰茂實。前聖之所以永保鴻名而常爲稱首者用此。宜命掌故悉奏其義而覽焉。此段正言實序中多跌宕。轉折而絕無綜跡 於是天子沛然改容曰。愉乎。朕其試哉。乃遷思回慮。總公卿之議。詢封禪之事。詩大澤之博。廣符瑞之富。乃作頌曰。自我天覆。雲之油油。甘露時雨。厥壤可游。滋液滲漉。何生不育。嘉穀六穗。我穡曷蓄。一章言嘉禾 非唯雨之。又潤澤之。非唯濡之。氾尃濩之。萬物熙熙。懷而慕思。名山顯位。望君之來。君乎君乎。侯不邁哉。二章言望封禪 般般之獸。樂我君囿。白質黑章。其儀可嘉。旼旼睦睦。君子之能。蓋聞其聲。今觀其來。厥塗靡蹤。天瑞之徵。茲亦於舜。虞氏以興。[三章言騶虞]濯濯之麟。游彼靈時。孟冬十月。君徂郊祀。馳我君輿。帝以享祉。三代之前。蓋未嘗有。[四章言麟]宛宛黃龍。興德而升。采色炫燿。熿炳煇煌。正陽顯見。覺寤黎烝。於傳載之。云受命所乘。[五章言龍]厥之有章。不必諄諄。依類託寓。諭以封巒。[六章總結符瑞歸到封禪]披藝觀之。天人之際已交。上下相發。允答。聖王之德。兢兢翼翼也。故曰興必慮衰。安必思危。是以湯武至尊嚴。不失肅祗。舜在假典。顧省厥遺。此之謂也。[又散序一段歸到漢武兢兢翼翼不敢封禪蓋安不忘危退讓未遑也因以終篇]司馬相如既卒五歲。天子始祭后土。八年而遂先禮中嶽。封於泰山。至梁父禪肅然。一相如他所著。若遺平陵侯書。與五公子相難。草木書篇不采。采其尤著公卿者云。[通篇以文章貫故又虛序數篇作餘波]

太史公曰、春秋推見至隱。易本隱之以顯。大雅言王公大人。而德逮黎庶。小雅譏小己之得失。其流及上。所以言雖外殊。其合德一也。[相如賦家之流故推本于詩以深予之]相如雖多虛辭濫說。然其要歸引之節儉。此與詩之風諫何異。揚雄以爲靡麗之賦。勸百諷一。猶馳騁鄭衛之聲。曲終而奏雅。不已虧乎。余采其語可論者著于篇。[贊語是太史公筆力揚雄一段或班]

氏所筆或後人所摭存疑可也

長卿賦才一代巨麗所云綦組宮商包括總覽夫豈易及史公偏出一頭地成此大篇將其三賦一疏一檄兩書綱羅組織驅遣運旋眞所謂呑雲夢八九于胷中曾不芥蔕者也則長卿又在史公囿中矣〇子虛上林兩賦以侈麗勝告蜀一檄一書以層壘勝諫獵疏以格法勝哀二世賦以丰韻勝大人賦以瑰奇勝封禪書以古奧勝一篇一樣幾與史公匹敵故史公獨載其文連篇不厭也〇諸文賦俱侈麗濃郁累指其章法其用事處用字處用韻處具有音釋不及細注〇史公寫文君一段濃纖宛轉爲唐人傳奇小說之祖

淮南衡山例傳

淮南厲王長者、高祖少子也。一其母故趙王張敖美人。高祖八年、從東垣過趙。趙王獻之美人。厲王母得幸焉。有身。趙王敖弗敢內宮。爲築外宮而舍之。及貫高等謀反、栢人事發覺。幷逮治王。盡收捕王母兄弟美人。繫之河內。厲王母亦繫。告吏曰得幸上。有身。吏以聞上。上方怒趙王。未理厲王母。厲王母弟趙兼因辟陽侯言呂后。呂后妬。弗肯白。辟陽侯不彊爭。伏後案 及厲王母已生厲王。句恚。句卽自殺。吏奉厲王詣上。上悔。令呂后母之。而葬厲王母眞定。眞定。厲王母之家在焉。父世縣也。一結厲王母事 高祖十一年十月、淮南王黥布反。立子長爲淮南王。王黥布故地。凡四郡。上自將兵擊

滅布。厲王遂即位。━厲王早失母。常附呂后。孝惠呂后時。以故得幸無患害。而常心
怨辟陽侯。弗敢發。盧頓一筆前寫事勢後曲寫心事 及孝文帝初即位。淮南王自以爲最親。心怨自以爲者
曲寫心事妙 驕蹇。數不奉法。上以親故。常寬赦之。三年入朝。甚橫。從上入苑囿獵。與上同
車。常謂上大兄。━寫明驕橫之事 厲王有材力。力能扛鼎。欲入殺辟陽侯事先提明兩句 乃往請辟陽侯。辟
陽侯出見之。即自袖鐵椎。椎辟陽侯。令從者魏敬剄之。厲王乃馳走闕下。肉袒謝曰。
殺得勇轉得撻人是快人文是快文 臣母不當坐趙事。其時辟陽侯力能得之呂后。弗爭。罪一也。趙王
如意子母無罪。呂后殺之。辟陽侯弗爭。罪二也。呂后王諸呂。欲以危劉氏。辟陽侯弗
爭。罪三也。臣謹爲天下誅賊臣辟陽侯。報母之仇。詞亦硬綻恰如其人 謹伏闕下請罪。孝文傷
其志。爲親故。弗治。赦厲王。當是時。薄太后及太子諸大臣。皆憚厲王。厲王以此歸國
益驕恣。不用漢法。出入稱警蹕。稱制。自爲法令。擬於天子。━六年。令男子但等七十
人。與棘蒲侯柴武太子奇謀。以輂車四十乘反谷口。令人使閩越匈奴。事覺。治之。驕恣
不法及謀反事只略寫于奏牘中詳序 使使召淮南王。淮南王至長安。丞相臣張蒼。典客臣馮敬。行御
史大夫事宗正臣逸。廷尉臣賀。備盜賊中尉臣福。昧死言。淮南王長。廢先帝法。不聽

天子詔。居處無度。爲黃屋蓋乘輿。出入擬於天子。擅爲法令。不用漢法。及所置吏。以其郎中春爲丞相。聚收漢諸侯人及有罪亡者。匿與居。爲治家室。賜其財物爵祿田宅。爵或至關內侯。奉以二千石。所不當得。欲以有爲。一段是驕恣不用漢法欲以有爲是深文語大夫但。士伍開章等七十人。與棘蒲侯太子奇謀反。欲以危宗廟社稷。使開章陰告長。但使也觀下文報告可見與謀使閩越及匈奴發其兵。一段是謀反以下是謀反踪跡開章之淮南見長。長數與坐語飲食。爲家室娶婦。以二千石俸奉之。開章使人告但。已言之王。春使使報但等。吏覺知。使長安尉奇等往捕開章。長匿不與。與故中尉蕑忌謀。殺以閉口。爲棺槨衣衾。葬之肥陵邑。謾吏曰不知安在。又佯聚土樹表其上曰開章死埋此下。寫得奇恣如兒戲及長身自賊殺無罪者一人。令吏論殺無罪者六人。爲命棄市罪。詐捕命者以除罪。擅罪人。罪人無告劾。繫治城旦舂以上十四人。以上擅罪人赦免罪人死罪十八人。城旦舂以下五十八人。賜人爵關內侯以下九十四人。以上擅赦罪人擅爵人前日長病。陛下憂苦之。使使者賜書棗脯。長不欲受賜。不肯拜見使者。南海民處廬江界中者反。淮南吏卒擊之。陛下以淮南民貧苦。遣使者賜長帛五千匹。以賜吏卒勞苦者。長不欲受賜。謾言曰。無勞苦者。南海民王織上書。獻璧皇帝。忌擅燔其書。即前簡忌不以聞。吏請召治忌。
長不遺。謾言曰。忌病。春又請長願入見。長怒曰。女欲離我自附漢。又羅織三事俱深文長當棄
市。臣請論如法。先作一逼制曰。朕不忍致法于王。其與列侯二千石議。一臣蒼臣敬臣逸
臣福。臣賀昧死言。即前五人序用簡法臣謹與列侯吏二千石臣嬰等四十三人議。皆曰。長不
奉法度。不聽天子詔。乃陰聚徒黨及謀反者。厚養亡命。欲以有爲。臣等議論如法。又作
一逼制曰。朕不忍致法於王。其赦長死罪。廢勿王。一臣倉等昧死言。序法又簡長有大死罪。
陛下不忍致法。幸赦。廢勿王。臣請處蜀郡嚴道邛郵。遣其子母從居。縣爲築蓋家室。
皆廩食給薪菜鹽豉炊食器席蓐。臣等昧死請。請布告天下。三奏皆有古色吏牘罪案文筆之妙如此制
曰。計食長給肉日五斤。酒二斗。令故美人才人得幸者十人從居。他可。盡誅所與謀
者。一是酒肉帳卻寫得文雅如此於是乃遣淮南王。載以輜車。令縣以次傳。是時袁盎諫上曰。上
素驕淮南王。弗爲置嚴傅相。以故至此。且淮南王爲人剛。今暴摧折之。臣恐卒逢霧
露病死。陛下爲有殺弟之名。奈何。上曰。吾特苦之耳。今復之。縣傳淮南王者皆不敢
發車封。淮南王乃謂侍者曰。誰謂乃公勇者。吾安能勇。吾以驕故不聞吾過至此。應前

（驕恣即借淮南口中繳還）人生一世間安能邑邑如此乃不食死至雍雍令發封以死聞上哭甚悲謂袁盎曰吾不聽公言卒亡淮南王盎曰不可奈何願陛下自寬上曰爲之奈何盎曰獨斬丞相御史以謝天下乃可（與袁盎傳微不同寫袁絲苛惡故不于袁傳寫也而封淮南諸子語又不載）上卽令丞相御史遂考諸縣傳送淮南王不發封餽侍者皆棄市乃以列侯葬淮南王于雍守冢三十戶

孝文八年上憐淮南王淮南王有子四人皆七八歲乃封子安爲阜陵侯子勃爲安陽侯子賜爲周陽侯子良爲東成侯（先封侯作頓）

孝文十二年民有作歌歌淮南厲王曰一尺布尙可縫一斗粟尙可舂兄弟二人不能相容上聞之乃歎曰堯舜放逐骨肉周公殺管蔡天下稱聖何者不以私害公天下豈以我爲貪淮南王地邪乃徙城陽王王淮南故地而追尊諡淮南王爲厲王置園復如諸侯儀

孝文十六年徙淮南王喜復故城陽上憐淮南厲王廢法不軌自使失國蚤死乃立其三子阜陵侯安爲淮南王安陽侯勃爲衡山王周陽侯賜爲廬江王皆復得厲王時地參分之東城侯良前薨無後也（四子三封又找一筆一絲不漏）

孝景三年吳楚七國反吳使者至淮南淮南王欲發兵應之其相曰大王必欲發兵應吳臣願爲將王乃屬相兵淮

南相已將兵因城守不聽王而爲漢漢亦使曲成侯將兵救淮南淮南以故得完吳
使者至廬江廬江王弗應而往來使越吳使者至衡山衡山王堅守無二心一序小三段
應前三段孝景四年吳楚已破衡山王朝上以爲貞信乃勞苦之曰南方卑溼徙衡山王
王濟北所以褒之及薨遂賜諡爲貞王一廬江王邊越數使使相交故徙爲衡山王
王江北一淮南王如故前淮南王一傳分而爲淮南衡山廬江三王三段此又總序三王一段卽淮南如故一句帶下入淮南王安傳與後衡山
傳分對章法楚楚淮南王安爲人好讀書鼓琴不喜弋獵狗馬馳騁亦欲以行陰德拊循百
姓流譽天下時時怨望厲王死時欲畔逆未有因也一亦欲時欲下心怪心以爲等字一篇皆曲曲寫淮南心事
一味狐疑多變以至于亡及建元二年淮南王入朝素善武安侯武安侯時爲太尉乃逆王霸上
與王語曰方今上無太子大王親高皇帝孫行仁義天下莫不聞卽宮車一日晏駕
非大王當誰立者淮南王大喜厚遺武安侯金財物陰結賓客拊循百姓爲畔逆事
一先伏畔心是虛寫建元六年彗星見淮南王心怪之或說王曰先吳軍起時彗星出長數
尺然尙流血千里今彗星長竟天天下兵當大起王心以爲上無太子天下有變諸
侯並爭愈益治器械攻戰具積金錢賂遺郡國諸侯游士奇材諸辯士爲方略者妄

作妖言諂諛王。王喜。多賜金錢。而謀反滋甚。一即承上賂遺結客事上猶隱此則漸張上猶小此則漸大逐步而進淮南王有女陵。彗。有口辯。王愛陵。常多予金錢。為中詗長安。約結上左右。一元朔三年上賜淮南王几杖。不朝。淮南王王后荼。王愛幸之。王后生太子遷。遷取王皇太后外孫脩成君女為妃。一轉 王謀為反具。畏太子妃知而內泄事。二轉 乃與太子謀。令詐弗愛。三月不同席。三轉 王乃詳為怒太子。閉太子使與妃同內三月。四轉 太子終不近妃。妃求去。王乃上書謝歸去之。寫家室中瑣事文雅曲盡 王后荼太子遷及女陵得愛幸。王擅國權。侵奪民田宅。妄致繫人。一總承結上一女一子一后禍端皆從骨肉不和而起履霜堅冰正寫其漸 元朔五年、太子學用劍。自以為人莫及。聞郎中雷被巧。乃召與戲。被一再辭讓。誤中太子。太子怒。被恐。一節 此時有欲從軍者。輒詣京師。被即願奮擊匈奴。太子遷數惡被於王。王使郎中令斥免。欲以禁後。兩節 被遂亡至長安。上書自明。詔下其事廷尉河南。三節 河南治逮淮南太子。四節 王王后計欲無遣太子。遂發兵反。計猶豫、十餘日未定。五節 會有詔即訊太子。六節 當是時淮南相怒壽春丞留太子逮不遣。劾不敬。王以請相。相弗聽。七節 王使人上書告相。事下廷尉治。蹤跡連王。八節 王使人候伺漢公卿。公卿請逮捕治王。九節 王恐事發。以上九節

（凡雷被上書欲發兵詔訊相怒劾告相候伺請逮許多事一齊猝發。數行中無不曲盡。筆力收束之妙。）太子遷謀曰。漢使卽逮王。王令人衣衞士衣。持戟居庭中。王旁有非是。則刺殺之。臣亦使人刺殺淮南中尉。乃舉兵未晚。—（急謀亦寫得簡勁曲折○前一路寫來事一湊。情極謀定計成。其發必矣。下又頓住）是時。上不許公卿請。而遣漢中尉宏卽訊驗王。王聞漢使來。卽如太子謀計。（虛應）漢中尉至。王視其顏色和。訊王以斥雷被事耳。王自度無何。不發。（淮南謀反情事所逼。勢且猝發矣。忽而潛消。既潛消矣。忽而又起。凡作數番寫。章法結構之妙）中尉還以聞。公卿治者曰。淮南王安擁閼奮擊匈奴者雷被等。廢格明詔。當棄市。詔弗許。（一頓）公卿請廢勿王。詔弗許。（二頓）公卿請削五縣。詔削二縣。使中尉宏赦淮南王罪。罰以削地。中尉入淮南界。宣言赦王。王初聞漢公卿請誅之。未知得削地。聞漢使來。恐其捕之。（一邊所宜是赦。一邊所聞是誅。當日情事爾爾）乃與太子謀刺之。如前計。（又虛應前計。勢且發矣。下頓住）及中尉至。卽賀王。王以故不發。（又忽潛消。是第二層）其後自傷曰。吾行仁義見削。甚恥之。（初恐誅。後幸免。事過又自傷。寫王安不定心事如見）然淮南王削地之後。其爲反謀益甚。—（反謀又迤邐而起）諸使道從長安來。爲妄妖言。言上無男。漢不治。卽喜。卽言漢廷治。有男。王怒以爲妄言。非也。—（又虛寫一段。神情俱動）王日夜與伍被左吳等。案輿地圖。部署兵所從入。（先虛寫。與同）王曰。上無太子。宮車卽晏駕。廷臣必徵膠東王。不即常山王。諸侯並爭。吾可以無備乎。且吾高祖孫。親行仁義。陛下遇我厚。吾能忍之。萬世之後。吾寧能北面臣事豎子乎。一又虛寫王安心上事再四思量決忍不住勢又將發矣王坐東宮。召伍被與謀。曰。將軍上。前虛寫王安心事此乃突出一句正是以前心中算定擬定故不覺口中脫出也被悵然曰。上寬赦大王。王復安得此亡國之語乎。臣聞子胥諫吳王。吳王不用。乃曰臣今見麋鹿游姑蘇之臺也。今臣亦見宮中生荊棘。露沾衣也。久已算定之事忽爲伍被一掃就勢作一頓王怒。繫伍被父母。囚之三月。復召曰。將軍許寡人乎。住而復起被曰。不。直來爲大王畫耳。臣聞聰者聽於無聲。明者見於未形。故聖人萬舉萬全。昔文王一動而功顯於千世。列爲三代。此所謂因天心以動作者也。故海內不期而隨。此千歲之可見者。夫百年之秦。近世之吳楚。先雙提秦與吳楚下兩應亦足以喻國家之存亡矣。臣不敢避子胥之誅。願大王毋爲吳王之聽。前引子胥一小段此引秦始一小段對作章法先以此二句承上起下昔秦絕先王之道。殺術士。燔詩書。棄禮義。尚詐力。任刑罰。轉負海之粟。致之西河。當是之時。男子疾耕不足於糟糠。女子紡績不足於蓋形。遣蒙恬築長城。東西數千里。暴兵露師常數十萬。死者不可勝數。僵尸千里。流血頃畝。百姓力竭。欲爲亂者。十家而五。又使徐福入海求神異物。還。

爲僞辭曰。臣見海中大神。言曰。汝西皇之使邪。臣答曰。然。汝何求。曰。願請延年益壽藥。神曰。汝秦王之禮薄。得觀而不得取。卽從臣東南至蓬萊山。見芝成宮闕。有使者銅色而龍形。光上照天。（奇語補封禪書之未備）於是臣再拜問曰。宜何資以獻。海神曰。以令名男子若振女與百工之事。卽得之矣。秦皇帝大說。遣振男女三千人。資之五穀種種百工而行。徐福得平原廣澤。止王不來。於是百姓悲痛相思。欲爲亂者十家而六。又使尉佗踰五嶺。攻百越。尉佗知中國勞極。止王不來。（兩止王不來借徐福尉佗以喩淮南）使人上書求女無夫家者三萬人。以爲士卒衣補。秦皇帝可其萬五千人。於是百姓離心瓦解。欲爲亂者十家而七。（十家而五而六而七七文字借此助色）客謂高皇帝曰。時可矣。高皇帝曰。待之。聖人當起東南間。不一年。陳勝吳廣發矣。高皇始于豐沛。一倡天下不期而響應者。不可勝數也。此所謂蹈瑕候閒。因秦之亡而動者也。百姓願之。若旱之望雨。故起於行陳之中而立爲天子。功高三王。德傳無窮。（正要緊時忽撰出一篇閒文然語奇調匀姿致濃郁不嫌其長）今大王見高皇帝得天下之易也。獨不觀近世之吳楚乎。（前段太長忽一句折轉呼應入吳楚事）夫吳王賜號爲劉氏祭酒。復不朝。王四郡之衆。地方數千里。內鑄消銅以爲錢。東煮海水以爲鹽。上取江陵木以爲船一船之載當中國數十兩車國富民衆行珠玉金帛賂諸侯宗室大臣獨竇氏不與計定謀成舉兵而西破於大梁敗於狐父奔走而東至于丹徒越人禽之身死絕祀爲天下笑夫以吳越之衆不能成功者何誠逆天道而不知時也言利害明斷前用敷衍此用緊接兩句急折轉十分萬倍相配著色方今大王之兵衆不能十分吳楚之一天下安寧有萬倍於吳楚之時願大王從臣之計大王不從臣之計今見大王事必不成而語先泄也臣聞微子過故國而悲於是作麥秀之歌是痛紂之不用王子比干也故孟子曰紂貴爲天子死曾不若匹夫是紂先自絕於天下久矣非死之日而天下去之今臣亦竊悲大王棄千乘之君必且賜絕命之書爲羣臣先死於東宮也前兩段不過說事明斷此又作一段急切語使人不得不動妙於是王氣怨結而不揚涕滿匡而橫流即起歷階而去多時算就忽被伍被一番剴切忽又潛消是第三層王氣結三句不是怨艾不是感動直是時勢如此計畫空施不覺垂首喪氣悲來塡膺耳何入情至此耶王有孼子不害最長王弗愛王王后太子皆不以爲子兄數一層不害有子建材高有氣常怨望太子不省其父二層又怨時諸侯皆得分子弟爲侯而淮南獨二子一爲太子建父獨不得爲侯三層建陰結交欲告敗太子以其父代之四層太子知之數捕繫而榜笞建五層建

具知太子之謀。欲殺漢中尉。（六層）卽使所善壽舂莊正。以元朔六年。上書於天子曰。毒藥苦於口。利於病。忠言逆於耳。利於行。今淮南王孫建。材能高。淮南王王。后荼。荼子太子遷。常疾害建。建父不害。無罪。擅數捕繫。欲殺之。今建在。可徵問。具知淮南陰事。書聞。（反謀已息忽又節外生枝曲曲而起）上以其事下廷尉。廷尉下河南治。是時故辟陽侯孫審卿。善丞相公孫弘。怨淮南厲王殺其大父。（忽應前事）乃深購淮南事於弘。弘乃疑淮南有畔逆計謀。深窮治其獄。河南治建。辭引淮南太子及黨與。—（淮南寢謀漢廷起釁事會所際不知其然天下事眞有如此者可爲一歎）淮南王患之。欲發。問伍被曰。漢廷治亂。伍被曰。天下治。王意不說。（前後對語太長故中用簡法一間）謂伍被曰。公何以言天下治也。被曰。被竊觀朝廷之政。君臣之義。父子之親。夫婦之別。長幼之序。皆得其理。上之舉錯。遵古之道。風俗紀綱。未有所缺也。重裝富賈。周流天下。道無不通。故交易之道行。南越賓服。羌僰入獻。東甌入降。廣長榆。開朔方。匈奴折翅傷翼。失援不振。（句法三變）雖未及古太平之時。然猶爲治也。王怒。被謝死罪。（又作一頓）王又謂被曰。山東卽有兵。漢必使大將軍將而制山東。公以爲大將軍何如人也。被曰。被所善者黃義。從大將軍擊匈奴。還告被曰。大將軍遇士大夫有禮。於士卒有恩。衆皆樂爲之用。騎上下山若蜚。材幹絕人。被以爲材能如此。數將習兵。未易當也。及謁者曹梁使長安來。言大將軍號令明。當敵勇敢。常爲士卒先。休舍。穿井未通。須士卒盡得水。乃敢飲。軍罷。卒盡已渡河。乃渡。皇太后所賜金帛。盡以賜軍吏。雖古名將弗過也。大將軍事止是一樣偏借兩人作兩層寫章法出色王默然。淮南王見建已徵治。恐國陰事且覺。欲發。被又以爲難。正匆匆中又作一頓妙乃復問被曰。公以爲吳興兵是邪非也。被曰。以爲非也。吳王至富貴也。舉事不當。身死丹徒。頭足異處。子孫無遺類。臣聞吳王悔之甚。願王熟慮之。無爲吳王之所悔。國策調好王曰。男子之所死者一言耳。且吳何知反。漢將一日過成皋者四十餘人。三句硬綻精采下二句是倒句法今我令樓緩先要成皋之口。周被下潁川兵。塞轘轅伊闕之道。陳定發南陽兵守武關。此是實計下是虛說河南太守獨有雒陽耳。何足憂。三路斷道止有雒陽故不足憂也然此北尚有臨晉關河東上黨與河內趙國。人言曰。絕成皋之口。天下不通。人言兩句頂上蓋絕成皋則天下不通雖臨晉河東上黨河內趙國亦不足憂也據三川之險。招山東之兵。舉事如此。公以爲何如。四句一連承上總結被曰。臣見其禍。未見其福也。王曰。左吳趙賢朱驕如皆以爲有福。什事九成。公獨以爲有禍無福。何也。被曰。大王之羣臣近幸素能使衆者皆前繫詔獄餘無可用者（又一折頓）王曰陳勝吳廣無立錐之地千人之聚起于大澤奮臂大呼而天下響應西至于戲而兵百二十萬今吾國雖小然而勝兵者可得十餘萬非直適戍之衆鐖鑿棘矜也公何以言有禍無福被曰往者秦爲無道殘賊天下興萬乘之駕作阿房之宮收大半之賦發閭左之戍父不寧子兄不便弟政苛刑峻天下熬然若焦民皆引領而望傾耳而聽悲號仰天叩心而怨上（八句句法聽俊）故陳勝大呼天下響應（說秦事前以從容故詳盡此以匆匆故簡節）當今陛下臨制天下一齊海內汎愛蒸庶布德施惠口雖未言聲疾雷霆令雖未出化馳如神心有所懷威動萬里下之應上猶影響也（是淮南子文法）而大將軍材能不特章邯楊熊也大王以陳勝吳廣諭之被以爲過矣王曰苟如公言不可徼幸邪被曰被有愚計（多少反覆至此入題）王曰奈何被曰當今諸侯無異心百姓無怨氣朔方之郡田地廣水草美民徙者不足以實其地臣之愚計可僞爲丞相御史請書徙郡國豪傑任俠及有耐罪以上赦令除其罪家產五十萬以上者皆徙其家屬朔方之郡益發甲卒急其會日（一動百姓）又僞爲左右都司空上林中都官詔獄逮書以逮諸侯太子幸臣（一動諸侯）如此則民怨諸侯懼（雙承）卽使辨武隨而

說之。儻可徼幸什得一乎。什得一應什事九成王曰此可也。雖然吾以爲不至若此。可也然其計不至若此答其什得一也口吻如見於是王乃令官奴入宮作皇帝璽丞相御史大將軍軍吏中二千石都官令丞印及旁近郡太守都尉印漢使節法冠。欲如伍被計。結上伍被計使人僞得罪而西事大將軍丞相。一日發兵使人卽刺殺大將軍靑。應大將材武一段而說丞相下之如發蒙耳。而字帶下說得公孫弘有如無物王欲發國中兵。恐其相二千石不聽。王乃與伍被謀先殺相二千石。僞失火宮中。相二千石救火至卽殺之。計未決。又欲令人衣求盜衣持羽檄從東方來呼曰南越兵入界。欲因以發兵。乃使人至廬江會稽爲求盜。未發。左不是右不是寫王安狐疑心事王問伍被曰吾舉兵西鄉。諸侯必有應我者。卽無應奈何。被曰南收衡山以擊廬江。有尋陽之船。守下雉之城。結九江之浦。絕豫章之口。彊弩臨江而守。以禁南郡之下。東收江都會稽。南通勁越。屈彊江淮閒。猶可得延歲月之壽。王曰善。無以易此。急則走越耳。先辨走計節節寫其狐疑於是廷尉以王孫建辭連淮南王太子遷聞。間接中一段伍被之謀是建上書以後廷尉請逮以前事夾序于中上遣廷尉監因拜淮南中尉逮捕太子。至淮南淮南王聞與太子謀。召相二千石。欲殺而發兵。逮者已至勢不得不發矣召相。相至內史以出爲解中尉曰臣受詔使不得見王王念獨殺相而內史中尉不來無益也卽罷相王猶豫計未決處處寫王安狐疑以至于亡太子念所坐者謀刺漢中尉所與謀者已死以爲口絕乃謂王曰羣臣可用者皆前繫今無足與舉事者王以非時發恐無功臣願會逮王亦偸欲休忽寫得烈烈轟轟刻謀定約忽寫得猶豫未決偸欲休王安妄人一錢不値卽許太子太子卽自剄不殊伍被自詣吏因告與淮南王謀反反蹤跡具如此明知其不可而不得不謀既謀而又不復用一團鬱結無可奈何而出於告告而又復不免士生此時可云不幸矣吏因捕太子王后圍王宮盡求捕王所與謀反賓客在國中者索得反具以聞上下公卿治所連引與淮南王謀反列侯二千石豪傑數千人皆以罪輕重受誅衡山王賜淮南王弟也當坐收有司請逮捕衡山王天子曰諸侯各以其國爲本不當相坐與諸侯王列侯會肄丞相諸侯議趙王彭祖列侯臣讓等四十三人議皆曰淮南王安甚大逆無道謀反明白當伏誅膠西王臣端議曰淮南王安廢法行邪懷詐僞心以亂天下熒惑百姓倍畔宗廟妄作妖言春秋曰臣無將將而誅安罪重於將謀反形已定臣端所見其書節印圖及他逆無道事驗明白甚大逆無道當伏其法而論國吏二百石以上及比者宗室近幸臣不在法中者不能相教當皆

免官削爵爲士伍毋得宦爲吏其非吏他贖死金二斤八兩以章臣安之罪使天下明知臣子之道毋敢復有邪僻倍畔之意丞相弘廷尉湯等以聞天子使宗正以符節治王未至淮南王安自剄殺王后荼太子遷諸所與謀反者皆族【完淮南事】天子以伍被雅辭多引漢之美欲勿誅廷尉湯曰被首爲王畫反謀被罪無赦遂誅被【并完伍被事】國除爲九江郡

衡山王賜王后乘舒生子三人長男爽爲太子次男孝次女無采又姬徐來生子男女四人美人厥姬生子二人【先提序明白爲一篇之綱】衡山王淮南王兄弟相責望禮節間不相能衡山王聞淮南王作爲畔逆反具亦心結賓客以應之恐爲所并【先提明應前伍被云南收衡山也】元光六年衡山王入朝其謁者衞慶有方術欲上書事天子王怒故劾慶死罪彊榜服之衡山內史以爲非是卻其獄王使人上書告內史內史治言王不直王又數侵奪人田壞人冢以爲田有司請逮治衡山王天子不許爲置吏二百石以上衡山王以此恚與奚慈張廣昌謀求能爲兵法候星氣者日夜從容王密謀反事【先開其端】王后乘舒死立徐來爲王后厥姬俱幸兩人相妬厥姬乃惡王后徐來於太子曰徐來使婢蠱道殺太子母【一節】太子心怨徐來徐來兄至衡山太

子與飲。以刃刺傷王后兄。王后怨怒。數毀惡太子於王。二節 太子女弟無采。嫁棄歸。與奴奸。又與客奸。太子數讓無采。無采怒。不與太子通。三節 王后聞之。卽善遇無采。四節 無采及中兄孝少失母。附王后。王后以計愛之。與共毀太子。王以故數擊笞太子。五節 元朔四年中。人有賊傷王后假母者。王疑太子使人傷之。笞太子。六節 後王病。太子時稱病不侍。孝王后無采惡太子。太子實不病。自言病。有喜色。王大怒。欲廢太子。立其弟孝。七節 王后知王決廢太子。又欲幷廢孝。王后有侍者善舞。王幸之。王后欲令侍者與孝亂。以汙之。欲幷廢兄弟而立其子廣代太子。八節 太子爽知之。念后數惡己無已時。欲與亂。以止其口。王后飲太子前爲壽。因據王后股。求與王后臥。王后怒。以告王。九節 王乃召欲縛而笞之。太子知王常欲廢己立其弟孝。乃謂王曰。孝與王御者奸。無采與奴奸。王彊食。請上書。卽倍王去。王使人止之。莫能禁。乃自駕追捕太子。太子妄惡言。王械繫太子宮中。十節 孝日益親幸。王奇孝材能。乃佩之王印。號曰將軍。令居外宅。多給金錢。招致賓客。賓客來者。微知淮南衡山有逆計。日夜從容勸之。十一節 曲曲寫家庭嫌釁層疊詳盡不嫌瑣褻 王乃使孝客江都人救赫陳喜作輣車鏃矢。刻天子璽。將相軍吏印。王日夜求壯士如周丘等數稱引吳楚反時計畫以約束衡山王非敢效淮南王求卽天下位畏淮南起幷其國以爲淮南已西發兵定江淮之間而有之望如是又虛寫一段與前對照前恐爲所併此則欲併淮南進一層元朔五年秋衡山王當朝六年過淮南淮南王乃昆弟語除前郤約束反具衡山王卽上書謝病上賜書不朝忽又與淮南合元朔六年中衡山使人上書請廢太子爽立孝爲太子爽聞卽使所善白嬴之長安上書言孝作輣車鏃矢與王御者奸欲以敗孝白嬴至長安未及上書吏捕嬴以淮南事繫王聞爽使白嬴上書恐言國陰事卽上書反告太子爽所爲不道棄市罪事事下沛郡治元朔七年冬有司公卿下沛郡求捕所與淮南謀反者未得得陳喜於衡山王子孝家吏劾孝首匿喜衡山白嬴以淮南事繫淮南陳喜在衡山孝家足見淮南衡山除郤相合孝以爲陳喜雅數與王計謀反恐其發之一層聞律先自告除其罪二層又疑太子使白嬴上書發其事卽先自告三層寫孝之心事層層洗出告所與謀反者救赫陳喜等廷尉治驗公卿請逮捕衡山王治之天子曰勿捕遣中尉安大行息卽問王王具以情實對吏皆圍王宮而守之中尉大行還以聞公卿請遣宗正大行與沛郡雜治王王聞卽自剄殺孝先自告反除其罪坐與王御婢奸

中華書局印行

棄市。王后徐來亦坐蠱殺前王后乘舒。及太子爽坐告王不孝。皆棄市。諸與衡山王謀反者皆族。國除爲衡山郡。

太史公曰、詩之所謂戎狄是膺。荆舒是懲。信哉是言也。淮南衡山。親爲骨肉。疆土千里。列爲諸侯。不務遵蕃臣職。以承輔天子。而專挾邪僻之計。謀爲畔逆。仍父子再亡國。各不終其身。爲天下笑。此非獨王過也。（爲二王出脫）亦其俗薄。臣下漸靡使然也。夫荆楚僄勇輕悍。好作亂。乃自古記之矣。（贊語反借詩詞以淮南衡山地方立論創格）

（一傳三人是三樣寫法淮南厲王是一味剛狠倔強淮南王安是一味孤疑寫猶豫衡山王賜是一味鶻突顛倒遂皆以殺身亡國○淮南厲王剛狠倔強處寫其椎殺辟陽侯不用漢法出入驕恣賊殺不辜梟凌如見而中間以奏詞獄詞簡質古勁勝○淮南王安狐疑猶豫處只在心上寫故用欲字畏字恐字念字亦欲時欲偸欲計欲心怪心以爲自傷恥之及未決未發等字模擬絕背忽而如火忽而如水眞堪一笑而中與伍被反覆行文頓折極妙此爲最勝○衡山王賜鶻突顛倒處寫其忽與淮南搆郤忽與淮南連和家庭之中節節搆釁絕無斷制而身亦隨波逐流爲天下笑文字遒緊簡括）

循吏列傳

太史公曰、法令所以導民也。刑罰所以禁姦也。文武不備。良民懼。（文法令也武刑罰也承上兩句雙起）（下乃仄入）然身修者官未曾亂也。奉職循理。亦可以爲治。（法令也）何必威嚴哉。（威嚴刑罰也數語中多少）

波折咏歎

孫叔敖者、楚之處士也。虞丘相進之於楚莊王。以自代也。孫叔敖爲相以前事作現成說另一文法三月、爲楚相施教導民。上下和合世俗盛美。政緩禁止吏無奸邪盜賊不起。秋冬則勸民山採春夏以水。句法奇妙各得其所便。民皆樂其生。—數語總敘莊王以爲幣輕。更以小爲大。百姓不便皆去其業。市令言之相曰。市亂民莫安其處次行不定。相曰如此幾何頃乎。市令曰三月頃。相曰罷。吾今令之復矣。處得淡妙後五日。朝言之王曰。前日更幣以爲輕。今市令來言曰市亂民莫安其處次行之不定。臣請遂令復如故。王許之。說得亦淡正見識度優容處是循吏也下令三日而市復如故。—楚民俗好庳車。王以爲庳車不便馬。欲下令使高之。相曰。令數下民不知所從不可。寫循吏純是黃老清淨學問爲循吏寫神王必欲高車。臣請教閭里使高其梱。乘車者皆君子。君子不能數下車。竟不說盡意度如生王許之。居半歲民悉自高其車。—此不教而民從其化。近者視而效之。遠者四面望而法之。故三得相而不喜。知其材自得之也。三去相而不悔。知非己之罪也。—忽作數語論斷仕另爲出色子產者、鄭之列大夫也。鄭昭君之時。以所愛徐摯爲相。國亂。上下不親。父子不和。大宮子期言之君以子產爲相。爲相一年。豎子不戲狎。斑白不提挈。僮子不犁畔。二年。市不豫賈。三年。門不夜關。道不拾遺。四年。田器不歸。五年。士無尺籍。喪期不令而治。治鄭二十六年而死。丁壯號哭。老人兒啼。曰子產去我死乎。民將安歸。— 寫子產只序其年譜序其功效其爲政處一字不實

寫而以歌謠結得其全神更勝一倍 公儀休者、魯博士也。以高第爲魯相。奉法循理。無所變更。百官自正。使食祿者不得與下民爭利。受大者不得取小。— 亦空寫 客有遺相魚者。相不受。客曰。聞君嗜魚。遺君魚。何故不受也。相曰。以嗜魚。故不受也。今爲相。能自給魚。今受魚而免。誰復給我魚者。— 七句中六魚字但見其錯落不見其煩瑣 吾故不受也。— 食茹而美。拔其園葵而棄之。見其家織布好。而疾出其家婦。燔其機。云欲令農士工女安所讎其貨乎。— 公儀休亦從其閒處寫

石奢者、楚昭王相也。堅直廉正。無所阿避。— 先爲追父伏一筆 行縣。道有殺人者。相追之。乃其父也。縱其父而還自繫焉。使人言之王曰。殺人者臣之父也。夫以父立政。不孝也。廢法縱罪。非忠也。臣罪當死。王曰。追而不及。不當伏罪。子其治事矣。石奢曰。不私其父。非孝子也。不奉主法。非忠臣也。王赦其罪。上惠也。伏誅而死。臣職也。四也字作兩樣寫 遂不受令。自刎而死。— 李離者、晉文公之理也。過聽殺人。自拘當死。文公曰。

官有貴賤。罰有輕重。下吏有過。非子之罪也。李離曰。臣居官爲長。不與吏讓位。受祿爲多。不與下分利。今過聽殺人。傳其罪下吏。非所聞也。辭不受令。文公曰。子則自以爲有罪。寡人亦有罪邪。李離曰。理有法。失刑則刑。失死則死。句法公以臣能聽微決疑。故使爲理。今過聽殺人。罪當死。遂不受令。伏劍而死。寫石奢李離亦摭其一閒事若與循吏無涉實是循吏一片純摯至心

太史公曰、孫叔敖出一言。郢市復。子產病死。鄭民號哭。公儀子見好布而家婦逐。石奢縱父而死。楚昭名立。李離過殺而伏劍。晉文以正國法。贊用韻語

所列五人傳循吏耳而其政績事實一槩略開有空序者有序其逸事者止寫性情氣度而循吏一片惻怛全副精神於中現出與隨行數墨者相去萬萬是史記中一篇極脫胎文字○此當與酷吏傳參看其得其失可以瞭然然酷吏十數無非漢人而循吏寥寥反欲借才異代史公於此其有慨世之心乎

汲鄭列傳

汲黯、字長孺。濮陽人也。其先有寵于古之衛君。至黯七世。世爲卿大夫。一世系略點黯以父任。孝景時爲太子洗馬。以莊見憚。一提一句主孝景帝崩。太子卽位。黯爲謁者。東越相攻。上使黯往視之。不至。至吳而還。報曰。越人相攻。固其俗然。不足以辱天子之使。一

河內失火。延燒千餘家。上使黯往視之。還報曰。家人失火。屋比延燒。不足憂也。臣過河南。河南貧人傷水旱萬餘家。或父子相食。臣謹以便宜持節發河南倉粟以振貧民。臣請歸節。伏矯制之罪。上賢而釋之。一兩視之兩還報作兩對寫而後層更進 遷爲滎陽令。黯恥爲令。病歸田里。一令何足恥正見戇直高風 上聞。乃召拜爲中大夫。以數切諫。不得久留內。遷爲東海太守。一黯學黃老之言。治官理民。好清靜。擇丞史而任之。其治責大指而已。不苛小。黯多病。臥閨閤內不出。歲餘。東海大治。稱之。一上聞。召以爲主爵都尉。列于九卿。治務在無爲而已。弘大體。不拘文法。一寫汲黯只在大處虛寫而其人已見兩而已不苛小不拘文法作兩層對寫而後層更進 黯爲人性倨。少禮。面折。不能容人之過。合己者善待之。不合己者不能忍見。士亦以此不附焉。然好學。遊俠。任氣節。內行修絜。好直諫。數犯主之顏色。常慕傅柏袁盎之爲人也。又從其爲人再虛寫一段只籠統寫大意妙 一善灌夫鄭當時及宗正劉棄。後有武安侯大將軍故先出灌夫鄭當時劉棄作引 亦以數直諫。不得久居位。一中間虛序一段與切諫不得久留內前後對鎖作章法 當是時。太后弟武安侯蚡爲丞相。中二千石來拜謁。蚡不爲禮。然黯見蚡。未嘗拜。常揖之。一借一田蚡以形容之○先抗丞相 天子方招文學儒者。上曰。吾欲云云。黯對曰。陛下內多欲而外施仁義。奈何欲效唐虞之治乎。上默然怒變色而罷朝。（後抗天子總是形容其戇直）公卿皆爲黯懼。上退謂左右曰。甚矣汲黯之戇也。羣臣或數黯。黯曰天子置公卿輔弼之臣。寧令從諛承意陷主于不義乎。且已在其位。縱愛身奈辱朝廷何。（汲黯之品從汲黯口中寫出）黯多病。病且滿三月。上常賜告者數。終不愈。最後病。莊助爲請告。上曰汲黯何如人哉。助曰使黯任職居官。無以踰人。然至其輔少主守城深堅。（守城作借喩解是漢書作成四字不連）招之不來。麾之不去。雖自謂賁育亦不能奪之矣。上曰然。古有社稷之臣。至如黯近之矣。（汲黯之品又借莊助與武帝口中寫出）大將軍青侍中。上踞厠而視之。丞相弘燕見。上或時不冠。至如黯見。上不冠不見也。（又借大將軍丞相弘以形容之）上嘗坐武帳中。黯前奏事。上不冠。望見黯。避帳中。使人可其奏。其見敬禮如此。（又卽不冠不見上再舉其事以實之作兩層寫使俗手爲之必先寫武帳事後足一句云上不冠不見矣）張湯方以更定律令爲廷尉。黯數質責湯于上前。曰公爲正卿。上不能褒先帝之功業。下不能抑天下之邪心。安國富民。使囹圄空虛。二者無一焉。非苦就行。放析就功。何乃取高皇帝約束紛更之爲。公以此無種矣。（又借張湯以形容之）黯時與湯論議。湯辯常在文深小苛。黯伉厲守高不能屈。忿發罵曰。天下謂刀筆吏不可以爲公卿。果然。必湯也。令天下重足而立。側目而視矣。一（就張湯事再足一段作兩層寫與武帳事一樣筆法）是時漢方征匈奴。招懷四夷。黯務少事。承上間。常言與胡和親。無起兵。上方向儒術。尊公孫弘。及事益多。吏民巧弄。上分別文法。湯等數奏決讞以幸。而黯常毀儒。面觸弘等。徒懷詐飾智。以阿人主取容。而刀筆吏專深文巧詆。陷人於罪。使不得反其眞。以勝爲功。上愈益貴弘湯。弘湯深心疾黯。唯天子亦不悅也。欲誅之以事。一（一路序事忽夾插議論一段是表揚汲黯處而已將大將軍。丞相。張湯。與抗武帝事。一齊收束作一結下又徐徐而起章法之妙忽以誅之句住令人爲長孺着急）○弘爲丞相。乃上言曰。右內史界部中多貴人宗室。難治。非素重臣不能任。請徙黯爲右內史。爲右內史數歲。官事不廢。一（所謂欲誅之以事也而官事不廢所以深表汲黯。）大將軍青既益尊。姊爲皇后。然黯與亢禮。人或說黯曰。自天子欲羣臣下大將軍。大將軍尊重益貴。君不可以不拜。黯曰。夫以大將軍有揖客。反不重耶。大將軍聞。愈賢黯。數請問國家朝廷所疑。遇黯過于平生。一（非贊大將軍正借大將軍形容汲黯也以見汲黯能傾倒大將軍如此與前武安事對。）淮南王謀反。憚黯。曰。好直諫。守節死義。難惑以非。至如說丞相弘。如發蒙振落耳。一（又借淮南王以形容之。）天子既數征匈奴有功。黯之言益不用。始黯列爲九卿。而公孫弘張湯爲小吏。及弘湯稍益貴。與黯同位。黯又非毀弘湯等。已而弘至丞相封爲侯。湯至御史大夫。故黯時丞相史皆與黯同列。或尊用過之。黯褊心。不能無少望。又散序一段又將公孫弘張湯提序一遍見上。前言曰。陛下用羣臣。如積薪耳。後來者居上。上默然有間。又觸武帝黯罷。上曰。人果不可以無學。觀黯之言也日益甚。一不學字與毀儒字應然極得汲黯神情

居無何。匈奴渾邪王率衆來降。漢發車二萬乘。縣官無錢。從民貰馬。民或匿馬。馬不具。上怒。欲斬長安令。黯曰。長安令無罪。獨斬黯。民乃肯出馬。爲右內史故也且匈奴畔其主而降漢。漢徐以縣次傳之。何至令天下騷動。罷弊中國。而以事夷狄之人乎。上默然。一渾邪事亦作兩層寫先出一小段引起。

及渾邪至。賈人與市者。坐當死者五百餘人。黯請間。見高門。曰。夫匈奴攻當路塞。絕和親。中國興兵誅之。死傷者不可勝計。而費以巨萬百數。臣愚以爲陛下得胡人。皆以爲奴婢。以賜從軍死事者家。所鹵獲。因予之。以謝天下之苦。塞百姓之心。一折○提得明說得快今縱不能。渾邪率數萬之衆來降。虛府庫賞賜。發良民侍養。譬若奉驕子。二折愚民安知市買長安中物。而文吏繩以爲闌出財物于邊關乎。三折陛下縱不能得匈奴之資以謝天下。又以微文殺無知者五百餘人。是所謂庇其葉而傷其枝者也。臣竊爲陛下不取也。一篇文字俱用短節簡調勝此獨用氣勢語兩山環匝中有平原令心目一豁上

默然。篇中上默然凡四見寫武帝正極寫汲黯不許。曰。吾久不聞汲黯之言。今又復妄發矣。後數月。黯坐小法。會赦。免官。於是黯隱于田園。一中一頓應直諫不得久居位居數年。會更五銖錢。民多盜鑄錢。楚地尤甚。上以爲淮陽楚地之郊。乃召拜黯爲淮陽太守。黯伏謝。不受印。詔數彊予。然後奉詔。應前恥爲令詔召見黯。前詔予此面見也作兩層寫黯爲上泣曰。臣自以爲塡溝壑。不復見陛下。不意陛下復收用之。臣常有狗馬病。力不能任郡事。臣願爲中郎。出入禁闥。補過拾遺。臣之願也。上曰。君薄淮陽邪。吾今召君矣。顧淮陽吏民不相得。吾徒得君之重。臥而治之。一上之待黯終以體面語竟足見直諫不得久居內也黯既辭行。過大行李息曰。黯棄居郡。不得與朝廷議也。然御史大夫張湯智足以拒諫。詐足以飾非。務巧佞之語。辯數之辭。非肯正爲天下言。專阿主意。主意所不欲。因而毀之。主意所欲。因而譽之。好興事。舞文法。內懷詐以御主心。外挾賊吏以爲威重。公列九卿。不早言之。公與之俱受其僇矣。一篇借張湯照映仍以張湯爲去後餘波。息畏湯。終不敢言。一黯居郡如故治。淮陽政清。一應前省筆後張湯果敗。上聞黯與息言。抵息罪。令黯以諸侯相秩居淮陽。七歲而卒。卒後。上以黯故。官其弟汲仁至九卿。子汲偃至諸侯相。黯姑姊子司馬安亦少與黯爲太子洗馬。安文深巧善宦。官四至九卿。以河南太守卒。昆弟以安故。同時至二千石者十人。（終又借司馬安形容黯。又作弘湯餘波。）濮陽段宏始事蓋侯信。信任宏。宏亦再至九卿。然衞人仕者皆嚴憚汲黯。出其下。（掉尾勁古）

鄭當時者。字莊。陳人也。其先鄭君嘗爲項籍將。籍死。已而屬漢。高祖令諸故項籍臣名籍。鄭君獨不奉詔。詔盡拜名籍者爲大夫。而逐鄭君。鄭君死一孝文時。鄭莊以任俠自喜。脫張羽於戹。聲聞梁楚之間一（張羽事虛寫）孝景時。爲太子舍人。每五日洗沐。常置驛馬長安諸郊。存諸故人。請謝賓客。夜以繼日。至其明旦。常恐不徧一（寫鄭莊又是一樣頓住亦作兩層寫）莊好黃老之言。其慕長者。如恐不見。年少官薄。然其游知交。皆其大父行。天下有名之士也一武帝立。莊稍遷爲魯中尉。濟南太守。江都相。至九卿。爲右內史。（宦蹟皆畧）以武安侯魏其時議。貶秩爲詹事。遷爲大農令一莊爲大吏。誡門下。客至。無貴賤無留門者。執賓主之禮。以其貴下人。莊廉。又不治其產業。仰奉賜以給諸公。然其餽遺人。不過算器食。每朝。候上之間。說未嘗不言天下之長者。其推轂士及官屬丞史。誠有味其言之也。嘗引以爲賢于己。未嘗名吏。與官屬言。若恐傷之。聞人之善言。進之上。唯恐後。（只就其薦賢下士處反覆虛序淋漓盡致四恐字點綴寫其心事不是體面之交）山東士諸公。以。此。翕。然。稱。鄭。莊。鄭。莊。一句結上兩段疊一鄭莊何鮹使視決河。自請治行五日。上曰。吾聞鄭莊。行千里。不齎糧。請治行者。何也。實事只虛寫然鄭莊在朝。常趨和承意。不敢甚引當否。一與汲黯相反及晚節。漢征匈奴。招四夷。天下費多。財用益匱。莊任人賓客為大農僦人。多逋負。司馬安為淮陽太守。發其事。莊以此陷罪。贖為庶人。一頃之。守長史。上以為老。以莊為汝南太守。數歲。以官卒。一鄭。莊。汲。黯。始列為九。卿。廉。內。行。修。絜。此汲鄭合傳之故點明此兩人中廢。家貧。賓客益落。及居郡。卒後家無餘貲財。莊兄弟子孫以莊故。至二千石六七人焉。

太史公曰。夫以汲鄭之賢。有勢則賓客十倍。無勢則否。況衆人乎。下邽翟公有言。頓一下乃序翟公事奇文始翟公為廷尉。賓客闐門。及廢。門外可設雀羅。翟公復為廷尉。賓客欲往。翟公乃大署其門曰。一死一生。乃知交情。一貧一富。乃知交態。一貴一賤。交情乃見。凡六句廿四字顛倒用來只十四字文法之妙汲。鄭。亦。云。悲。夫。只就翟公說汲鄭一句即收妙

汲長儒在漢廷是第一流人物其戇直犯顏處極好鋪張史公偏借武安侯借莊助借大將軍借張湯借公孫弘借淮南王借司馬安反從他人身上形容出借來而汲長孺意思情性氣槩節誼無不全現反強于只寫一汲黯如畫家寫像絕無神氣也此所謂緣葉扶花之法○汲傳忽序事忽行文忽而饒忽質忽而鋪

排逐段變換又有山回谷轉雲破月來之妙○鄭莊傳實處虛寫虛處實寫龍跳鳳騫不可以羈靮網羅而致又如秋空黛碧白雲蒼狗舒卷自如自成一片神理夫豈易及

儒林列傳

太史公曰、余讀功令、至於廣厲學官之路、未嘗不廢書而歎也。劈頭先作一歎颺起文情而廣厲學官之詔倒提先伏於此千鈞之力曰、嗟乎、夫周室衰而關雎作。幽厲微而禮樂壞。諸侯恣行、政由彊國。一此儒術之所由衰也以終一歎之旨故孔子閔王路廢而邪道興、於是論次詩書、修起禮樂。適齊聞韶。三月不知肉味。自衛反魯。然後樂正、雅頌各得其所。世以混濁莫能用。是以仲尼干七十餘君。無所遇。曰、苟有用我者、期月而已矣。西狩獲麟。曰、吾道窮矣。故因史記作春秋、以當王法。其詞微而指博。後世學者多錄焉。一總序五經推重孔子爲萬古儒林祖儒術由此一盛自孔子卒後、七十子之徒散游諸侯。大者爲師傅卿相。小者友教士大夫、或隱而不見。故子路居衛。子張居陳。澹臺子羽居楚。子夏居西河。子貢終於齊。由孔子而及弟子如田子方段干木吳起禽滑釐之屬。皆受業於子夏之倫。爲王者師。一由孔子弟子而及弟子之弟子水木本源儒之所以不廢是時獨魏文侯好學。後陵遲以至於始皇。天下並爭於戰國。儒術既絀焉。一

（儒術再衰）然齊魯之間學者獨不廢也（即轉折）於威宣之際孟子荀卿之列咸遵夫子之業而潤色之以學顯於當世（儒術再盛）及至秦之季世焚詩書坑術士六藝從此缺焉（儒術三衰）陳涉之王也而魯諸儒持孔子之禮器往歸陳王於是孔甲爲陳涉博士（孔鮒字甲）卒與涉俱死陳涉起匹夫驅瓦合適戍旬月以王楚不滿半歲竟滅亡其事至微淺然而縉紳先生之徒負孔子禮器往委質爲臣者何也以秦焚其業積怨而發憤於陳王也一（數折之後又帶議論衍漾一段註秦季之遺害）及高皇帝誅項籍舉兵圍魯魯中諸儒尙講誦習禮樂絃歌之音不絕豈非聖人之遺化好禮樂之國哉故孔子在陳曰歸與歸與吾黨之小子狂簡斐然成章不知所以裁之夫齊魯之間於文學自古以來其天性也一（上二段俱帶議論陳涉項籍崎嶇兵革之間而儒術不廢〇齊魯文學直貫至篇末）故漢興然後諸儒始得修其經藝講習大射鄉飲之禮叔孫通作漢禮儀因爲太常諸生弟子共定者咸爲選首於是喟然歎興於學然尙有干戈平定四海亦未暇遑庠序之事也一（儒術三盛後又作一掉）孝惠呂后時公卿皆武力有功之臣孝文時頗徵用然孝文帝本好刑名之言及至孝景不任儒者而竇太后又好黃老之術故諸博士具官待問未有進者一（儒術四衰）及今上即位趙綰

王臧之屬明儒學而上亦鄉之於時招方正賢良文學之士（儒術四盛凡遞衰遞盛落至於此始入傳旨以前皆引子也）自是之後言詩於魯則申培公於齊則轅固生於燕則韓太傅言尚書自濟南伏生言禮自魯高堂生言易自菑川田生言春秋於齊魯自胡毋生於趙自董仲舒（皆齊魯間文學也為下傳先序綱目以詩書禮易春秋序後傳照此○經目第二遍點）及竇太后崩（間接完竇太后事）武安侯田蚡為丞相絀黃老刑名百家之言延文學儒者數百人而公孫弘以春秋白衣為天子三公封以平津侯（於申公等前又出一公孫弘插入中間段段挽合直至篇末）天下之學士靡然鄉風矣（一鎖）公孫弘為學官悼道之鬱滯（即就公孫弘帶出廣厲學官之功令應還篇首插序奇妙）乃請曰丞相御史言制曰蓋聞道民以禮風之以樂婚姻者居室之大倫也今禮廢樂崩朕甚愍焉故詳延天下方正博聞之士咸登諸朝其令禮官勸學講議洽聞興禮以為天下先太常議與博士弟子崇鄉里之化以廣賢材焉（此廣厲學官之詔也即於奏疏中全點出奏疏作兩半篇寫詔亦兩段述前半篇述詔一段是舉博士弟子也）謹與太常臧博士平等議曰聞三代之道鄉里有教夏曰校殷曰序周曰庠其勸善也顯之朝廷其懲惡也加之刑罰故教化之行也建首善自京師始由內及外（奏疏一段泛序）今陛下昭至德開大明配天地本人倫勸學修理崇化厲賢以風四方太平之

原也。序近事古者政教未洽。不備其禮。請因舊官而興焉。又反兩句見學官之當與也下乃實序為博士官置弟子五十人。復其身。一博士官則置五十弟子也太常擇民年十八已上。儀狀端正者。補博士弟子。太常所舉一郡國縣道邑有好文學。敬長上。肅政教。順鄉里。出入不悖所聞者。令相長丞上屬所二千石。二千石謹察可者。當與計偕。詣太常。得受業如弟子。郡國所舉二如弟子者即今之附學生也一歲皆輒試。總頂二項能通一藝以上。補文學掌故缺。此考用之等第從下等起通一藝則補文學掌故也其高第可以為郎中者。太常籍奏。其稍高者則類奏即有秀才異等。輒以名聞。其最高者則特奏其不事學若下材。及不能通一藝。輒罷之。而請諸不稱者罰・舉非其人并罪舉主〇奏疏上半篇完

臣謹案詔書律令下者。明天人分際。通古今之義。文章爾雅。訓辭深厚。恩施甚美。小吏淺聞。不能究宣。無以明布諭下。治禮次治掌故。以文學禮義為官。遷留滯。下半篇再述詔一段是舉小吏通經者遷其留滯也請選擇其秩比二百石以上。及吏百石通一藝以上。補左右內史大行卒史。補吏一二百石者補內史大行之卒史作一句讀比百石以下。補郡太守卒史。補吏二皆各二人。總頂二項邊郡一人。單頂郡卒史先用誦多者。若不足。乃擇掌故補中二千石屬。文學掌故補郡屬。備員。後半篇完請著功令。佗如律令。總收通奏簡練明核是漢人文移制曰。可。自此以來。則公卿大

夫士吏斌斌多文學之士矣一應前調作一鎖收完廣厲學官一段以下始接入申公等傳 申公者、魯人也、高祖過魯、申公以弟子從師入見高祖於魯南宮。呂太后時、申公游學長安、與劉郢同師。已而郢爲楚王、令申公傳其太子戊。戊不好學、疾申公。及王郢卒、戊立爲楚王、胥靡申公。傳說胥靡作之說是工 申公恥之、歸魯、退居家教、終身不出門、復謝絕賓客、獨王命召之乃往。此魯王也 弟子自遠方至受業者百餘人。申公獨以詩經爲訓以教、無傳疑、疑者則闕不傳。蘭陵王臧既受詩、頂上弟子弟子一 以事孝景帝爲太子少傅、免去。今上初卽位、臧乃上書宿衞上、累遷、一歲中爲郎中令。及代趙綰亦嘗受詩申公、弟子二 綰爲御史大夫。綰臧請天子、欲立明堂以朝諸侯、不能就其事、乃言師申公。於是天子使使束帛加璧、安車駟馬迎申公、弟子二人乘軺傳從。寫得鄭重至。句 見天子。天子問治亂之事、申公時年已八十餘、句 老、句 對曰、爲治者不在多言、顧力行何如耳。是時天子方好文詞、見申公對、默然。然已招致、則以爲太中大夫、舍魯邸、議明堂事。太皇竇太后好老子言、太皇竇太后殊不成句千百年之書錯誤必多遇此自應體貼 不說儒術、得趙綰王臧之過以讓上、上因廢明堂事。議明堂事罷明堂事對寫如兒戲 盡下趙綰王臧吏、後皆自殺。申公亦疾免以歸、數年卒。

中華書局印行

・弟子爲博士者十餘人。孔安國至臨淮太守。弟子三周霸至膠西內史。弟子四夏寬至城陽內史。弟子五碭魯賜至東海太守。弟子六蘭陵繆生至長沙內史。弟子七徐偃爲膠西中尉。弟子八鄒人闕門慶忌爲膠東內史。弟子九其治官民皆有廉節。稱其好學。學官弟子行雖不備。而至於大夫郎中掌故以百數。・應弟子百餘人帶序作波言。詩雖殊。多本於申公。諸傳俱以經收一尾應前總目清河王太傅轅固生者。齊人也。以治詩。孝景時爲博士。與黃生爭論景帝前。黃生曰。湯武非受命。乃弒也。先立一句後乃闡明轅固生曰。不然。夫桀紂虐亂。天下之心皆歸湯武。湯武與天下之心而誅桀紂。桀紂之民不爲之使而歸湯武。湯武不得已而立。非受命爲何。黃生曰。冠雖敝。必加於首。履雖新。必關於足。何者。上下之分也。今桀紂雖失道。然君上也。湯武雖聖。臣下也。夫主有失行。臣下不能正言匡過以尊天子。反因過而誅之。代立踐南面。非弒而何也。轅固生曰。必若所云。是高帝代秦卽天子之位。非邪。上一反一覆俱寬只此一句緊接入文字筋節於是景帝曰。食肉不食馬肝。不爲不知味。言學者無言湯武受命。不爲愚。遂罷。馬肝語奇景帝亦以弒爲是特壓於高帝一語而無可如何耳是後學者莫敢明受命放殺者。・竇太后好老子書。召轅固生問老子書。固曰。此是家人言耳。太后

怒曰安得司空城旦書乎乃使固入圈刺豕景帝知太后怒而固直言無罪乃假固
利兵下圈刺豕正中其心—刺豕應手而倒寫刺豕作兩番寫雍容文雅殊非腐儒太后默然無以復
罪罷之—寫太后心事亦兩句寫居頃之景帝以固爲廉直拜爲清河王太傅久之病免・今
上初卽位復以賢良徵固諸諛儒多疾毀固諛儒字奇其公孫之流乎曰固老罷歸之時固已九
十餘矣補序固老之註固之徵也薛人公孫弘亦徵側目而視固又插公孫弘固曰公孫子務正
學以言無曲學以阿世・補序疾毀之根自是之後齊言詩皆本轅固生也諸齊人以詩顯
貴皆固之弟子也—轅固生之弟子則虛序法變韓生者名嬰燕人也孝文帝時爲博士—景帝時
爲常山王太傅・韓生推詩之意而爲內外傳數萬言其語頗與齊魯閒殊魯則申公齊則
轅固齊魯是本旨燕韓生趙董仲舒齊魯之別傳故點明然其歸一也—又褒一句淮南賁生受之弟子自是之後而燕趙
閒言詩者由韓生韓生孫商爲今上博士—以上完言詩申培公轅固生韓太傅伏生者名勝濟南人也
故爲秦博士・孝文帝時欲求能治尙書者天下無有乃聞伏生能治欲召之是時
伏生年九十餘句老句不能行於是乃詔太常使掌故朝錯往受之秦時焚書伏生
壁藏之其後兵大起流亾追序伏生獨治尙書與天下無有之故漢定伏生求其書亾數十篇獨得二

十九篇。卽以教於齊魯之間。學者由是頗能言尙書。諸山東大師無不涉尙書以教矣。一（收法又變）伏生教濟南張生及歐陽生。歐陽生教千乘兒寬。（伏生弟子三傳至兒寬下爲兒寬附傳序）（變法）兒寬既通尙書。以文學應郡舉。詣博士受業。受業孔安國。（孔是博士師也）兒寬貧無資用。常爲弟子都養。及時時間行傭賃。以給衣食。行常帶經。止息則誦習之。以試第次補廷尉史。是時張湯方鄉學。以爲奏讞掾。以古法議決疑大獄。而愛幸寬。寬爲人溫良。有廉智。自持。而善著書。書奏。敏於文。口不能發明也。（寫兒寬極好）湯以爲長者。數稱譽之。及湯爲御史大夫。以兒寬爲掾。薦之天子。天子見問說之。張湯死後六年。兒寬位至御史大夫。九年而以官卒。寬在三公位。以和良承意從容得久。然無有所匡諫。於官。官屬易之。不爲盡力。一（總序數句完兒寬事）張生亦爲博士。（遙接張生）而伏生孫以治尙書徵。不能明也。（收完伏生）自此之後。魯周霸。孔安國。雒陽賈嘉。頗能言尙書事。（又接孔安國另出周賈陪）孔氏有古文尙書。而安國以今文讀之。因以起其家。逸書得十餘篇。蓋尙書滋多於是矣。一（又收一筆作兩層收以上完言尙書伏生）○諸學者多言禮。而魯高堂生最（起變法）本。禮固自孔子時而其經不具。及至秦焚書。書散亡益多。於今獨有士禮。高堂生能言之。（高堂生只虛序而通節反序徐）

生法變 而魯徐生善爲容。孝文帝時。徐生以容爲禮官大夫。傳子至孫徐延徐襄。延襄竝提
下互序 襄其天姿善爲容。不能通禮經。延頗能。未善也。襄以容爲漢禮官大夫。至廣陵
內史。延及徐氏弟子公戶滿意。桓生。單次。皆常爲漢禮官大夫。而瑕丘蕭奮以禮爲
淮陽太守。是後能言禮爲容者。由徐氏焉。— 以上完言禮高唐生徐氏附序 自魯商瞿受易孔子。起法
又變 孔子卒。商瞿傳易。六世至齊人田何。字子莊。而漢興。田何傳東武人王同子仲。子
仲傳菑川人楊何。何以易元光元年徵。官至中大夫。齊人即墨成以易至城陽相。廣
川人孟但以易爲太子門大夫。魯人周霸。莒人衡胡。臨菑人主父偃。皆以易至二千
石。然要言易者本於楊何之家。— 略田生而序楊何王同七人即以楊何收尾事同徐生而法變○以上完言易田生 董仲舒、
廣川人也。以治春秋。孝景時爲博士。下帷講誦。弟子傳以久次相受業。或莫見其面。
蓋三年董仲舒不觀於舍園。其精如此。進退容止。非禮不行。學士皆師尊之。先總序一段
今上即位。爲江都相。以春秋災異之變推陰陽所以錯行。故求雨閉、諸陽。縱、諸陰。其
止雨反是。行之一國。未嘗不得所欲。一段序繁露 中廢爲中大夫。居舍。著災異之記。是時
遼東高廟災。主父偃疾之。取其書奏之天子。天子召諸生示其書。有刺譏。董仲舒弟

中華書局印行

子呂步舒不知其師書以爲下愚於是下董仲舒吏當死詔赦之於是董仲舒竟不
敢復言災異（一段序災異記）董仲舒爲人廉直是時方外攘四夷公孫弘治春秋不如董仲
舒而弘希世用事（回映公孫弘）位至公卿董仲舒以弘爲從諛弘疾之乃言上曰獨董仲
舒可使相膠西王膠西王素聞董仲舒有行亦善待之董仲舒恐久獲罪疾免居家
至卒終不治產業（應不觀舍園）以修學著書爲事故漢興至於五世之間唯董仲舒名爲
明於春秋其傳公羊氏也（一補出公羊氏）胡毋生齊人也孝景時爲博士以老歸教授齊
之言春秋者多受胡毋生公孫弘亦頗受焉（一胡毋生獨夾序）瑕丘江生爲穀梁春秋（一又補出穀梁字通也）
自公孫弘得用嘗集比其義卒用董仲舒（回映公孫弘歸至董仲舒終篇）仲舒弟子遂者（遂者郎下）
蘭陵褚大廣川殷忠溫呂步舒褚大至梁相步舒至長史持節使決淮南獄於
諸侯擅專斷不報以春秋之義正之天子皆以爲是弟子通者至於命大夫爲郎謁
者掌故者以百數而董仲舒子及孫皆以學至大官（帶序仲舒弟子應前以上完言春秋胡毋生董仲舒）

凡文各有首尾獨此傳有首而無尾以前由周而魏而秦而陳涉項籍以至漢興首崇孔子而及子路子張子羽子夏子貢而及田子方段干木吳起禽滑釐而及荀卿孟子孔甲以至叔孫通王臧趙綰先穿挽作一篇乃後又出八傳分間處處以公孫弘插映前散後整前合後分另一體格〇八傳先提總目拚中

○五經五經之中流分數派序法或詳或略處處變法或錯綜或整齊各極其妙○每段俱帶序弟子襯貼蓋以前列多人後不應獨略也○劈頭提廣厲學官一句以爲主意乃半中間突出以爲提綱卽以爲過接以爲承前卽以爲統後章法甚妙

酷吏列傳

孔子曰。道之以政。齊之以刑。民免而無恥。道之以德。齊之以禮。有恥且格。•老氏稱上德不德。是以有德。下德不失德。是以無德。法令滋章。盜賊多有。引孔子老子是立言主意以見酷吏之不可崇尙也太史公曰。信哉是言也。法令者治之具。而非制治清濁之源也。昔天下之網嘗密矣。然姦僞萌起。其極也。上下相遁。至於不振。當是之時。吏治若救火揚沸。非武健嚴酷。惡能勝其任而愉快乎。言道德者。溺其職矣。故曰聽訟吾猶人也。必也使無訟乎。應孔子下士聞道大笑之。應老子非虛言也。—漢興。破觚而爲圜。斲雕而爲朴。網漏於吞舟之魚。而吏治烝烝。不至於姦。黎民艾安。由是觀之。在彼不在此。—一束用全力幷以應前高后時。酷吏獨有侯封。刻轢宗室。侵辱功臣。呂氏已敗。遂禽侯封之家。—孝景時。鼂錯以刻深頗用術輔其資。而七國之亂。發怒於錯。錯卒以被戮。—先列兩人引起郅都寗成十人○遂禽卒以有天網恢恢之意其後有郅都寗成之屬。—郅都者。楊人也。以郎事孝文帝。孝景時。都爲中郎將。敢直諫。面折大臣於朝。嘗從入上林。賈姬如厠。野彘卒入厠。上目都。都不行。上欲自持兵救賈姬。都伏上前曰。亾一姬復一姬進。天下所少寧賈姬等乎。陛下縱自輕。奈宗廟太后何。上還。彘亦去。太后聞之。賜都金百斤。由此重郅都。●重郅都者太后也殺郅都者亦太后可爲三歎濟南瞯氏宗人三百餘家。豪猾。二千石莫能制。於是景帝乃拜都爲濟南太守。至則族滅瞯氏首惡。餘皆股慄。居歲餘。郡中不拾遺。傍十餘郡守。畏都如大府。●旁描一筆都爲人勇。有氣力。公廉。不發私書。公問遺無所受。廉請寄無所聽。公常自稱曰。已倍親而仕。身固當奉職死節官下。終不顧妻子矣。●又插序一段是史公本色郅都遷爲中尉。丞相條侯至貴倨也。而都揖丞相。是時民朴。畏罪自重。而都獨先嚴酷。致行法不避貴戚。列侯宗室見都。側目而視。號曰蒼鷹。●郅都傳俱於空處寫畏罪自重何所用酷吏而郅都爲酷吏之始能不爲後世之罪人也哉臨江王徵詣中尉府對簿。臨江王欲得刀筆爲書謝上。而都禁吏不予。魏其侯使人以間與臨江王。臨江王既爲書謝上。因自殺。竇太后聞之。怒。以危法中都。都免歸家。●孝景帝乃使使持節拜都爲鴈門太守。而便道之官。得以便宜從事。匈奴素聞郅都節。居邊。爲引兵去。竟郅都死。倒提不近鴈門。匈奴至爲偶人象郅都令騎馳射莫能中見憚如此 開處寫妙 匈奴患之 又找一句 竇太后乃竟中都以漢法景帝曰都忠臣欲釋之竇太后曰臨江王獨非忠臣邪於是遂斬郅都 乃竟字於是遂斬字有惜之之意

寧成者穰人也以郎謁者事景帝好氣為人小吏必陵其長吏 正見好氣 為人上操下如束溼薪滑賊任威 此句結上兩事 稍遷至濟南都尉而郅都為守 於寧成傳插入郅都 始前數都尉皆步入府因吏謁守如縣令其畏郅都如此 又描一筆 及成往直凌都出其上 應凌長史 都素聞其聲於是善遇與結驩 久之郅都死後長安左右宗室多暴犯法於是上召寧成為中尉其治效郅都其廉弗如 應前 然宗室豪傑皆人人惴恐 武帝即位徙為內史外戚多毀成之短抵罪髡鉗是時九卿罪死即死少被刑而成極刑自以為不復收於是解脫詐刻傳 被極刑詐刻傳極寫酷吏即滑吏不可任如此 出關歸家稱曰仕不至二千石賈不至千萬安可比人乎乃貰貸買陂田千餘頃假貧民役使數千家數年會赦致產數千金為任俠持吏長短出從數十騎其使民威重於郡守 寧成傳不完於義縱傳內序完

周陽由者其父趙兼以淮南王舅父侯周陽故因姓周陽氏由以宗家任為郎事孝文及景帝景帝時由為郡守 武帝即位吏治尚循謹甚然由居二千石中最為酷暴驕恣所

中華書局印行

愛者撓法活之所憎者曲法誅滅之所居郡必夷其豪為守視都尉如令為都尉必
陵太守奪之治・與寧成一樣郤用兩樣文法與汲黯俱為忮司馬安之文惡俱在二千石列同
車未嘗敢均茵伏・寫兩開人映帶由後為河東都尉時與其守勝屠公爭權相告言罪勝
屠公當抵罪義不受刑自殺而由棄市・自寧成周陽由之後事益多民巧法大抵
吏之治類多成由等矣・忽作一總關合上下趙禹者斄人以佐史補中都官用廉為令史事
太尉亞夫亞夫為丞相禹為丞相史府中皆稱其廉平然亞夫弗任曰極知禹無害
然文深不可以居大府・今上時禹以刀筆吏積勞稍遷為御史上以為能至太中
大夫與張湯論定諸律令趙禹傳倒插入張湯作見知吏傳得相監司用法益刻蓋自此始・
趙禹傳不完於張湯傳後序完張湯者杜人也其父為長安丞出湯為兒守舍還而鼠盜肉其父怒
笞湯湯掘窟得盜鼠及餘肉劾鼠掠治傳爰書訊鞫論報并取鼠與肉具獄磔堂下
其父見之視其文辭如老獄吏大驚遂使書獄・父死後湯為長安吏久之周陽侯
始為諸卿時張湯傳插入周陽侯嘗繫長安湯傾身為之及出為侯大與湯交徧見湯貴人・
湯給事內史為寧成掾又插入寧成以湯為無害言大府調為茂陵尉治方中・武安侯

爲丞相徵湯爲史時薦言之天子補御史使案事治陳皇后蠱獄深竟黨與於是上以爲能（上以爲能是作傳本旨下同）稍遷至太中大夫・與趙禹共定諸律令（又插入趙禹）務在深文拘守職之吏已而趙禹遷爲中尉徙爲少府而張湯爲廷尉兩人交驩而兄事禹・禹爲人（禹爲人湯爲人竟作兩對蓋禹傳未詳故於湯傳詳之）廉倨爲吏以來舍毋食客公卿相造請禹終不報謝務在絕知友賓客之請孤立行一意而已見文法輒取亦不覆案求官屬陰罪・湯爲人多詐舞智以御人始爲小吏乾沒與長安富賈田甲（伏）魚翁叔之屬交私及列九卿收接天下名士大夫已心內雖不合然陽浮慕之・是時上方向文學（上收接名士下傳古義不過爲上向文學耳足見多詐舞智）湯決大獄欲傅古義乃請博士弟子治尚書春秋補廷尉史亭疑法・（以下三段皆宛轉寫張湯心事如見總以發多詐舞智四字）奏讞疑事必豫先爲上分別其原上所是受而著讞決法廷尉絜令揚主之明・（下兩意又足上文）奏事卽譴湯應謝鄉上意所便必引正監掾史賢者曰固爲臣議如上責臣臣勿用愚抵於此罪常釋聞卽奏事上善之曰臣非知爲此奏乃正監掾史某爲之其欲薦吏揚人之善蔽人之過如此（上兩段是奏讞之事此下一段是奏讞之人下四卽字俱作就字解）所治卽上意所欲罪予監史深禍者卽上意所

欲釋予監史輕平者所治卽豪必舞文巧詆卽下戶羸弱時口言雖文致法上財察於是往往釋湯所言・湯至於大吏內行修也通賓客飲食於故人子弟爲吏及貧昆弟調護之尤厚其造請諸公不避寒暑（反映趙禹不造請）是以湯雖文深意忌不專平然得此聲譽而刻深吏多爲爪牙用者依於文學之士丞相弘數稱其美・（寫張湯用權術牢籠天下士如此）及治淮南衡山江都反獄皆爲根本（應舞文巧詆）嚴助及伍被上欲釋之湯爭曰（又與上反）伍被本畫反謀而助親幸出入禁闥爪牙臣乃交私諸侯如此弗誅後不可治於是上可論之其治獄所排大臣自爲功多此類・於是湯益尊任（總接上數節）遷爲御史大夫會渾邪等降漢大興兵伐匈奴山東水旱貧民流徙皆仰給縣官縣官空虛（兵興賦重民窮奸生此酷吏之效也反爲酷吏之也哀哉）於是承上指（映前）請造白金及五銖錢籠天下鹽鐵排富商大賈出告緡令鉏豪彊幷兼之家舞文巧詆以輔法（又點一句）湯每朝奏事語國家用日晏天子忘食丞相取充位天下事皆決於湯百姓不安其生騷動縣官所興未獲其利奸吏並侵漁（聚斂與刑罰相終始）於是痛繩以罪則自公卿以下至於庶人咸指湯湯嘗病天子至自視病其隆貴如此・（天下怨之天子親之具寫其奸）匈奴來請和親羣臣議上前博士

狄山曰。和親便。上問其便。山曰。兵者凶器。未易數動。高帝欲伐匈奴。大困平城。乃遂結和親。孝惠高后時。天下安樂。及孝文帝欲事匈奴。北邊蕭然苦兵矣。孝景時。吳楚七國反。景帝往來兩宮閒。寒心者數月。吳楚已破。竟景帝不言兵。天下富實。今自陛下舉兵擊匈奴。中國以空虛。邊民大困貧。由此觀之。不如和親。上問湯。湯曰。此愚儒無知。狄山曰。臣固愚忠。若御史大夫湯。乃詐忠。（借一狄山不承上指之愚忠以反形湯之舞智）若湯之治淮南江都。以深文痛詆諸侯。（應）別疏骨肉。使藩臣不自安。臣固知湯之為詐忠。於是上作色曰。吾使生居一郡。能無使虜入盜乎。曰。不能。曰。居一縣。對曰。不能。復曰。居一障閒。山自度辯窮。且下吏。曰。能。於是上遣山乘障。至月餘。匈奴斬山頭而去。自是以後羣臣震慴。湯之客田甲。雖賈人。有賢操。始湯為小吏時。與錢通。及湯為大吏。甲所以責湯行義過失。亦有烈士風。（又借出一田甲以形容湯之不如賈人并以應前）湯為御史大夫七歲。敗。（序完）

（湯興頭事倒提一筆以後序敗之事）河東人李文嘗與湯有郤。已而為御史中丞。恚數從中文書事有可以傷湯者。不能為地。湯有所愛史魯謁居。知湯不平。使人上蜚變告文姦事。下湯。湯治論殺文。而湯心知謁居為之。上問曰。言變事縱跡安起。湯詳驚曰。（寫舞智）此殆

文故人怨之謁居病臥閭里主人湯自往視疾爲謁居摩足（敗故非一事逐節敘來李文是第一節）
趙國以冶鑄爲業王數訟鐵官事湯嘗排趙王趙王求湯陰事謁居嘗案趙王趙王
怨之幷上書告湯大臣也史謁居有病湯至爲摩足疑與爲大奸事下廷尉（趙王鐵官）
（是第二節）謁居病死事連其弟弟繫導官湯亦治他囚導官見謁居弟欲陰爲之而詳不
省謁居弟弗知怨湯使人上書告湯與謁居謀共變告李文事下減宣（謁居弟怨湯是第三
節○倒插入減宣）宣嘗與湯有郤及得此事窮竟其事未奏也（頓住○減宣有郤是第四節）會人有盜
發孝文園瘞錢丞相青翟朝與湯約俱謝至前湯念獨丞相以四時行園當謝湯無
與也不謝丞相謝上使御史案其事湯欲致其文丞相見知丞相患之（丞相患之是第五節）
三長史皆害湯欲陷之（先出後序）始長史朱買臣會稽人也讀春秋莊助使人言買臣買
臣以楚辭與助俱幸侍中爲大中大夫用事（若不先出三長史害湯句便似朱買臣傳矣幸讀者細思之）而湯乃
爲小吏跪伏使買臣等前已而湯爲廷尉治淮南獄排擠莊助（應前）買臣固心望及湯
爲御史大夫買臣以會稽守爲主爵都尉列於九卿數年坐法廢守長史見湯湯坐
牀上丞史遇買臣弗爲禮買臣楚士深怨嘗欲死之王朝齊人也以術至右內史邊

通、學長短。剛暴彊人也。官再至濟南相。故皆居湯右。已而失官。守長史。詘體於湯。（即此一節中細細看來更有數節批不能盡也）湯數行丞相事。知此三長史素貴。常凌折之。以故三長史合謀。（一總）曰。始湯約與君謝。已而賣君。今欲劾君以宗廟事。此欲代君耳。吾知湯陰事。使吏捕案湯左田信等。曰湯且欲奏請。信輒先知之。居物致富。與湯分之。（應前與賈人交）及他奸事。事辭頗聞。上問湯曰。吾所爲。賈人輒先知之。益居其物。是類有以吾謀告之者。湯不謝。湯又詳驚。（兩佯驚妙寫湯終以舞智而敗）曰。固宜有。·（三長史害湯是第六節）減宣亦奏謁居等事。（一句遙接）天子果以。湯懷詐面欺。（果以二字接狄山詐忠字）使使八輩簿責湯。湯具自道無此。不服。於是上使趙、禹、責湯。（又插入趙禹固所謂交驩兄事之人也相煎之急如此寫出酷吏之惡）禹至。讓湯曰。君何不知分也。君所治夷滅者幾何人矣。今人言君皆有狀。天子重致君獄。欲令君自爲計。何多以對簿爲。（天道好還之語出自酷吏口中奇）湯乃爲書謝曰。湯無尺寸功。起刀筆吏。陛下幸致爲三公。無以塞責。然謀陷湯罪者。三長史也。遂自殺。湯死。家產直不過五百金。皆所得奉賜。無他業。（應廉）昆弟諸子。欲厚葬湯。湯母曰。湯爲天子大臣。被汙惡言而死。何厚葬乎。載以牛車。有棺無槨。天子聞之。曰非此母不能生此子。（蓋深惜之也）乃盡案誅三長史。丞相青翟自殺。出田信。上惜湯。稍遷其子安世。一寫張湯舞智籠絡人主至死而不悟賞延及世正見酷吏之惡趙禹中廢。已而爲廷尉。遙接趙禹事反從湯傳後序完穿插之妙始條侯以爲禹賊深。弗任。又遙接及禹爲少府。比九卿。禹酷急。至晚節。事益多。吏務爲嚴峻。而禹治加緩。而名爲平。王溫舒等後起。又倒插入王溫舒治酷於禹。禹以老徙爲燕相。數歲亂悖有罪免歸。後湯十餘年。以壽卒於家。一敍完趙禹事復帶張湯惡之也

義縱者、河東人也、爲少年時。嘗與張次公俱攻剽爲羣盜。酷吏出於盜氣類固同亦深其縱有姊姁。以醫幸王太后。王太后問有子兄弟爲官者乎。姊曰有弟無行不可。太后乃告上。拜義姁弟縱爲中郎。補上黨郡中令。治敢行。少蘊藉。縣無逋事。舉爲第一。遷爲長陵及長安令。直法行治。不避貴戚。以捕案太后外孫修成君子仲。上以爲能。照應遷爲河內都尉。至則族滅其豪穰氏之屬。河內道不拾遺・而張次公亦爲郎。以勇悍從軍。敢深入。有功。爲岸頭侯・張次公附序幷以應前寧成家居。遙接序完寧成事穿插之妙上欲以爲郡守。御史大夫弘曰。臣居山東爲小吏時。寧成爲濟南都尉。其治如狼牧羊。成不可使治民。上乃拜成爲關都尉。歲餘。關東吏隸郡國出入關者。號曰寧見乳虎。無直寧成之怒。義縱自河內遷爲南陽太守。聞寧成家居南陽。義縱寧成合序及縱至關。寧成

側行送迎。然縱氣盛。弗爲禮。至郡。遂案寧氏。盡破碎其家。成坐有罪。及孔暴之屬（虛）皆奔亡南陽。吏民重足一迹。（字奇）而平氏朱彊杜衍杜周（四人三虛一實○義縱傳爲內倒插入杜周又無形迹）爲縱牙爪之吏。任用遷爲廷史。軍數出定襄。定襄吏民亂敗。於是徙縱爲定襄太守。縱至。掩定襄獄中重罪輕繫二百餘人。及賓客昆弟私入相視亦二百餘人。縱一捕鞠曰爲死罪解脫。是日皆報殺四百餘人。其後郡中不寒而慄。猾民佐吏爲治●（極寫其惡）（猾民句奸猾之民亦玩法殺人佐吏爲治猶云助天爲虐也）是時趙禹張湯（又插入趙禹張湯以形容義縱）以深刻爲九卿矣。然其治尚寬。輔法而行。而縱以鷹擊毛摯爲治。後會五銖錢白金起。民爲奸。京師尤甚。乃以縱爲右內史。王溫舒爲中尉。（又倒插入王溫舒）溫舒至惡。其所爲不先言縱。縱必以氣淩之。敗壞其功。其治所誅殺甚多。（此爲右內史事虛寫）然取爲小治。奸益不勝。直指始出矣。（平空）（又入直指事）吏之治以斬殺縛束爲務。閻奉以惡用矣。（虛）縱廉。其治放郅都。（又插入郅都）上幸鼎湖。病久。已而卒起幸甘泉。道多不治。上怒曰。縱以我爲不復行此道乎。嗛之。至冬。楊可方受告緡。縱以爲此亂民。部吏捕其爲可使者。天子聞。使杜式治。以爲廢格沮事。棄縱市。後一歲。張湯亦死。（又插入補完張湯）王溫舒者。陽陵人也。少時椎埋爲奸。（非辜）

（盜卽椎理酷吏之人品如此）已而試補縣亭長數廢爲吏以治獄至廷史事張湯（王溫舒傳插入張湯○自王溫舒下皆張湯故吏張湯爲酷吏之領袖故序之獨詳）遷爲御史督盜賊殺傷甚多稍遷至廣平都尉擇郡中豪敢任吏十餘人以爲爪牙（一溫舒之下吏有十餘溫舒所以言其極惡也）皆把其陰重罪而縱使督盜賊快其意所欲得（督盜賊可也快意欲得不可也極寫酷吏）此人雖有百罪弗法卽有避因其事夷之亦滅宗以其故齊趙之郊盜賊不敢近廣平廣平聲爲道不拾遺（聲爲妙徒有其名實未然也）上聞遷爲河內太守素居廣平時皆知河內豪奸之家及往九月而至令郡具私馬五十匹爲驛自河內至長安部吏如居廣平時方略（省筆）捕郡中豪猾郡中豪猾相連坐千餘家上書請大者至族小者乃死家盡沒入償臧奏行不過二三日得可事論報至流血十餘里河內皆怪其奏以爲神速盡十二月郡中毋聲毋敢夜行野無犬吠之盜（寫得民無生人之樂嗚呼何以至此）其頗不得失之傍郡國犂來（犂來漢書作追求乃明）會春溫舒頓足歎曰嗟乎令冬月益展一月足吾事矣其好殺伐行威不愛人如此天子聞之以爲能（上以爲能連兩句寫可爲浩歎）遷爲中尉其治復放河內（省筆）徒諸名禍滑吏與從事河內則楊皆麻戊關中楊贛成信等（俱虛）義縱爲內史憚未敢恣治及縱死張湯敗後徒爲廷尉（王溫舒傳未完於楊）

（僕傳內序完）而尹齊爲中尉（倒提尹齊即過下接入本傳）尹齊者、東郡茌平人、以刀筆稍遷至御史事張湯（尹齊傳插入張湯）張湯數稱以爲廉武使督盜賊所斬伐不避貴戚遷爲關內都尉聲甚於寧成（又插入寧成）上以爲能遷爲中尉吏民益凋敝（上以爲能連下兩句寫可爲浩歎）尹齊木彊少文豪惡吏伏匿而善吏不能爲治以故事多廢抵罪—（尹齊傳未完於楊僕傳後序完）上復徙溫舒爲中尉而楊僕以嚴酷爲主爵都尉（又插入王溫舒帶出楊僕即接下楊僕傳）楊僕者、宜陽人也、以千夫爲吏河南守案舉以爲能遷爲御史使督盜賊關東治放尹齊（楊僕傳插入尹齊）以爲敢摯行稍遷至主爵都尉列九卿天子以爲能（應）南越反拜爲樓船將軍有功封將梁侯爲荀彘所縛居久之病死—而溫舒復爲中尉（遙接序完王溫舒事）爲人少文居廷惛惛不辨至於中尉則心開督盜賊素習關中俗知豪惡吏豪惡吏盡復爲用爲方略吏苛察盜賊惡少年投缿購告言姦置伯格長以牧司姦盜賊（溫舒以前憚義縱不敢恣此皆縱死爲中尉心開以後事故序於此）溫舒爲人諂善事有勢者即無勢者視之如奴有勢家雖有奸如山弗犯無勢者貴戚必侵辱舞文巧詆下戶之猾以焄大豪（焄或即窘字作熏字解者恐非）其治中尉如此（極寫酷吏之玩法無品也）奸猾窮治大抵盡靡爛獄中行論無出者其爪牙吏虎而冠於是中尉部中

中猾以下皆伏。有勢者爲游聲譽。稱治。治數歲。其吏多以權富。又寫一段以極著其惡以見酷吏之一刻
不可容也 溫舒擊東越還。議有不中意者。坐小法抵罪免。是時天子方欲作通天臺而未
有人。溫舒請復中尉脫卒。得數萬人作。上悅。拜爲少府。徙爲右內史。治如其故。省筆 奸
邪少禁。坐法失官。復爲右輔。行中尉事。如故操。省筆 歲餘。會宛軍發。詔徵豪吏。溫舒匿
其吏華成。及人有變告溫舒受員騎錢。他奸利事。罪至族。自殺。其時兩弟及兩婚家
亦各自坐他罪而族。溫舒獨酷故受禍獨慘天道也酷吏亦何益哉 光祿徐自爲曰。悲夫。夫古有三族。而王
溫舒罪至同時而五族乎。請出一問人感歎作波妙甚 溫舒死。家直累千金。— 後數歲。尹齊亦以
淮陽都尉病死。尹齊死事又插於此 家直不滿五十金。所誅滅淮陽甚多。借尹齊形容王溫舒 及死。仇家
欲燒其尸。尸亾去歸葬。— 自溫舒等以惡爲治。閒接總序 而郡守都尉諸侯二千石欲爲
治者。其治大抵盡放溫舒。而吏民益輕犯法。盜賊滋起。盜賊應前盜賊多有是本旨也 南陽有梅免
白政。楚有殷中杜少。齊有徐勃。燕趙之閒有堅盧范生之屬。大羣至數千人。擅自號
攻城邑。取庫兵。釋死罪。縛辱郡太守都尉。殺二千石。爲檄告縣。趣具食。小郡盜以百
數。掠鹵鄉里者。不可勝數也。酷吏與盜賊相終始 於是天子始使御史中丞丞相長史督之。猶

弗能禁也。乃使光祿大夫范昆。諸輔都尉。及故九卿張德等。衣繡衣。持節虎符。應前直指
使發兵以興擊。斬首大部。或至萬餘級。及以法誅通飮食坐連諸郡。甚者數千人。刑罰
與兵革相終始一篇大議論於此發明數歲。乃頗得其渠率。散卒失亾。復聚黨阻山川者。往往而羣居。
無可奈何。於是作沈命法。曰羣盜起不發覺。發覺而捕弗滿品者。二千石以下至小
吏主者皆死。其小吏畏誅。雖有盜不敢發。恐不能得。坐課累府。府亦使其不言。故盜
賊寖多。上下相爲匿。以文辭避法焉。—刑罰益急則上下相遁亦何益哉減宣者、楊人也、以佐史無
害給事河東守府。衞將軍靑使買馬河東。見宣無害。言上。徵爲大廄丞。官事辦。稍遷
至御史及中丞。使治主父偃。及治淮南反獄。所以微文深詆殺者甚衆。稱爲敢決疑。
數廢數起。省筆爲御史及中丞者幾二十歲。王溫舒免中尉。減宣傳插入王溫舒而宣爲左內史。
其治米鹽。事大小皆關其手。自部署縣名曹實物。官吏令丞不得擅搖。痛以重法繩
之。居官數年。一切郡中爲小治辦。然獨宣以小致大。能因力行之。難以爲經。寫酷吏雖好處
亦不可法以深惡痛絕之也中廢。爲右扶風。坐怨成信。信亾藏上林中。宣使郿令格殺信。吏卒格
信時射中上林苑門。宣下吏抵罪。以爲大逆。當族。自殺。—而杜周任用。即減宣傳帶入杜周杜

周者、南陽杜衍人、義縱爲南陽守、以爲爪牙、（杜周傳插入義縱）舉爲廷尉史、事張湯、（又插入張湯）湯數言其無害、至御史、使案邊失亡、所論殺甚衆、奏事中上意、任用、與減宣相編、（又插入減宣）更爲中丞十餘歲、其治與宣相放、然重遲、外寬內深、刺骨、（刺骨二字得酷吏之神）宣爲左內史、周爲廷尉、其治大放張湯、（又插入張湯）而善候伺上所欲擠者、因而陷之、上所欲釋者、久繫待問而微見其寃狀、客有讓周曰、君爲天子決平、不循三尺法、專以人主意指爲獄、獄者固如是乎、周曰、三尺安出哉、前主所是著爲律、後主所是疏爲令、當時爲是、何古之法乎、（寫酷吏之逢君玩法）至周爲廷尉、詔獄亦益多矣、二千石繫者新故相因、不減百餘人、郡吏大府舉之廷尉、一歲至千餘章、章大者連逮證案數百、小者數十人、遠者數千、近者數百里、（人字里字總管上兩句句法奇）會獄、吏因責如章告劾、不服、以笞掠定之、（所謂搥楚之下何求不得酷吏之惡如此）於是聞有逮、皆亡匿、獄久者至更數赦十有餘歲、而相告言大抵盡詆以不道、（以意爲令無法無天極寫酷吏之惡）以上廷尉及中都官、詔獄逮至六七萬人、吏所增加十餘萬人、（一時草菅人命如此酷吏之惡上通於天）周中廢、後爲執金吾、逐盜、捕治桑弘羊衛皇后昆弟子、刻深、天子以爲盡力無私、（應）遷爲御史大夫、家兩子夾河爲守、其治暴酷皆甚於王溫舒等矣。又插入王溫舒加一等字總括十人在內。杜周初徵爲廷史有一馬且不全及身久任事至三公列子孫尊官家訾累數巨萬矣。以見酷吏無不貪廉者有幾酷吏亦何足任使哉

太史公曰自郅都杜周十人者此皆以酷烈爲聲。總序一句然郅都伉直引是非爭天下大體張湯以知陰陽人主與俱上下時數辨當否國家賴其便趙禹時據法守正杜周從諛以少言爲重自張湯死後網密多詆嚴官事寖以耗廢九卿碌碌奉其官救過不贍何暇論繩墨之外乎然此十人中其廉者足以爲儀表其汚者足以爲戒方畧教導禁奸止邪一切亦皆彬彬質有其文武焉雖慘酷斯稱其位矣至若蜀守馮當暴挫廣漢李貞擅磔人東郡彌僕鋸項天水駱璧推減河東褚廣妄殺京兆無忌馮翊殷周蝮鷙水衡閻奉朴擊賣請。又虛列許人作波何足數哉何足數哉

一篇共序十人可以爲難矣然偏不逐人序去獨將十人花分穿插處處組織更覺異常絢爛蓋天孫機上無縫天衣決不是排窠儷葉枝蒂對生必有擘金絲翠西穿一東插柳映花遮之妙然後成此一片文章也○十人郅都寧成周陽由各各序爲一截趙禹張湯合序爲一截義縱一傳留寧成未了合序爲一截王溫舒尹齊合序爲一截杜周減宣各序爲一截而楊僕附見于王溫舒尹齊傳內不在十人之數其次序則用年代之前後爲次杜周當時人未有結果故其傳傳不終○此傳以上以爲能上以爲盡力等句爲骨蓋酷吏深結主知方能行其威武是史公著眼處○其主意則在篇首當任德而不當任刑故詳序酷吏

之效則曰奸僞萌起上下相遁事益多民巧法奸吏侵漁奸益不勝吏民輕犯法盜賊滋起上下相遁官事耗廢而已問酷吏之身則曰侯封禽鼂錯戮郅都斬周陽由義縱棄市張湯減宣自殺王溫舒五族而已人亦何至爲酷吏上亦何爲而用酷吏也哉○史記雖序事而意在作文其中許多人許多事不過供我作文之料耳故或前或後或散或合或花分或搏扰極我文章之妙而其事已傳矣非必一人還他一篇若泥塑神佛逐尊逐位排列兩邊絕無生氣也辟如戲劇凡爲孤酸末尼煞軍傖鶻不過聽我搬演以成此悲歡離合非必一人一齣也故酷吏一傳十人只是一篇

大宛列傳

大宛之跡見自張騫—劈頭一句總領起下乃序事史記創格張騫、漢中人建元中爲郎—又一句點張騫事截住

是時天子問匈奴降者皆言匈奴破月氏王以其頭爲飲器月氏遁逃而常怨仇匈奴無與共擊之漢方欲事滅胡聞此言因欲通使伐匈奴是主因匈奴而及月氏因月氏而及大宛尋源問派歷歷分明道必更匈奴中乃募能使者—騫以郎應募使月氏間接入本傳與堂邑氏故胡奴甘父俱出隴西經匈奴匈奴得之傳詣單于欲通月氏而中間乃作此一跌單于留之曰月氏在吾北漢何以得往使吾欲使越漢肯聽我乎議正語俊留騫十餘歲與妻有子然騫持漢節不失極寫張騫居匈奴中益寬故作一颺騫因與其屬亡鄉月氏西走數十日至大宛先一段閒間引起至此欲序月氏乃忽入大宛一傳本題反若旁及者妙大宛聞漢之饒財欲通不得欲通月氏非大宛不能欲用大宛非賂遺不得故先

伏一句反若大宛欲通是反擊之法也見騫。句喜。句問曰。若欲何之。騫曰。為漢使月氏。而為匈奴所閉道。今亡。唯王使人導送我。誠得至。反漢。漢之賂遺王財物。不可勝言。應聞漢饒財大宛以為然。遣騫。為發導驛。抵康居。由匈奴而及月氏由月氏而及大宛因大宛而又插一康居層層衍出康居傳致大月氏。大月氏王已為胡所殺。立其太子為王。既臣大夏而居。忽又插入一大夏無跡可尋使人不覺地肥饒。少寇。志安樂。又自以遠漢。殊無報胡之心。正應仇怨匈奴見萬里之外傳聞異詞不足信如此騫從月氏至大夏。竟不能得月氏要領。—一件高興事一篇大文章前患不得通月氏耳既通月氏不知如何共伐匈奴張騫如何建功立業至此乃爾索然故作一縱留歲餘。還。並南山。欲從羌中歸。復為匈奴所得。前匈奴得之已令讀者一驚乃復為匈奴所得又一驚得而逃逃而復得得而又逃幾縱幾跌事奇文奇留歲餘。單于死。左谷蠡王攻其太子自立。國內亂。騫與胡妻及堂邑父俱亡歸漢。一人再逃奇矣乃又挈婦逃堂邑父亦逃極寫張騫謀勇漢拜騫為太中大夫。堂邑父為奉使君。一結并序完堂邑父事騫為人彊力。寬大信人。蠻夷愛之。堂邑父故胡人。善射。窮急射禽獸給食。初騫行時百餘人。去十三歲。唯二人得還。—萬里遠行艱苦自倍萬里遠歸智勇亦倍故插入一段作餘波補完

前段○不必詳序即二人得還一句痛定之痛當何如也極寫艱苦○自篇首至此為一段騫身所至者大宛。大月氏。大夏。康居。而傳聞其旁大國五六。具為天子言之。又作一總結并起下文峯巒過接之妙○一篇職貢志一幅王會圖俱從張騫口中說出妙

曰大宛（身至實）在匈奴西南在漢正西去漢可萬里其俗土著耕田田稻麥有蒲陶酒多善馬馬汗血其先天馬子也（馬上增兩句以為著色語耳孰知已伏篇末一段遙遙照映哉）有城郭屋室其屬邑大小七十餘城眾可數十萬其兵弓矛騎射其北則康居西則大月氏（非止序其地界正點明張騫來路也）西南則大夏東北則烏孫東則扜罙于窴（東西南北詳點）于窴之西則水皆西流注西海其東水東流注鹽澤鹽澤潛行地下其南則河源出焉（又點一西東南序法兩層錯落有致河源伏）多玉石（玉石伏）河注中國而樓蘭姑師（扜罙于窴樓蘭姑師因大宛附見此又傳聞之傳聞者也）邑有城郭臨鹽澤鹽澤去長安可五千里匈奴右方居鹽澤以東至隴西長城南接羌鬲漢道焉一（數語一收有力照前必更匈奴中及從羌中歸且為後通道張本前之欲事匈奴主意也張騫之來路貳師之去路一一明白通體俱應）烏孫（傳聞盧）在大宛東北可二千里行國（蓋逐水草遷徙不常也只二字明淨卓鍊之妙）隨畜與匈奴同俗控弦者數萬敢戰故服匈奴及盛取其羈屬不肯往朝會焉一（短節勁句佳故字作舊字解）康居（身至實）在大宛西北可二千里行國與月氏大同俗控弦者八九萬人與大宛鄰國國小南羈事月氏東羈事匈奴一（作兩對羈事字奇）奄蔡（傳聞盧）在康居西北可二千里行國與康居大同俗控弦者十餘萬臨大澤無崖蓋乃北海云一（北海寫得疑似是傳聞語妙）大月氏（身至實）在大宛西可二三千

里。居嬀水北。其南則大夏。西則安息。北則康居。行國也。隨畜移徙。與匈奴同俗。控弦者可一二十萬。故時彊輕匈奴。及冒頓立。攻破月氏。至匈奴老上單于。殺月氏王。以其頭爲飲器。（遙應前事）始月氏居燉煌祁連間。及爲匈奴所敗。乃遠去。過宛。西擊大夏而臣之。遂都嬀水北。爲王庭。其餘小衆不能去者。保南山羌。號小月氏。一安息（傳聞虛）在大月氏西可數千里。其俗土著。耕田。田稻麥。蒲陶酒。城邑如大宛。其屬小大數百城。地方數千里。最爲大國。臨嬀水。有市。民商賈用車及船。行旁國或數千里。以銀爲錢。錢如其王面。王死輒更錢。效王面焉。畫革旁行以爲書記。（以前諸國與匈奴同俗此則一路向南土著耕田稻麥城邑商賈車船鑄錢書記寫得與漢一樣蓋漸近蜀故也）其西則條枝。北有奄蔡黎軒。一（黎軒附見）條枝（傳聞虛）在安息西數千里。臨西海。暑溼。耕田。田稻。有大鳥卵如甕。人衆甚多。往往有小君長。而安息役屬之。以爲外國。國善眩。安息長老傳聞條枝有弱水西王母。而未嘗見。一（弱水西王母亦寫得似有如無傳聞異詞妙）大夏（身至實）在大宛西南二千餘里。嬀水南。其俗土著。有城屋。與大宛同俗。無大王長。往往城邑置小長。其兵弱。畏戰。善賈市。及大月氏西徙。攻敗之。皆臣畜大夏。大夏民多。可百餘萬。其都曰藍市城。有市販賈諸物。其東南有身毒國。一

身毒附見以上諸國一實一虛相間而序作章法後無不應奇妙○大宛俗近漢下烏孫康居奄蔡大小月氏俗近匈奴下安息條枝大夏俗又近漢蓋自大宛往西北經歷諸國復轉至大宛西南循環一轉以大宛作主

騫曰臣在大夏時見邛竹杖蜀布遙遙萬里忽見故物如游客歸鄉恍然感目

問曰安得此大夏國人曰吾國人往市之身毒身毒在大夏東南可數千里其俗土著大與大夏同而卑溼暑熱云其人民乘象以戰其國臨大水焉序完諸國詳矣乃空出一身毒另於張騫口中序出變化奇文以騫度之大夏去漢萬二千里居漢西南今身毒國又居大夏東南數千里有蜀物此其去蜀不遠矣萬里循環數語結盡今使大夏從羌中句險句羌人惡之少北則爲匈奴所得應爲匈奴得應欲從羌中歸是一路程圖要畧從蜀宜徑又無寇天子既聞大宛及大夏安息之屬皆大國多奇物土著頗與中國同業而兵弱貴漢財物一段是近漢之國其北有大月氏康居之屬兵彊可以賂遺設利朝也一段是近匈奴之國作兩節一總且誠得而以義屬之則廣地萬里重九譯致殊俗威德徧於四海又總括諸國情勢再作一結蓋文章太重必如此然後承載得起也○聳動武帝處連用四五句說來手舞足蹈令人心痒天子欣然以騫言爲然乃令騫因蜀犍爲發間使四道並出出駹出冄出徙出邛僰皆各行一二千里其北方閉氐筰南方閉嶲昆明昆明之屬無君長善寇盜輒殺畧漢使終莫得通然聞其西可千餘里有乘象國名曰滇越一篇大文

（字序大宛烏孫奄蔡月支安息條枝大夏繫重浩汗故又序驪冉印獎氏笮嶲昆明滇越以爲襯貼以爲後勁文字始覺不孤）而蜀賈姦出物者。或至焉。於是漢以求大夏道。始通滇國。（收住下又颺開）初漢欲通西南彝。費多。道不通。罷之。及張騫言可以通大夏。乃復事西南彝。一（數萬里外忽遇蜀物忽思通蜀以爲從天而降也乃漢初先有之爲張騫嚆矢正爲張騫襯貼也○序完西南彝後入伐匈奴事歸入正意○自張騫爲天子言序諸國事爲一段）騫以校尉從大將軍擊匈奴。知水草處。軍得以不乏。乃封騫爲博望侯。是歲元朔六年也。（伐匈奴一）其明年。騫爲衛尉。與李將軍俱出右北平。擊匈奴。匈奴圍李將軍。軍失亡多。而騫後期。當斬。贖爲庶人。（伐匈奴二）是歲。漢遣驃騎破匈奴西城數萬人。至祁連山。（伐匈奴三）其明年。渾邪王率其民降漢。而金城河西。西竝南山至鹽澤。空無匈奴。匈奴時有候者到而希矣。（伐匈奴四）其後三年。漢擊走單于於幕北。一（伐匈奴五伐匈奴事爲一段）是後。天子數問騫大夏之屬。（一句遙接又入烏孫事）騫既失侯。因言曰。臣居匈奴中。聞烏孫王。號昆莫。昆莫之父。匈奴西邊小國也。匈奴攻殺其父。而昆莫生棄於野。烏嗛肉蜚其上。狼往乳之。單于怪以爲神。而收長之。（奇事與平林寒冰一樣）及壯。使將兵。數有功。單于復以其父之民予昆莫。令長守於西城。昆莫收養其民。攻旁小邑。控弦數萬。習攻戰。單于死。昆莫乃率其衆遠徙。中立。不肯朝會匈奴。匈奴遣奇兵擊不勝以爲神而遠之因羈屬之不大攻（歷序諸國空一身毒張騫口中序出此又找一烏孫亦從張騫口中序出）（文章之妙不可方物）今單于新困於漢而故渾邪地空無人蠻夷俗貪漢財物今誠以此時而厚幣賂烏孫招以益東居故渾邪之地與漢結昆弟其勢宜聽聽則是斷匈奴右臂也（即烏孫點出伐匈奴正意）既連烏孫自其西大夏之屬皆可招來而爲外臣（又即烏孫照映聯絡大夏諸國一絲）（不亂一滴不漏）天子以爲然拜騫爲中郎將將三百人馬各二匹牛羊以萬數齎金幣帛直數千巨萬多持節副使道可使使遺之他旁國（照傳聞其旁大國）騫既至烏孫烏孫王昆莫見漢使如單于禮騫大慙知蠻夷貪乃曰天子致賜王不拜則還賜昆莫起拜賜其他如故騫諭使指曰烏孫能東居渾邪地則漢遺翁主爲昆莫夫人（寫張騫自取其慢爲）

（開邊生事）烏孫國分（一層）王老（二層）而遠漢未知其大小（三層）素服屬匈奴日久矣（四層）且又近之（五層）其大臣皆畏胡（六層）不欲移徙（七層）王不能專制（一句一層一層一事堆簇之妙）騫不得其要領（與前月氏一樣）昆莫有十餘子其中子曰大祿彊善將衆將衆別居萬餘騎大祿兄爲太子太子有子曰岑娶而太子蚤死臨死謂其父昆莫曰必以岑娶爲太子無令他人代之昆莫哀而許之卒以岑娶爲太子大祿怒其不得代太子也乃收其諸昆弟將其衆

畔謀攻岑娶及昆莫昆莫老常恐大祿殺岑娶予岑娶萬餘騎別居而昆莫有萬餘騎自備國衆分爲三而其大總取羈屬昆莫昆莫亦以此不敢專約於騫 — 一段詳序烏孫事是王老國分注脚 騫因分遣副使使大宛康居大月氏大夏安息身毒于窴扜罙及諸旁國 又插諸旁國應副使并點大宛康居作一關鍵 烏孫發導譯送騫還騫與烏孫遣使數十人馬數十匹報謝因令窺漢知其廣大 此句虛是窺漢之意至富厚句乃實見之也 騫還到拜爲大行列於九卿歲餘卒 完張騫事一件大事托重張騫偏張騫一颺 烏孫使既見漢人衆富厚歸報其國其國乃益重漢 — 一段詳序烏孫 窺漢應遠漢不知大小 其後歲餘騫所遺使通大夏之屬者皆頗與其人俱來於是西北國始通於漢矣 間接副使遣他旁國又總大夏之屬作一鎖 然張騫鑿空 鑿空二字奇眞所謂無中生有 其後使往者皆稱博望侯以爲質於外國外國由此信之 — 又作一結結完張騫起下文 自博望侯騫死後 即騫帶下本旨也 匈奴聞漢通烏孫怒欲擊之及漢使烏孫若出其南抵大宛大月氏相屬烏孫乃恐使使獻馬願得尚漢女翁主爲昆弟天子問羣臣議計皆曰必先納聘然後乃遺女初天子發書易云神馬當從西北來得烏孫馬好名曰天馬及得大宛汗血馬益壯更名烏孫馬曰西極名大宛馬曰天馬云 — 忽插入馬忽插入天馬又忽插入大宛天馬因烏孫馬倒提大宛馬脈伏絲聯

（絕無痕跡）而漢始築令居以西。初置酒泉郡。以通西北國。因益發使。抵安息奄蔡黎軒條枝身毒國。（處處照應諸國或詳或略或多或少變化不定）而天子好宛馬。使者相望於道。（因馬及使下接諸使事不接馬事）諸使外國。一輩大者數百。少者百餘人。人所齎操。大放博望侯時。其後益習而衰少焉。漢率一歲中使多者十餘。少者五六輩。遠者八九歲。近者數歲而反。—（先序一輩數百人百餘人再序一歲十餘輩五六輩夾插序又帶歲數作四疊句尤佳○自烏孫事至此爲一段）是時漢既滅越。而蜀西南夷皆震。（又帶序西南夷）請吏入朝。於是置益州越巂牂柯沈黎汶山郡。欲地接以前通大夏。（遙接）乃遣使柏始昌呂越人等。歲十餘輩。出此初郡。抵大夏。皆復閉昆明。爲所殺奪幣財。終莫能通。至大夏焉。—（西道莫通）於是漢發三輔罪人。因巴蜀士數萬人。遣兩將軍郭昌衛廣等往擊昆明之遮漢使者。斬首虜數萬人而去。其後遣使。昆明復爲寇。竟莫能得通。—（南道亦莫通初聞張騫之論議鑿鑿以爲必能成功乃至今四方皆礙所謂自蜀通道者果何據哉正見其鑿空也）而北道酒泉抵大夏。使者既多。（間接諸使外國節西南兩道不通仍從北道）而外國益厭漢幣。不貴其物。—（一層）自博望侯開外國道以尊貴。其後從吏卒。皆爭上書。言外國奇怪利害。求使。（二層下以愚上）天子爲其絕遠。非人所樂往。聽其言。予節。募吏民毋問所從來。爲具備人衆遣之。以廣其道。（三層上以愚下）來還。不能毋侵盜幣物。及使失指。四層下以欺上天子爲其習之。輒覆案致重罪。以激怒令贖。復求使。五層上以欺下使端無窮。而輕犯法。其吏卒亦輒復盛推外國所有。言大者予節。言小者爲副。故妄言無行之徒。皆爭效之。六層下以欺上其使皆貧人子。私縣官齎物。欲賤市以私其利外國。七層內以欺外外國亦厭漢使。人人有言輕重。度漢兵遠不能至。而禁其食物以苦漢使。漢使乏絶積怨。至相攻擊。—八層外以欺內此段寫上下內外各私其私各利其利相欺相遁至於如此而絶無成功層層飛動詳悉入妙而樓蘭姑師。小國耳。當空道。攻劫漢使王恢等尤甚。初意欲通大宛等小國如此何況其他而匈奴奇兵時時遮擊使西國者。—初意欲通大宛等以困匈奴耳匈奴如此又何有於他使者爭徧言外國災害。皆有城邑兵弱易擊。以上兩路逼來可以止矣偏寫使者多事偏寫朝廷用兵褒貶言外於是天子以故。接法之妙意在言外遣從驃侯破奴將屬國騎及郡兵數萬至匈河水。欲以擊胡。胡皆去。其明年。擊姑師。破奴與輕騎七百餘先至。鹵樓蘭王。遂破姑師。因舉兵威以困烏孫大宛之屬。還封破奴爲浞野侯。一節王恢數使爲樓蘭所苦。言天子。天子發兵令恢佐破奴擊破之。封恢爲浩侯。二節對於是酒泉列亭鄣至玉門矣。—又爲漢贊一句回護作二鎖烏孫以千匹馬聘漢女。漢遣宗室女江都翁主往妻烏孫。遙接張騫諭使指事烏孫王昆莫以爲右夫人。匈奴亦遣女妻昆莫昆莫以爲左夫人昆莫曰我老乃令其孫岑娶妻翁主(遙接岑娶事)烏孫多馬其富人至有四五千匹馬(又聞入馬事應烏孫天馬)初漢使至安息安息王令將二萬騎迎於東界東界去王都數千里行比至過數十城人民相屬甚多漢使還而後發使隨漢使來(安息另序與烏孫一樣寫)觀漢廣大以大鳥卵及黎軒善眩人(應前)獻於漢及宛西小國驩潛(新)大益(新)宛東姑師(舊)扜罙(舊)蘇薤(新)之屬(以大宛作主一東一西三新兩舊相間出色)皆隨漢使獻見天子天子大悅(大宛烏孫單序餘國相間插序)而漢使窮河源河源出于窴(應前)其山多玉石采來(應前)天子案古圖書名河所出山曰崑崙云(北海西王母崑崙寫得傳聞疑似而崑崙遂屬強名尤奇○自此散序爲一段)是時上方數巡狩海上乃悉從外國客大都多人則過之散財帛以賞賜厚具以饒給之以覽示漢富厚焉於是大觳抵出奇戲諸怪物多聚觀者行賞賜酒池肉林令外國客徧觀各倉庫府藏之積見漢之廣大傾駭之及加其眩者之工而觳抵奇戲歲增變甚盛益興自此始(內寫漢事作一結寫漢武心事夸大鋪張極其曲折)西北外國使更來更去宛以西皆自以遠尙驕恣晏然未可詘以禮羈縻而使也自烏孫以西至安息以近匈奴匈奴困月氏也匈奴使持單于一信則國國傳送食不敢留苦及至漢使非出幣帛不得食不市

畜。不得騎用。所以然者。遠漢。而漢多財物。故必市乃得所欲。然以畏匈奴於漢使焉。━外寫諸國作一結寫諸國心事懷疑蓄詐與漢武心事件件不合妙宛左右以蒲陶爲酒。富人藏酒至萬餘石。久者數十歲不敗。俗嗜酒。馬嗜苜蓿。漢使取其實來。於是天子始種苜蓿蒲陶肥饒地。及天馬多。外國使來衆。則離宮別觀旁盡種蒲陶苜蓿極望。━又內寫漢事刻意學諸國自大宛以西至安息國。雖頗異言。然大同俗。相知言。其人皆深眼。多鬚頿。善市賈。爭分銖。俗貴女子。女子所言而丈夫乃決正。其地皆無絲漆。不知鑄錢器。及漢使亡卒降。教鑄作他兵器。得漢黃白金。輒以爲器。不用爲幣。━又外寫諸國事刻意學漢○一篇大文字詳序諸國汪洋浩蕩必有一大結以收束之故序此四段收羅已盡乃諸國結穴處○以上四節作一段以下則提出大宛單序另作一段而漢使者往既多。其少從率多進熟於天子。言曰。宛有善馬在貳師城。匿不肯與漢使。天子既好宛馬。聞之。遙接甘心。使壯士車令等。持千金及金馬。以請宛王貳師城善馬。宛國饒漢物。相與謀曰。漢去我遠。而鹽水中數敗。出其北。有胡寇。出其南。乏水草。又且往往而絕邑。乏食者多。漢使數百人爲輩來。而常乏食。死者過半。是安能致大軍乎。無奈我何。饒漢物遠乏食又序一遍且貳師馬。宛寶馬也。遂不肯予漢使。漢使怒。妄言。椎金馬而去。宛貴人怒曰。漢使至輕我。遣漢使去。令其東邊郁成遮攻殺漢使。取其財物。於是天子大怒。諸嘗使宛姚定漢等。言宛兵弱。誠以漢兵不過三千人。彊弩射之。卽盡虜破宛矣。（說得如許之易）天子已嘗使浞野侯攻樓蘭。以七百騎先至。虜其王。（又回映浞野樓蘭一事）以定漢等言爲然。（詳序出師之故見脫畧輕眇如此）而欲侯寵姬李氏。拜李廣利爲貳師將軍。發屬國六千騎及郡國惡少年數萬人以往伐宛。期至貳師城取善馬。故號貳師將軍。趙始成爲軍正。故浩侯王恢使導軍。而李哆爲校尉。制軍事。是歲太初元年也。（詳序出師之事見氣勢赫奕如此）而關東蝗大起。蜚西至燉煌。（正序出師事忽插一筆見天下饑荒而獨勤遠畧是史公主意而閒閒點入令人不覺）貳師將軍軍既西過鹽水。當道小國恐。各堅城守。不肯給食。攻之不能下。下者得食。不下者數日則去。（間接宛王所言）比至郁成。士至者不過數千。皆飢罷。攻郁成。郁成大破之。（初寫得輕眇如此赫奕如此以爲宛馬唾手可得偏作一縱）所殺傷甚衆。貳師將軍與哆始成等計。至郁成。尙不能舉。況至其王都乎。引兵而還。往來二歲。還至燉煌。士不過什一二。（寫艱難困苦以前之籌書氣勢俱成孟浪以爲一笑）使使上書言道遠。多乏食。且士卒不患戰。患飢。人少不足以拔宛。願且罷兵。益發而復往。天子聞之。大怒。而使使遮玉門。曰軍有敢入者輒斬之。（一路委靡得此一詔復振起氣勢）貳師恐。因留燉煌。

一其夏漢亡浞野之兵二萬餘於匈奴。又揷序匈奴一筆　公卿及議者皆願罷擊宛軍專力攻胡。天子已業誅宛。宛小國而不能下。則大夏之屬輕漢。而宛善馬絕不來。烏孫侖頭易苦漢使矣。爲外國笑。前作欲合之勢偏作一颺今作欲颺之勢偏又收轉文字之妙　乃案言伐宛尤不便者鄧光等。赦囚徒材官。益發惡少年及邊騎。歲餘而出燉煌者六萬人。負私從者不與。牛十萬。馬三萬餘匹。驢騾橐駝以萬數。多齎糧。兵弩甚設。天下騷動。傳相奉伐宛。又揷天下騷動一筆與飛蝗一樣　凡五十餘校尉。宛王城中無井。皆汲城外流水。於是乃遣水工徙其城下水空以空其城。益發戍甲卒十八萬。酒泉張掖北。置居延休屠以衛酒泉。而發天下七科適。及載糒給貳師。轉車人徒相連屬至燉煌。而拜習馬者二人爲執驅校尉。備破宛。擇取其善馬云。一段布置便不似以前輕脫而預拜習馬者更爲增致　於是貳師後復行。兵多而所至小國莫不迎。出食給軍。至侖頭。侖頭不下。攻數日屠之。自此而西。平行至宛城。漢兵到者三萬人。至此少舒其氣序致亦勃然生色　宛兵迎擊漢兵。漢兵射敗之。應彊弩　宛走入葆乘其城。貳師兵欲行攻郁成。恐留行而令宛益生詐。乃先至宛。決其水源移之。應水工徙城下水前　詳此畧　則宛固已憂困。圍其城攻之四十餘日。其外城壞。鹵宛貴人勇將煎靡。宛大恐。

走入中城。大爲漢人吐氣宛貴人相與謀曰。漢所爲攻宛。以王毋寡。匿善馬而殺漢使。今殺王毋寡。而出善馬。漢兵宜解。卽不解。乃力戰而死。未晚也。宛貴人皆以爲然。共殺其王毋寡。持其頭遣貴人使貳師。約曰。漢毋攻我。我盡出善馬。恣所取。而給漢軍食。卽不聽。我盡殺善馬。而康居之救且至。至。我居內。康居居外。與漢軍戰。漢軍熟計之。何從。卽句踐會稽之談寫得精致是時康居候視漢兵。漢兵尚盛。不敢進。應康居貳師與趙始成李哆等計。聞宛城中新得秦人。知穿井。應移水源而其內食尚多。應漢軍乏食所爲來。誅首惡者毋寡。毋寡頭已至。如此而不許解兵。則堅守。而康居候漢罷而來救宛。破漢軍必矣。軍吏皆以爲然。與宛貴人皆以爲然對許宛之約。宛乃出其善馬。令漢自擇之。而多出食食給漢軍。漢軍取其善馬數十匹。如此而已中馬以下。牡牝三千餘匹。如此而已而立宛貴人之故待遇漢使善者名昧蔡。以爲宛王。與盟而罷兵。終不得入中城。前大宛輕漢遠困漢兵先作一逼逼出遮玉門攻宛城一爲漢人吐氣矣乃以終不得入中城結之而漢之靡財喪師窮兵黷武如此而已正深爲一歎也乃罷而引歸。━初貳師起燉煌西。以爲人多。道上國不能食。乃分爲數軍。從南北道。校尉王申生。故鴻臚壺充國等千餘人。別到郁成。郁成城守。不肯給食其軍。王申生去大軍二百里。偵而輕之。

責郁成。郁成食不肯出窺知申生軍日少晨用三千人攻戮殺申生等軍破。得意而歸又復遣此一跌漢終無奈諸國何也。數人脫亡走貳師。貳師令搜粟都尉上官桀往攻破郁成。郁成王亡走康居。桀追至康居。康居聞漢已破宛。乃出郁成王予桀。回映了康居救兵事桀令四騎士縛守詣大將軍。四人相謂曰。郁成王漢國所毒。今生將去卒失大事。欲殺莫敢先擊。上邽騎士趙弟最少。拔劍擊之。稱郁成王齎頭。弟桀等逐及大將軍。一初貳師後行。天子使使告烏孫大發兵并力擊宛。烏孫發二千騎往。持兩端不肯前。貳師將軍之東。諸所過小國。烏孫在內聞宛破。皆使其子弟從軍入獻見天子。因以爲質焉。一又回映烏孫及諸小國點綴以照映前篇。貳師之伐宛也。而軍正趙始成力戰功最多。及上官桀敢深入。李哆爲謀計。軍入玉門者萬餘人。軍馬千餘匹。貳師後行軍非乏食。戰死不能多。而將吏貪多。不愛士卒侵牟之。以此物故衆。萬里開邊卽兵食俱足而利弊尙如此史公有深意在也天子爲萬里而伐宛。不錄過。封廣利爲海西侯。又封身斬郁成王者騎士趙弟爲新畤侯。軍正趙始成爲光祿大夫。上官桀爲少府。李哆爲上黨太守。軍官吏爲九卿者三人。諸侯相郡守二千石者百餘人。千石以下千餘人。奮行者官過其望。以適過行者皆絀其勞。士卒賜直

四萬金。萬里開邊即成功之後而所費又如此史公有深意在也伐宛。再反。凡四。歲。而。得。罷。焉。一總結伐宛事前二歲今又二歲

寫得其難如此漢已伐宛立昧蔡爲宛王而去。歲餘宛貴人以爲昧蔡善諛使我國遇屠。乃相與殺昧蔡立毋寡昆弟曰蟬封爲宛王。而遣其子入質于漢。漢因使使賂賜以鎭撫之。一寫得漢終無奈大宛何也而漢發使十餘輩。至宛西諸外國。求奇物。因風覽以伐宛之威德。而燉煌置酒泉都尉。西至鹽水。往往有亭。而侖頭有田卒數百人。因置使者護田積粟以給使外國者。文字只如總結故作不了以見開邊未已

太史公曰。禹本紀言河出崑崙。崑崙其高二千五百餘里。日月所相避隱爲光明也。其上有醴泉瑤池。今自張騫使大夏之後也。窮河源。惡睹本紀所謂崑崙者乎。故言九州山川。尚書近之矣。至禹本紀山海經所有怪物。余不敢言之也。大宛一傳只就事詳序而得失已見贊語自難下筆故只就崑崙辨論以作餘波亦就天子按古圖書一句生出也

此一篇序西北諸國詳序八國爲大宛烏孫康居奄蔡大小月氏安息條枝大夏附序九國爲扜罙于寘樓蘭姑師黎軒身毒驪潛大益蘇薤帶序西南十國爲駹冉徙印棘氏笮嶲昆明滇越其中序烏孫大宛更詳而傳文以大宛起大宛結故以大宛名篇○序諸國有排有錯或多或少處處回環照應變化神妙○序諸國分四大段而後以四小段分序漢事諸國事結完收盡而獨提大宛貳師事另作一段不作了語以見漢武窮兵正未有艾也○漢武開邊生事原

非盛事故史公序漢夸耀諸國處諸國恃遠輕漢處又帶序蜚蝗騷動處即大宛一捷亦以不入中城殺王昧蔡不能討而賜賂鎭撫終焉含多少譏諷多少嗟歎○忽入序事或入議論或以序事帶議論或以議論代序事縱橫錯雜而出其中段落井井照應楚楚結構奇絕

游俠列傳

韓子曰儒以文亂法而俠以武犯禁首二句以儒俠相提而論借客形主下應二者皆譏而學士多稱於世云側重一句儒是史公立言主意至如以術取宰相卿大夫輔翼其世主功名俱著於春秋固無可言者及若季次原憲閭巷人也閭巷之儒照閭巷之俠讀書懷獨行君子之德義不苟合當世當世亦笑之故季次原憲終身空室蓬戶褐衣疏食不厭死而已四百餘年而弟子志之不倦一段儒今游俠其行雖不軌於正義然其言必信其行必果已諾必誠不愛其軀赴士之阸困既已存亡死生矣句法而不矜其能羞伐其德蓋亦有足多者焉且緩急人之所時有也一段俠○折宕處極有丰神太史公曰昔者虞舜窘於井廩伊尹負於鼎俎傅說匿於傅險呂尚困於棘津夷吾桎梏百里飯牛仲尼畏匡菜色陳蔡此皆學士所謂有道仁人也猶然遭此菑況以中材而涉亂世之末流乎其遇害何可勝道哉一段儒○感歎處史公自道故曲折悲憤鄙人有言曰何知仁義已饗其利者爲有德正應遭菑涉世接下故

伯夷醜周餓死首陽山而文武不以其故貶王跖蹻暴戾其徒誦義無窮由此觀之竊鉤者誅竊國者侯侯之門仁義存對何知仁義二句非虛言也一段俠○與前段對照極其感歎今拘學或抱咫尺之義久孤於世豈若卑論儕俗與世浮沈而取榮名哉一段儒○名聲是一篇主意而布衣之徒設取予然諾千里誦義為死不顧世此亦有所長非苟而已也一段俠故士窮窘而得委命此豈非人之所謂賢豪間者邪一段儒誠使鄉曲之俠與季次原憲比權量力効功於當世不同日而論矣一段俠要以功見言信俠客之義又曷可少哉儒俠疊發至此方收歸本題古布衣之俠靡得而聞已布衣閭巷是主意一有憑藉便不足重故下詳言之近世延陵孟嘗春申平原信陵之徒又借五人引起皆因王者親屬藉於有土卿相之富厚招天下賢者顯名諸侯不可謂不賢者矣比如順風而呼聲非加疾其勢激也前有多少層折方入本題以為止矣偏又翻出一層落下匹夫之俠至如閭巷之俠修行砥名聲施於天下名莫不稱賢是為難耳然儒墨皆排擯不載又挽定儒字自秦以前匹夫之俠湮沒不見遙接布衣之俠靡得而聞○閭巷布衣匹夫之俠是著意處余甚恨之以余所聞漢興有朱家田仲王公劇孟郭解之徒緊照延陵孟嘗春申平原信陵之徒五虛五實○總序朱家五人之目又三實二虛三詳二略雖時扞當世之文罔然其私義廉潔退讓有足

稱者名不虛立名士不虛附至如朋黨宗彊比周設財役貧豪暴侵凌孤弱恣欲自快游俠亦醜之（朋黨豪暴照後姚氏杜氏一流人）余悲世俗不察其意而猥以朱家郭解等令與豪暴之徒同類而共笑之也一（借延陵孟嘗卿相之俠引出朱家田仲布衣之俠可以止矣偏又總序跌宕反出豪暴之徒直兜篇末姚杜諸人其才力如此○朱家郭解五人之中一頂一末也反挑一筆就朱家二字借勢落入本傳奇妙）

魯朱家者與高祖同時魯人皆以儒教而朱家用俠聞（儒俠餘波）所藏活豪士以百數其餘庸人不可勝言（應捍當世之文罔）然終不伐其能歆其德（應不矜其能羞伐其德）諸所嘗施唯恐見之振人不贍先從貧賤始家無餘財衣不完采食不重味乘不過軥牛專趨人之急甚己之私（應不愛其軀赴士之急）既陰脫季布將軍之阨（所云藏活豪士）及布尊貴終身不見也（所云唯恐見之）自關以東莫不延頸願交焉一（朱家一傳只於空處寫即季布事亦不詳書以實爲虛神妙如此）

楚田仲以俠聞喜劍父事朱家自以爲行弗及一（田仲虛略）

田仲已死而洛陽有劇孟（朱家傳帶出田仲略序即從田仲帶入劇孟章法之妙）周人以商賈爲資而劇孟以任俠顯諸侯（正寫只一句下俱以側筆於四傍寫）吳楚反時條侯（周亞夫）爲太尉乘傳車將至河南得劇孟喜曰吳楚舉大事而不求孟吾知其無能爲已矣天下騷動宰相得之若得一敵國云（又入一贊語以爲出色）劇孟行大類朱家（又挽合朱家）而好博多少年之戲然劇孟母死自

遠方送喪蓋千乘及劇孟死家無餘十金之財 劇孟傳亦只於空處寫 而符離人王孟亦以俠稱江淮之間 王孟虛略只一句 是時濟南瞯氏陳周庸亦以豪聞景帝聞之使使盡誅此屬其後代諸白梁韓無辟陽翟薛況陝韓孺紛紛復出焉 忽於傳外添出許多人以為照應波瀾然

大抵所云曷足道者也 郭解軹人也字翁伯善相人者許負外孫也解父以任俠孝文時誅死 郭解傳似特起而實從景帝誅諸俠落下○家世任俠家世刑僇寫小人怙終如此 解為人短小精悍不飲酒少時陰賊慨不快意身所殺甚眾以軀借交報讎 應不愛其軀赴士之急 藏命作姦剽攻不休及鑄錢掘冢固不可勝數 應捍當世之文罔 適有天幸窘急常得脫若遇赦及解年長更折節為儉 伏箕踞事 以德報怨 伏姊子事 厚施而薄望然其自喜為俠益甚既已振人之命不矜其功 伏居間事○應 不矜其功羞伐其德 其陰賊著於心卒發於睚眦如故云 伏楊季主事 而少年慕其行亦輒為報讎不使知也 伏儒生事○先總序一段後事俱從此序出 解姊子負解之勢與人飲使之嚼非其任彊必灌之人怒拔刀刺殺解姊子亡去解姊怒曰以翁伯之義人殺吾子賊不得棄其尸於道弗葬欲以辱解解使人微知賊處賊窘自歸具以實告解解曰公殺之固當吾兒不直遂去其賊罪其姊子乃收而葬之諸公聞之皆多解之義益附焉 此節應以德報

怨

解出入。人皆避之。有一人獨箕倨視之。解遣人問其姓名。客欲殺之。解曰。居邑屋至不見敬。是吾德不脩也。彼何罪。乃陰囑尉吏曰。是人吾所急也。急解情切 至踐更時脫之。踐更力役也。役一月休十一月 每至踐更。數過。吏弗求。怪之。問其故。乃解使脫之。箕踞者乃肉袒謝罪。引咎足矣。踐更陰脫。曲寫其立異好名之過止。爲下邊一句也 少年聞之。愈益慕解之行。— 此節應折節 洛陽人有相讎者。邑中賢豪居間者以十數。終不聽。客乃見郭解。解夜見讎家。何以夜見。下乃恍然。一字何可輕著 讎家曲聽解。解乃謂讎家曰。吾聞洛陽諸公在此間。多不聽者。今子幸而聽解。解奈何乃從他縣奪人邑中賢大夫權乎。乃夜去。不使人知。夜見夜去照應 曰。且無用待我。待我去。令洛陽豪居其間。乃聽之。— 此節應振人之命不矜其功 解執恭敬。不敢乘車入其縣廷。之傍郡國爲人請求事。事可出。出之。不可者。各厭其意。然後乃敢嘗酒食。諸公以故嚴重之。爭爲用。邑中少年及傍郡縣賢豪夜半過門。常十餘車。請得解客舍養之。— 又入議論一段。以通應前後。議論不煩。序事則不板。段落疎密之妙。〇請解客。妙。愛其人及屋烏也 及徙豪富茂陵也。解家貧。不中訾。家貲不滿額 吏恐。不敢不徙。衛將軍爲言。郭解家貧。不中徙。上曰。布衣。點 權至使將軍爲言。此其家不貧。解家遂徙。諸公送者出千餘萬。— 千餘萬送者所資助也 軹人楊季主子爲縣掾。

舉徙解。解兄子斷楊掾頭。由此楊氏與郭氏爲讎。只一點姑置之解入關。關中賢豪知與不知。聞其聲。名爭交驩解。解爲人短小。不飲酒。出未嘗有騎。解入關後事以後忙不及序故插入於此幷重出解爲人通篇警策此行文變化之妙○短小不飲酒重序何也蓋曰再思其人形性亦猶是耳何以得此於天下哉即狀貌不及中人之意已又殺楊季主。間接楊季主家上書人又殺之闕下。不言上書竟顏殺上書人變法上聞。乃下吏捕解。此節應卒發於睚眦如故解亡。置其母家室夏陽。身至臨晉。臨晉籍少公素不知解。應知與不知聞其聲爭交驩解冒因求出關。籍少公已出解。冒冒昧也兩句寫得省解轉入太原。所過輒告主人家。吏逐之。跡至籍少公。少公自殺。口絕。久之。乃得解。窮治所犯。爲解所殺。皆在赦前。軹有儒生侍使者坐。此亦窮治中之一事蓋赦後事也故遂以殺解○儒與俠不相容爲儒俠餘波客譽郭解。生曰。郭解專以姦犯公法。何謂賢。解客聞。殺此生。斷其舌。應少年輒爲報讎不使知也吏以此責解。解實不知殺者。殺者亦竟絕。莫知爲誰。疊三句以見再四窮治推敲終莫能得也吏奏解無罪。御史大夫公孫弘議曰。解布衣爲任俠。完布衣之俠行權。以睚眦殺人。解雖弗知。此罪甚於解殺之。解死罪甚多此則不知不坐也公孫弘未免文深通篇是俠以武犯禁此則儒以文亂法也當大逆無道。遂族郭解翁伯。傳其名幷傳其字足見名之顯也自是之後。爲俠者極衆。敖而無足數者。然關中長安樊仲子。槐里趙王孫。長陵高公子。西河郭公仲。

太原鹵公孺。臨淮兒長卿。東陽田君孺。雖爲俠而逡逡有退讓君子之風。所云廉潔退讓有足稱者也至若北道姚氏西道諸杜南道仇景東道趙他羽公子南陽趙調之徒此盜跖居民間者耳。曷足道哉。所云豪暴侵凌恣欲自快游俠亦醜之者也此乃鄉者朱家之所羞也。又挽合傳中第一人虎豹之尾可以繞顏此之謂乎○前於傳外列如許人此又於傳外列如許人作兩處安頓爲照應襯貼正不覺其繁

太史公曰吾視郭解。狀貌不及中人。言語不足採者。然天下無賢與不肖。知與不知。皆慕其聲。言俠者皆引以爲名。名聲是一篇主意游俠大抵皆好名之人也○獨贊郭解不及四人想爲史公心重諺曰。人貌榮名。豈有既乎。言名爲游俠所竊寧有定准乎所以深惜之所以深貶之也嗚呼。惜哉。

吾讀班氏漢書有曰史公進奸雄而不覺爲之三歎也夫太史公傳游俠雖借儒形俠而首即特書曰學士多稱於世云則其立言之旨爲何如哉即有抑揚激昂之論亦自舒吾感憤不平之氣而已夫固所謂反言之激言之者也奈何操戈論出遂令後世不善讀書者守之而不化乎○篇中先以儒俠相提而論層層迴環步步轉折曲盡其妙後乃出二傳反若借一以爲注解而篇章之妙此又一奇也○兩傳俱於空寫即朱家有季布一事亦作花香月影在有無之中而郭解一傳方用全力此虛實相生疏密相間之妙也

佞倖列傳

諺曰。力田不如逢年。善仕不如遇合。固無虛言。非獨女以色媚。而仕宦亦有之。忽引諺起

下一折即入文法緊峭昔以色幸者多矣一句中藏卻彌子等一輩幾許人至漢興高祖至暴抗也然籍孺以
佞幸孝惠時有閎孺此兩人非有材能徒以婉佞貴幸與上臥起公卿皆因關說故
孝惠時郎侍中皆冠鵕鸃貝帶傅脂粉化閎籍之屬也兩人徙家安陵先以兩人夾序一段
引起帶議論行文孝文時中寵臣士人則鄧通宦者則趙同北宮伯子忽序三人一實二虛一詳二畧趙北宮陪
序北宮伯子以愛人長者而趙同以星氣幸常爲文帝參乘即據袁盎傳中事鄧通無伎能
三人平序反抑倒鄧通借此一側即瀉下章法神化鄧通蜀郡南安人也以濯船爲黃頭郎孝文帝夢欲上
天不能有一黃頭郎從後推之上天顧見其衣裻帶後穿寫夢境模糊有致裻衣之要也覺而之漸
臺以夢中陰目求推者郎即見鄧通其衣後穿夢中所見也召問其名姓姓鄧氏名
通忽而覺忽而求先見其人繼見其衣後問其姓名舊夢重回歷歷如在寫得秀倩乃爾文帝說焉尊幸之日異通亦愿謹不
好外交雖賜洗沐不欲出於是文帝賞賜通巨萬以十數官至上大夫文帝時時如
鄧通家游戲尊幸處只淡寫然鄧通無他能不能有所薦士獨自謹其身以媚上而已應無
伎能繳還前段上使善相者相通曰當貧餓死文帝曰能富通者在我也何謂貧乎於是賜
鄧通蜀嚴道銅山得自鑄錢鄧氏錢布天下找一句伏徼外鑄錢其富如此又贊一句映寄死人家文

帝嘗病癰。鄧通常爲帝嗺吮之。文帝不樂。從容問通曰。天下誰最愛我者乎。通曰。宜莫如太子。太子入問病。文帝使嗺癰。而色難之。已而聞鄧通嘗爲帝嗺吮之。心慚。一難一慚曲曲連寫出 由此怨通矣。一 及文帝崩。景帝立。鄧通免。家居。居無何。人有告鄧通盜出徼外鑄錢。下吏驗問。頗有之。遂竟案。盡沒入鄧通家。尙負責數巨萬。長公主賜鄧通。吏輒隨沒入之。一簪不得著身。形容妙語 於是長公主乃令假衣食。竟不得名一錢。形容妙語 一簪一錢顚倒成法不得名一錢與錢布天下作一歎 寄死人家。一 孝景帝時。中無寵臣。然獨郎中令周文仁。仁寵最過。句 庸。句 不乃甚篤。愚意寵最過矣以其材庸下耳否則當甚篤也諸解太鑿漢書爲取過庸不篤亦不明○上有籍孺四人略序故鄧通一段詳序中間周文仁略序下韓李兩段詳序章法 今天子中寵臣。士人則韓王孫嫣。宦者則李延年。前提鄧通三人單側下此提韓李二人雙承下 嫣者。弓高侯孽孫也。今上爲膠東王時。嫣與上學書相愛。及上爲太子。愈益親嫣。嫣善騎射、善佞。上卽位。欲事伐匈奴。而嫣先習胡兵。以故益尊貴。官至上大夫。賞賜擬於鄧通。又映合鄧通 時嫣常與上臥起。一佞倖本旨 江都王入朝。有詔得從入獵上林中。天子車駕蹕道未行。而先使嫣乘副車。從數十百騎。儼然似車駕 騖馳視獸。江都王望見。以爲天子。辟從者。伏謁道傍。嫣驅不見。既過。江都王怒。爲皇太后泣曰。請得歸國。入宿衛。比韓嫣。太后由此嗛嫣。一嫣侍上。出入永巷不禁。以姦聞皇太后。皇太后怒。使使賜嫣死。上爲謝。終不能得。嫣遂死。而案道侯韓說。其弟也。亦佞幸。一韓嫣帶序其弟 李延年、中山人也。父母及身兄弟及女、皆故倡也。其賤如此 延年坐法腐。給事狗中。狗監也 而平陽公主言延年女弟善舞。上見。心說之。及入永巷。而召貴延年。一延年善歌。爲變新聲。而上方興天地祠。欲造樂詩歌絃之。延年善承意。絃次初詩。其女弟亦幸。有子男。延年佩二千石印。號協聲律。與上臥起。佞倖本旨 甚貴幸。埒如韓嫣也。又回映韓嫣 久之。寖與中人亂。出入驕恣。及其女弟李夫人卒後。愛弛。則禽誅延年昆弟也。一李延年亦帶序其弟相對作章法 自是之後。內寵嬖臣。大抵外戚之家。然不足數也。衛青霍去病。亦以外戚貴幸。然頗用材能自進。前散序籍閎二人起此散序衛霍二人結大是惡筆 太史公曰、甚哉愛憎之時。彌子瑕之行。足以觀後人佞幸矣。雖百世可知也。前從漢興序起

忽於贊中補出一彌子瑕應篇首昔以色幸多矣一句奇妙 太史公遇鵕冠貝帶諸君故用此清新俊逸之筆通身風雅有露泫風輕嬌花漸吐之致東坡所云恕先在焉呼之欲出也○中間列許多人有整序者散序者實序者虛點者又段段牽挽處處回合通篇一氣直貫到底絕無一毫滋滯止有清空靈氣點化運旋文章至此可云靈化矣

滑稽列傳

孔子曰。六藝於治一也。禮以節人。樂以發和。書以導事。詩以達意。易以神化。春秋以道義。（滑稽傳以莊語起）太史公曰。天道恢恢。豈不大哉。談言微中。亦可以解紛。（輕輕點次是唐人傳奇之祖）

淳于髡者。齊之贅壻也。長不滿七尺。滑稽多辯。數使諸侯。未嘗屈辱。（一總一虛序）齊威王之時。喜隱。好爲淫樂長夜之飲。沈湎不治。委政卿大夫。百官荒亂。諸侯並侵。國且危亡。在於旦暮。左右莫敢諫。淳于髡說之以隱曰。國中有大鳥。止王之庭。三年不蜚。又不鳴。（用韻）王知此鳥何也。王曰。此鳥不飛則已。一飛沖天。不鳴則已。一鳴驚人。（用韻）於是乃朝諸縣令長七十二人。賞一人。誅一人。（省即墨阿大夫名是淳于傳中體）奮兵而出。諸侯振驚。皆還齊侵地。威行三十六年。語在田完世家中——威王八年。楚大發兵加齊。齊王使淳于髡之趙請救兵。齎金百斤。車馬十駟。淳于髡仰天大笑。冠纓索絕。（加四字無關於大笑而大笑之神情俱現）王曰。先生少之乎。髡曰。何敢。王曰。笑豈有說乎。髡曰。今者臣從東方來。見道傍有禳田者。操一豚蹄。酒一盂。而祝曰。甌窶滿篝。汙邪滿車。五穀蕃熟。穰穰滿家。臣見其所持者狹。而所欲者奢。（用韻首句二字一韻尤古奧）故笑之。於是齊威王乃益齎黃金千

中華書局印行

鎰。白璧十雙。車馬百駟。髡辭而行。至趙。趙王與之精兵十萬。革車千乘。楚聞之。夜引兵而去。威王大說。置酒後宮。召髡賜之酒。問曰。先生能飲幾何而醉。對曰。臣飲一斗亦醉。一石亦醉。一路皆以劈空奇論成文威王曰。先生飲一斗而醉。惡能飲一石哉。其說可得聞乎。髡曰。賜酒大王之前。執法在傍。御史在後。髡恐懼俯伏而飲。不過一斗徑醉矣。若親有嚴客。髡帣韝鞠䠯。侍酒於前。時賜餘瀝。奉觴上壽。數起。飲不過二斗徑醉矣。若朋友交遊。久不相見。卒然相覩。歡然道故。私情相語。飲可五六斗徑醉矣。若乃州閭之會。男女雜坐。行酒稽留。六博投壺。相引為曹。握手無罰。目眙不禁。前有墮珥。後有遺簪。髡竊樂此。飲可八斗而醉二參。日暮酒闌。合尊促坐。男女同席。履舃交錯。杯盤狼籍。堂上燭滅。主人留髡而送客。羅襦襟解。微聞薌澤。當此之時。髡心最歡。能飲一石。逐節遞入如落花流水溶溶漾漾而中間有用韻者有不用韻者字句之妙情事之妙清新俊逸賦手賦心故曰。酒極則亂。樂極則悲。萬事盡然。言不可極。極之而衰。以諷諫焉。齊王曰。善。乃罷長夜之飲。以髡為諸侯主客。宗室置酒。髡嘗在側。仍用韻語住其後百餘年。楚有優孟。優孟者。故楚之樂人也。長八尺。多辯。常以談笑諷諫。亦總虛序一句楚莊王之時。有所愛馬。衣以文繡。置之華屋之下。

席以露床。啗以棗脯。馬病肥死。使羣臣喪之。欲以棺槨大夫禮葬之。左右爭之。以爲不可。王下令曰。有敢以馬諫者。罪至死。豈眞有此事聊爲優孟作襯耳優孟聞之。入殿門。仰天大哭。淳于優孟一笑一哭王驚而問其故。優孟曰。馬者王之所愛也。以楚國堂堂之大。何求不得。而以大夫禮葬之。句薄。句請以人君禮葬之。王曰。何如。對曰。臣請以彫玉爲棺。文梓爲椁。楩楓豫章爲題湊。發甲卒爲穿壙。老弱負土。齊趙陪位于前。韓魏翼衛其後。與淳于飲酒一樣句法廟食太牢。奉以萬戶之邑。諸侯聞之。皆知大王賤人而貴馬也。王曰。寡人之過一至此乎。爲之奈何。優孟曰。請爲大王六畜葬之。以壠竈爲椁。銅歷爲棺。齎以薑棗。薦以木蘭。祭以粳稻。衣以火光。葬之於人腹腸。與淳于飲酒一樣句法於是王乃使以馬屬大官。無令天下久聞也。楚相孫叔敖知其賢人也。善待之。病且死。屬其子曰。我死。汝必貧困。若往見優孟。言我孫叔敖之子也。言我何更增色只如此住妙居數年。其子窮困負薪。逢優孟。與言曰。我孫叔敖之子也。父且死時。屬我貧困往見優孟。與前一字不換略一顚倒便成兩樣優孟曰。若無遠有所之。卽爲孫叔敖衣冠。抵掌談語。歲餘。像孫叔敖。楚王及左右不能別也。寫得有意無意說來恰好他人未免夢中尋夢耳莊王置酒。優孟前爲壽。莊王大驚。以爲孫叔敖復生也。欲以為相。（欲以為相亦有若為師之意總是寓言何勞聚訟）優孟曰。請歸與婦計之。三日而為相。莊王許之。三日後。優孟復來。王曰。婦言謂何。孟曰。婦言慎無為。楚相不足為也。如孫叔敖之為楚相。盡忠為廉以治楚。楚王得以霸。今死。其子無立錐之地。貧困負薪以自飲食。必如孫叔敖。不如自殺。因歌曰。（忽而為相忽而自殺忽而作歌無倫無次是優孟口角）山居耕田苦。難以得食。（起句言農不可為起而為吏乃一行作吏其苦更甚也）起而為吏。身貪鄙者餘財。不顧恥辱。身死家室富。又恐受賕枉法。為姦觸大罪。身死而家滅。貪吏安可為也。念為廉吏。奉法守職。竟死不敢為非。廉吏安可為也。楚相孫叔敖持廉至死。方今妻子窮困負薪而食。不足為也。（歌凡四層一層言農一層言貪吏一層言廉吏一層方入孫叔敖）於是莊王謝優孟。乃召孫叔敖子。封之寢丘四百戶。以奉其祀。後十世不絕。此知可以言時矣。一其後二百餘年。秦有優旃。一優旃者。秦倡朱儒也。善為笑言。然合于大道。（亦虛序一筆三傳相配而起）秦始皇時置酒而天雨。陛楯者皆沾寒。優旃見而哀之。謂之曰。汝欲休乎。陛楯者皆曰。幸甚。優旃曰。我即呼汝。汝疾應曰諾。居有頃。殿上上壽呼萬歲。優旃臨檻大呼。（兩呼相應借此作態）曰。陛楯郎。郎曰。諾。優旃曰。汝雖長。何益。幸雨立。我雖短也。幸休居。於是始皇使陛楯者得半相代。一始皇嘗議欲大苑囿。東至函谷關。西至雍陳倉。優旃曰。善。多縱禽獸于其中。寇從東方來。令麋鹿觸之足矣。言之解頤 始皇以故輟止。二世立。又欲漆其城。優旃曰。善。主上雖無言。臣固將請之。漆城雖于百姓愁費。然佳哉。漆城蕩蕩。寇來不能上。卽欲就之。易爲漆耳。顧難爲蔭室。此所謂微言也 是於二世笑之。以其故止。居無何。二世殺死。優旃歸漢。數年而卒。

太史公曰。淳于髡仰天大笑。齊威王橫行。優孟搖頭而歌。負薪者以封。優旃臨檻疾呼。陛楯得以半更。贊語亦用韻 豈不亦偉哉。

褚先生曰。臣幸得以經術爲郎。而好讀外家傳語。竊不遜讓。復作故事滑稽之語六章。編之左方。可以覽觀揚意。字法 以示後世好事者讀之。以游心駭耳。字法然已近六朝 以附益上方太史公之三章。武帝時有所幸倡郭舍人者。發言陳辭雖不合大道。然令人主和說。武帝少時。東武侯母常養帝。帝壯時。號之曰大乳母。率一月再朝。朝奏入有詔。使幸臣馬游卿以帛五十匹賜乳母。又奉飲糒餐養乳母。乳母上書曰。某所有公田。願得假倩之。帝曰。乳母欲得之乎。以賜乳母。乳母所言。未嘗不聽。節節寫其得幸是反襯法

有詔得令乳母乘車行馳道中當此之時公卿大臣皆敬重乳母乳母家子孫奴從
者橫暴長安中當道掣頓人車馬奪人衣服聞于中不忍致之法有司請徙乳母家
室處之于邊奏可乳母當入至前面見辭乳母先見郭舍人爲下泣舍人曰卽入見
辭去疾步數還顧（不先說明好與陛楯郎一樣文法）乳母如其言謝去疾步數還顧郭舍人疾言罵
之曰咄老女子何不疾行陛下已壯矣寧尙須汝乳而活耶尙何還顧於是人主憐
焉悲之乃下詔止無徙乳母罰譖之者一武帝時齊人有東方生名朔以好古傳
書愛經術多所博觀外家之語一朔初入長安至公車上書凡用三千奏牘公車令
兩人共持舉其書僅然能勝之人主從上方讀之（句）止（句）輒乙其處讀之二月乃盡
一（先從書上描寫有致）詔拜以爲郎常在側侍中數召至前談語人主未嘗不說也（先虛寫）時詔
賜之飯於前飯已盡懷其餘肉持去衣盡汙數賜縑帛擔揭而去徒用所賜錢帛取
少婦於長安中好女率取婦一歲所者卽棄去更取婦所賜錢財盡索之於女子人
主左右諸郞半呼之狂人人主聞之曰令朔在事無爲是行者若等安能及之哉朔
任其子爲郞又爲侍謁者常持節出使朔行殿中郞謂之曰人皆以先生爲狂朔曰

如朔等所謂避世于朝廷間者也（只此好下一歌便贊）古之人乃避世於深山中時坐席中酒酣據地歌曰陸沈于俗避世金馬門宮殿中可以避世全身何必深山之中蒿廬之下（同一歌也優孟之歌從數節落下以風韻出之此則未免橫于胸中格格不化）金馬門者宦署門也門旁有銅馬故謂之曰金馬門一時會聚宮下博士諸先生與議論共難之曰蘇秦張儀一當萬乘之主而都卿相之位澤及後世今子大夫修先王之術慕聖人之義諷誦詩書百家之言不可勝數著于竹帛自以爲海內無雙卽可謂博文辯智矣然悉力盡忠以事聖帝曠日持久積數十年官不過侍郎位不過執戟意者尙有遺行邪其故何也東方生曰是故非子之所能備也彼一時也此一時也豈可同哉（時字是主）夫張儀蘇秦之時周室大壞諸侯不朝力政爭權相禽以兵幷爲十二國未有雌雄得士者彊失士者亡故說聽行通身處尊位澤及後世子孫長榮今非然也聖帝在上德流天下諸侯賓服威振四夷連四海之外以爲席安于覆盂天下平均合爲一家動發舉事猶如運之掌中賢與不肖何以異哉方今以天下之大士民之衆竭精馳說並進輻湊者不可勝數悉力慕義困于衣食或失門戶使張儀蘇秦與僕並生於今之世曾不能得

掌故。安敢望常侍侍郎乎。傳曰。天下無害菑。雖有聖人。無所施其才。上下和同。雖有賢者。無所立功。（忽用韻語此處恰好）故曰。時異則事異。（應還時字卽側入修身一段）雖然。安可以不務修身乎。詩曰。鼓鐘於宮。聲聞於外。鶴鳴九皐。聲聞于天。苟能修身。何患不榮。太公躬行仁義。七十二年。逢文王。得行其說。封于齊。七百歲而不絕。此士之所以日夜孜孜修學行道。不敢止也。今世之處士。時雖不用。崛然獨立。塊然獨處。上觀許由。下察接輿。策同范蠡。忠合子胥。天下和平。與義相扶。寡偶少徒。固其常也。子何疑于余哉。於是諸先生默然無以應也。—建章宮後閣重櫟中有物出焉。其狀似麋。以聞武帝。往臨視之。問左右羣臣習事通經術者。莫能知。詔東方朔視之。朔曰。臣知之。願賜美酒粱飯大餐。臣臣乃言。詔曰。可。已餐。又曰。某所有公田魚池蒲葦數頃。陛下以賜臣。臣朔乃言。詔曰。可。（兩段總寫滑稽意）於是朔乃肯言。曰。所謂騶牙者也。遠方當來歸義。而騶牙先見其齒。前後若一。齊等無牙。故謂之騶牙。其後一歲所。匈奴混邪王果將十萬衆來降漢。乃復賜東方生錢財甚多。—至老。朔且死時。諫曰。詩云。營營青蠅。止于蕃。愷弟君子。無信讒言。讒言罔極。交亂四國。願陛下遠巧佞。退讒言。帝曰。今顧東方朔多善言。

恠之居無幾何朔果病死傳曰鳥之將死其鳴也哀人之將死其言也善此之謂也（引成語作結悠然澹遠是褚先生長伎）武帝時大將軍衞青者衞后兄也封爲長平侯從軍擊匈奴至於吾水上而還斬首捕鹵有功來歸詔賜金千斤將軍出宮門齊人東郭先生以方士待詔公車當道遮衞將軍車拜謁曰願白事（寫得有致）將軍止車前東郭先生旁車言曰王夫人新得幸於上家貧今將軍得金千斤誠以其半賜王夫人之親人主聞之必喜此所謂奇策便計也衞將軍謝之曰先生幸告之以便計請奉敎於是衞將軍乃以五百金爲王夫人之親壽王夫人以聞武帝帝曰大將軍不知爲此問之安所受計策對曰受之待詔者東郭先生詔召東郭先生拜以爲郡都尉東郭先生久待詔公車貧困饑寒衣敝履不完行雪中履有上無下足盡踐地道中人笑之東郭先生應之曰誰能履行雪中令人視之其上履也其履下處乃似人足者乎（詼諧語亦澹遠有致）及其拜爲二千石佩青綸出宮門行謝主人故所以同官待詔者等比祖道于都門外榮華道路立名當世此所謂衣褐懷寶者也當其貧困時人莫省視至其貴也乃爭附之諺曰相馬失之瘦相士失之貧其此之謂邪（成語澹遠與前一樣）王夫人病甚

中華書局印行

人主至自往問之曰子當爲王欲安所置之對曰願居洛陽人主曰不可洛陽有武庫敖倉當關口天下咽喉自先帝以來傳不爲置王然關東國莫大於齊可以爲齊王王夫人以手擊頭呼幸甚王夫人死號曰齊王太后薨（因王夫人事又附此一段然已見三王世家此似無當）

昔者齊王使淳于髡獻鵠于楚出邑門道飛其鵠徒揭空籠造詐成辭（四字有致）往見楚王曰齊王使臣來獻鵠過于水上不忍鵠之渴出而飲之去我飛亡（一轉）吾欲刺腹絞頸而死恐人之議吾王以鳥獸之故令士自傷殺也（二轉）鵠毛物多相類者吾欲買而代之是不信而欺吾王也（三轉）欲赴佗國奔亡痛吾兩主使不通故來服過叩頭受罪大王（此一段轉折勝）楚王曰善齊王有信士若此哉厚賜之財倍鵠在也

武帝時徵北海太守詣行在所有文學卒史王先生者自請與太守俱吾有益于君君許之諸府掾功曹白云王先生嗜酒多言少實恐不可與俱太守曰先生意欲行不可逆遂與俱行至宮下待詔宮府門王先生徒懷錢沽酒與衛卒僕射飲日醉不視其太守（先作一颺妙）太守入跪拜王先生謂戶郎曰幸爲我呼吾君至門內遙語（寫狂致如見）戶郎爲呼太守太守來望見王先生王先生曰天子卽問君何以治北海令無盜賊君對曰

何哉。對曰。選擇賢才。各任之以其能。賞異等。罰不肖。王先生曰。對如是。是自譽自伐功。不可也。願君對言非臣之力。盡陛下神靈威武所變化也。太守曰。諾。召入至于殿下。有詔問之曰。何以治北海。令盜賊不起。叩頭對言。非臣之力。盡陛下神靈威武之所變化也。武帝大笑曰。於呼。安得長者之語而稱之。安所受之。對曰。受之文學卒史。帝曰。今安在。對曰。在宮府門外。有詔召拜王先生爲水衡丞。以北海太守爲水衡都尉。傳曰。美言可以市。尊行可以加人。君子相送以言。小人相送以財。又以成語結是褚先生所長。

魏文侯時。西門豹爲鄴令。豹往到鄴。會長老。問之民所疾苦。長老曰。苦爲河伯娶婦。以故貧。先出一句令人不知何故豹問其故。對曰。鄴三老廷掾常歲賦斂百姓。收取其錢。得數百萬。用其二三十萬爲河伯娶婦。與祝巫共分其餘錢持歸。河伯娶婦是奇極不可解事偏不即說明又作一頓。當其時巫行視人家女好者。云是當爲河伯婦。卽聘取。洗沐之。爲治新繒綺縠衣。閒居齋戒。爲治齋宮河上。張緹絳帷。女居其中。爲具牛酒飯食。行十餘日。共粉飾之。如嫁女牀席。令女居其上。浮之河中。始浮。行數十里乃沒。後有簪筆磬折一段此先寫齋宮緹帷閒閒引起其人家有好女者。恐大巫祝爲河伯取之。以故多持女遠逃亡。以故城中益空無人。

又困貧。所從來久遠矣。民人俗語曰。卽不爲河伯娶婦。水來漂沒溺其人民云。（數事一齊）吾（提序似史公筆法）西門豹曰。至爲河伯娶婦時。願三老巫祝父老送女河上。幸來告語之。吾亦往送女。（一篇文字以爲至此結收不意文作一颺文心靈妙）皆曰諾。至其時。西門豹往會之河上。三老官屬豪長者里父老皆會。（先寫三老官屬豪長者里父老）以人民往觀之者三二千人。（再寫觀者）其巫老女子也。已年七十。從弟子女十人所。皆衣繒單衣。立大巫後。（又寫巫嫗弟子一會多少人方不寂寞爲後文一襯）西門豹曰。呼河伯婦來。視其好醜。卽將女出帷中。來至前。豹視之。顧謂三老巫祝父老曰。是女子不好。煩大巫嫗爲入報河伯。得更求好女。後日送之。（諸山迤邐南來以爲至此當就平坦不意旁面又起奇峯）卽使吏卒共抱大巫嫗投之河中。（先完巫嫗）有頃曰。巫嫗何久也。弟子趣之。復以弟子一人投河中。有頃曰。弟子何久也。復使一人趣之。復投一弟子河中。凡投三弟子。（次完弟子三投只一句法變）西門豹曰。巫嫗弟子。是女子也。不能白事。煩三老爲入白之。（又折出一峯）復投三老河中。（次完三老）西門豹簪筆磬折。嚮河立待良久。（先寫女子絳帷再寫三老巫嫗至此乃寫西門豹寫其簪筆磬立疑神赫鬼極有神情極有意味千載下尚如見之）長老吏傍觀者皆驚恐。（又從長老吏傍觀者寫一筆儼然如畫）西門豹顧曰。巫嫗三老不來還。奈之何。欲復使廷掾與豪長者一人入趣之。皆叩頭。叩頭且破額血流地色如死灰（兩叩頭疊句妙下形容語更妙）西門豹曰諾且留待之須臾須臾豹曰廷掾起矣狀河伯留客之久若皆罷去歸矣（先列許多人忽投巫嫗忽投弟子忽投三老若一一投入河中不惟無此事理亦無此文情故就西門寫一筆作一頓又從廷掾豪長者寫一筆作一頓然後趁勢收拾章法之妙）鄴吏民大驚恐從是以後不敢復言爲河伯娶婦一（完河伯娶婦事）西門豹即發民鑿十二渠引河水灌民田田皆溉（應前水來漂沒句蓋娶婦事虛漂沒事實娶婦禍小漂沒禍大故禁娶婦不得不治渠乃娶婦反詳治渠反略是行文之法）當其時民治渠少煩苦不欲也豹曰民可以樂成不可與慮始今父老子弟雖患苦我然百歲後期令父老子孫思我言（只此住妙有餘味）至今皆得水利民人以給足富十二渠經絕馳道到漢之立而長吏以爲十二渠橋絕馳道相比近不可欲合渠水且至馳道合三渠爲一橋鄴民人父老不肯聽長吏以爲西門君所爲也賢君之法式不可更也長吏終聽置之一（此段是百歲後思我言註脚）故西門豹爲鄴令名聞天下澤流後世無絕已時幾可謂非賢大夫哉傳曰子產治鄭民不能欺子賤治單父民不忍欺西門豹治鄴民不敢欺三子之才能誰最賢哉辯治者當能別之（忽請出子產子賤陪之更妙）

史公一書上下千古三代之禮樂劉項之戰爭以至律歷天官文詞事業無所不有乃忽而撰出一調笑嘻戲之文但見其齒牙伶俐口角香艷清新俊逸另

用一種筆意亦取其意思所在而已正不必論其事之有無也而已開唐人小說傳奇之祖矣○淳于髡一段純用賦筆句法奇秀而優孟學孫叔敖一段亦有珊珊來遲之致讀之令人擊節○褚先生文筆較之史公雖稍曼弱然外戚中金王孫一段與此篇西門豹一段序來楚楚如生歷歷如畫讀之如親見其事若再加勁肆當不失史公之後塵

日者列傳

自古受命而王王者之興何嘗不以卜筮決于天命哉其于周尤甚（數語已括周以前事）及秦可見代王之入任于卜者（秦只一句）太卜之起由漢興而有（漢事亦只一句接入司馬季主文法短俏）司馬季主者楚人也卜於長安東市（序司馬季主亦只數語頓住）宋忠爲中大夫賈誼爲博士同日俱出洗沐相從論議誦易先王聖人之道術究徧人情相視而歎（先從宋賈說起寫宋賈矯矯出塵正反形季主也）賈誼曰吾聞古之聖人不居朝廷必在卜醫之中今吾已見三公九卿朝士大夫皆可知矣（數語和平而有深刻）試之卜數中以觀采（寫得其來無意妙）二人卽同輿而之市游於卜肆中天新雨道少人（只六字中覺天清氣朗另是一番景色欲寫奇人先寫奇景而季主已于六字中躍躍欲出矣）司馬季主閒坐弟子三四人侍（先寫其儀度雍穆一堂肅然可觀）方辯天地之道日月之運陰陽吉凶之本（次紀其詞已藏郤一篇大文）二大夫再拜謁司馬季主視其狀貌如類有知者（宋賈二大夫已人羣表表者一句推倒季主又高出）

一層則其人何如哉卽禮之。使弟子延之坐。坐定。司馬季主復理前語。分別天地之終始。日月星辰之紀。差次仁義之際。列吉凶之符。語數千言。莫不順理。初列數語接出二大夫延坐既定季主必與二大夫周旋辨論矣偏又頓住颺開復理前語分別天地三句即前語也昔從季主身上寫出此從二大夫耳中聽出是兩樣筆墨宋忠賈誼瞿然而悟。獵纓正襟危坐。寫二大夫至此方爾傾倒曰。吾望先生之狀。聽先生之辭。小子竊觀于世。未嘗見也。今何居之卑。何行之汙。略點後闡司馬季主捧腹大笑。狀貌有知二人已爲季主估定故下此四字以揶揄之耳曰。觀大夫類有道術者。今何言之陋也。何辭之野也。今夫子所賢者何也。所高者誰也。今何以卑汙長者。反問兩句跌落之妙二君曰。尊官厚祿。世之所高也。賢才處之。今所處非其地。故謂之卑。言不信。行不驗。取不當。故謂之汙。前出二語頓住此出二語又頓住脫卸之妙夫卜筮者。世俗之所賤簡也。世皆言曰。夫卜者多言誇嚴以得人情。虛高人祿命以說人志。擅言災禍以傷人心。矯言鬼神以盡人財。厚求拜謝以私于己。此吾之所恥。故謂之卑汙也。卑汙二字至此方說盡司馬季主曰。公且安坐。公見夫披髮童子乎。日月照之則行。不照則止。問之日月疵瑕吉凶。則不能理。由是觀之。能知別賢與不肖者寡矣。第一段先虛喝冒起賢之行也。直道以正諫。三諫不聽則退。其譽人也不望其報。惡人也不顧其怨。

中華書局印行

以便國家利衆爲務。故官非其任不處也。祿非其功不受也。（此應尊官厚祿三句）見人不正雖貴不敬也。見人有汙雖尊不下也。得不爲喜。去不爲恨。非其罪也。雖累辱而不愧也。

（一第二段是古之賢者）今公所謂賢者。皆可謂羞矣。卑疵而前。孅趨而言。相引以勢。相導以利。比周賓正。以求尊譽。以受公奉。事私利。枉主法。獵農民。以官爲威。以法爲機。求利逆暴。譽無異于操白及刼人者也。（一節）初試官時。倍力爲巧詐。飾虛功。執空文以調主上。用居上爲右。試官不讓賢。陳功見僞。增實以無爲有。以少爲多。以求便勢尊位。食飲驪馳從姬歌兒。不顧於親。犯法害民。虛公家。此夫爲盜不操矛弧者也。攻而不用弦刃者也。欺父母未有罪而弒君未伐者也。（兩節〇第三段是今之所謂賢者一段兩節前一節是服官後之狠藉後節是初試官時之巧詐俱以一樣句法住前只一句此三句四疊法稍變）何以爲高賢才乎。（一結）盜賊發不能禁。蘇貊不服不能攝。姦邪起不能塞。官耗亂不能治。四時不和不能調。歲穀不熟不能適。才賢不爲是不忠也。才不賢而託官位。利上奉。妨賢者處。是竊位也。有人者進。有財者禮。是僞也。子獨不見鴟梟之與鳳凰翔乎。蘭芷芎藭棄於廣野。蒿蕭成林。使君子退而不顯衆公等是也。

（一第四段頂上二段而暢言之鴟鴞等句法變化）述而不作。君子義也。今夫卜者必法天地象四時順於仁義分策定卦旋式正棊然後言天地之利害事之成敗昔先王之定國家必先龜策日月而後乃敢代正時日乃後入家產子必先占吉凶後乃有之（句法妙）自伏羲作八卦周文王演三百八十四爻而天下治越王句踐倣文王八卦以破敵國霸天下由是言之卜筮有何負哉（第五段統論卜筮大槩答世俗之所簡賤）且夫卜筮者掃除設坐正其冠帶然後乃言事此有禮也（答所處非其地）言而鬼神或以饗忠臣以事其上孝子以養其親慈父以畜其子此有德者也而以義置數十百錢病者或以愈且死或以生患或以免事或以成嫁子娶婦或以養生此之爲德豈直數十百錢哉此夫老子所謂上德不德是以有德今夫卜筮者利大而謝少老子之云豈異於是乎（一節○答取不當及擅言禍災矯言鬼神等句）莊子曰君子內無饑寒之患外無劫奪之憂居上而敬居下不爲害君子之道也今夫卜筮者之爲業也積之無委聚藏之不用府庫徙之不用輜車負裝之不重止而用之無盡索之時持不盡索之物游于無窮之世雖莊氏之行未能增於是也子何故而云不可卜哉天不足西北星辰西北移地不足東南以海爲池日中必移月滿必虧先王之道乍存乍亡公責卜者言必信不亦惑乎（一節○答言不信行不驗）公見

夫談士辯人乎。慮事定計。必是人也。然不能以一言說人主意。故言必稱先王。語必道上古。慮事定計。飾先王之成功。語其敗害。以恐喜人主之志。以求其欲。多言誇嚴。莫大於此矣。然欲彊國成功。盡忠於上。非此不立。今夫卜者。導惑教愚也。夫愚惑之人。豈能以一言而知之哉。言不厭多。三節答多言誇嚴句○第五段分三節反覆推言卜筮之道故騏驥不能與罷驢爲駟。而鳳凰不與燕雀爲羣。而賢者亦不與不肖者同列。故君子處卑隱以辟衆。自匿以辟倫。微見順德。以除羣害。以明天性。助上養下。多其功利。不求尊譽。答行之卑公之等喁喁者也。何知長者之道乎。第六段承上雙收宋忠賈誼忽而自失。芒乎無色。悵然噤口不能言。於是攝衣而起。再拜而辭。行洋洋也。出市門僅能自上車。伏軾低頭。卒不能出氣。形容二大夫喪氣至九句正借爲季主出色九句變法不覺重疊故妙居三日。宋忠見賈誼於殿門外。乃相引屏語相謂自歎。上九句形容盡矣偏一頓又于三日之後重寫一番正見三日之前二大夫之心盡氣絕反覆思維者不知如何也曰道高益安。勢高益危。居赫赫之勢。失身且有日矣。夫卜而有不審。不見奪糈。爲人主計而不審。身無所處。此相去遠矣。猶天冠地屨也。此老子之所謂無名者萬物之始也。天地曠曠。物之熙熙。或安或危。莫知居之。我與若何足預彼哉。彼久而愈安。雖曾氏之義。未有以異也。又因季主之言增出居官事主一番利害以感歎作結正見二大夫之類有知也亦不放倒宋賈好久之。宋忠使匈奴。不至而還。抵罪。而賈誼爲梁懷王傅。王墮馬薨。誼不食。毒恨而死。此務華絕根者也。又即二大夫之事以實証之回想司馬季主竟是天上人矣

太史公曰、古者卜人所以不載者。多不見于篇。及至司馬季主。余志而著之。篇中已詳故贊語不著重季主只此數語有天外浮雲之意

褚先生曰、臣爲郎時。遊觀長安中。見卜筮之賢大夫。觀其起居行步。坐起自動。誓正其衣冠。而當鄉人也。有君子之風。見性好解。婦來卜。對之顏色嚴正。未嘗見齒而笑也。先贊後序從古以來。賢者避世。有居止舞澤者。有居民間閉口不言。有隱居卜筮間以全身者。三句兩陪一正夫司馬季主者。楚賢大夫。游學長安。通易經術。黃帝老子。博聞遠見。觀其對二大夫貴人之談言。稱引古明王聖人道。固非淺聞小數之能。及卜筮立聲名千里者。各往往而在。傳曰。富爲上。貴次之。既貴各各學一伎。能立其身。季主事前已盡矣故只點過下乃就卜筮立名另立一議是避實擊虛彊賓讓主之法黃直。丈夫也。陳君夫。婦人也。以相馬立名天下。齊張仲曲成侯。以善擊刺學用劍。立名天下。留長孺以相彘立名。滎陽褚氏以相牛立

名能以伎能立名者甚多皆有高世絕人之風何可勝言（立名一段卽用貨殖傳中句法便覺懈而不腴）故曰非其地樹之不生非其意教之不成夫家之教子孫當視其所以好好含苟生活之道因而成之故曰制宅命子足以觀士子有處所可謂賢人（因立名復及教子一說山外之山去之益遠然俱從崑崙而來）臣爲郎時與太卜待詔爲郎者同署言曰孝武帝時聚會占家問之某日可取婦乎五行家曰可堪輿家曰不可建除家曰不吉叢辰家曰大凶歷家曰小凶天人家曰小吉太乙家曰大吉辯訟不決以狀聞制曰避諸死忌以五行爲主人取於五行者也（重翻出一段若續若不續然歸至卜筮是本意也）

（史記俱借事行文此獨是司馬公憑空幻出一人造出一篇文字罵當日士大夫故回環轉折極爲盡意○此文全以賦體行文故其中句法俱組練錯繡甚爲精采而排處句句變落處段段收是史記中一篇虛空抑揚文字○褚先生之作亦疏麗動人大是佳手但置之史記中便乏精采所謂珠玉在前則形穢高松之下無茂草也兩篇並觀則前係史公之筆何疑）

龜策傳列（褚先生補）

太史公曰自古聖王將建國受命興動事業何嘗不寶卜筮以助善（先總提數語）唐虞以上不可記已自三代之興各據禎祥塗山之兆從而夏啟世飛燕之卜順故殷興百

穀之筮吉。故周王。忽用虛致語開晉魏權輿 王者決定諸疑。參以卜筮。斷以蓍龜。不易之道也。一先總提三代作一案 蠻彝氏羌。雖無君臣之序。亦有決疑之卜。或以金石。或以草木。國不同俗。然皆可以戰伐攻擊。推兵求勝。各信其神。以知來事。一外推之蠻彝氏羌以見卜筮之用廣因三代附見不重 略聞夏殷欲卜者。乃取蓍龜。已則棄去之。以爲龜藏則不靈。蓍久則不神。至周室之卜官。常寶藏蓍龜。又其大小先後。各有所尚。要其歸等耳。一承上三代以自言之然止約略其詞不實序 或以爲聖王遭事無不定。決疑無不見。其設稽神求問之道者。以爲後世衰微。愚不師智。人各自安。化分爲百室。道散而無垠。故推歸之至微。要絜於精神也。一又拓開一段歸重於精神雖實事是客 或以爲昆蟲之所長。聖人不能與爭。其處吉凶。別然否。多中于人。一又挽轉一段歸重於龜策雖虛事是主 至高祖時。因秦太卜官。以下序漢事又補秦一筆細微不漏 天下始定。兵革未息。及孝惠享國日少。呂后女主。孝文孝景。因襲掌故。未遑講試。雖父子疇官。世世相傳。其精微深妙。多所遺失。一略開一段以側起下文 至今上即位。博開藝能之路。悉延百端之學。用對語 通一伎之士。咸自得効。絕倫超奇者爲右。無所阿私。數年之間。太卜大集。會上欲擊匈奴。西攘大宛。南收百越。卜筮至預見表象。先圖其利。及猛將推鋒執節。獲勝於彼。而蓍龜時日。亦有力於此。（即征伐歸功蓍龜說得大用對語俊妙）上尤加意賞賜。至或數千萬。如丘子明之屬。富溢貴寵。傾于朝廷。至以卜筮射蠱道。巫蠱時。或頗中。素有睚眦不快。因公行誅。恣意所傷。以破俗滅門者。不可勝數。（先揚之後抑之）百僚蕩恐。皆曰龜策能言。（奇語）後事覺姦窮。亦誅三族。—（序漢事完）夫揲策定數。灼龜觀兆。（後語駸駸六朝矣）變化無窮。是以擇賢而用占焉。可謂聖人重事者乎。—（總結漢事變化無窮正見蓍龜有力擇賢用占正反龜策能言也然即以起下）周公卜三龜。而武王有瘳。紂為暴虐。而元龜不占。晉文將定襄王之位。卜得黃帝之兆。卒受彤弓之命。獻公貪驪姬之色。卜而兆有口象。其禍竟流五世。楚靈將背周室。卜而龜逆。終被乾溪之敗。兆應信誠於內。而時人明察見之於外。可不謂兩合者哉。—（引用周公等事）（正頂上變化無窮擇賢用占聖人重事也并以應前塗山之兆三句）君子謂夫輕卜筮無神明者。悖。背人道信禎祥者。鬼神不得其正。（兩貶）故書建稽疑。五謀而卜筮居其二。五占從其多。明有而不專之道也。—（又側重蓍龜下即借蓍龜所生作一餘波閒閒點次而意致無窮）余至江南。觀其行事。問其長老。云龜千歲乃遊蓮葉之上。蓍百莖共一根。又其所生。獸無虎狼。草無毒螫。江傍家人常畜龜飲食之。以為能道引致氣。有益于助衰養老。豈不信哉。（蓍龜總收）

褚先生曰。臣以通經術受業博士。治春秋。以高第爲郎。幸得宿衛。出入宮殿中十有餘年。竊好太史公傳。（先泛寫若不爲龜策傳者）太史公之傳曰。三王不同龜。四夷各異卜。然各以決吉凶。略闚其要。故作龜策列傳。（方始入題）臣往來長安中。求龜策列傳不能得。故之大卜官。問掌故文學長老習事者。寫取龜策卜事。編于下方。—（論冒完）聞古五帝三王發動舉事。必先決蓍龜。（前一段先序蓍龜占策之事以蓍龜所生結此先序蓍龜所生以占策之事結）傳曰。（此下說蓍）下有伏靈。上有兔絲。上有擣蓍。下有神龜。（先總四語因蓍及龜蓍主龜客又因蓍龜及伏靈客之客也反註伏靈一段行文之妙瀟灑自如）所謂伏靈者。在兔絲之下。狀似飛鳥之形。新雨已。天清靜無風。以夜捎兔絲去之。即以篝燭此地。燭之火滅。即記其處。以新布四丈環置之。明即掘取之。入四尺至七尺得矣。（序得新楚娟好另一種筆墨）過七尺不可得。伏靈者千歲松根也。食之不死。—（又註一句完伏靈事）聞蓍生滿百莖者。其下必有神龜守之。（又帶序龜）其上常有青雲覆之。傳曰。天下和平。王道得而蓍莖長丈。其叢生滿百莖。方今世取蓍者。不能中古法度。不能得滿百莖長丈者。取八十莖已上。蓍長八尺。即難得也。人民好用卦者。取滿六十莖已上。長滿六尺者。即可用矣。—（序蓍完）記曰。（此下說龜）能得名龜者。財物歸之。家必大富至千萬。一曰北斗龜。二曰南辰龜三曰五星龜四曰八風龜五曰二十八宿龜六曰日月龜七曰九州龜八曰玉龜龜名奇甚凡八名龜龜圖各有文在腹下文云云者此某之龜也龜有名名在腹下奇甚畧記其大指不寫其圖取此龜不必滿尺二寸民人得長七八寸可寶矣用尺寸序與蓍照應今夫珠玉寶器雖有所深藏之見其光必出其神明其此之謂乎故玉處於山而木潤淵生珠而岸不枯者潤澤之所加也明月之珠出於江海藏於蚌中蚗蠪伏之王者得之長有天下四夷賓服引客作襯序法亦脫變法妙能得百莖蓍并得其下龜以卜者又帶序蓍蓍龜互序百言百當足以決吉凶神龜出於江水中江水二字已伏下江使神龜一段奇文矣文章之妙夫豈易測廬江郡常歲時生龜長尺二寸者二十枚輸太卜官因以吉日剔取其腹下甲龜千歲乃滿尺二寸王者發軍行將必鑽龜廟堂之上以決吉凶此漢時取龜之介甲也今高廟中有龜室藏內以爲神寶引證一句以實之傳曰取前足臑骨穿佩之取龜置室西北隅懸之以入深山大林中不惑又引傳一段以神之臣爲郎時見萬畢石朱方傳曰有神龜在江南嘉林中先頓一句嘉林者獸無虎狼鳥無鴟鴞草無毒螫野火不及斧斤不至是爲嘉林因序龜事反先序嘉林卽上伏靈之法龜在其中常巢于芳蓮之上左脇書文曰名文在腹書文在左脇奇事相應甲子

重光。得我者匹夫爲人君。有土正諸侯。得我爲帝王。求之於白蛇蟠杅林中者。齋戒以待。譺然。狀如有人來告之。因以醮酒佗髮求之。三宿而得。由是觀之。豈不偉哉。故龜可不敬與。一又引傳一段得我云者隱隱先爲宋元王得龜一段遙相引起此作文馬跡蛛絲之妙也南方老人用龜支牀。足行二十餘歲。老人死。移牀。龜尚生不死。龜能行氣導引。又引傳記一段以錯落之問者曰。龜至神若此。然太卜官得生龜。何爲輒殺取其甲乎。近世江上人有得名龜。畜置之家。因大富。與人議。欲遣去。人教殺之。勿遣。遣之破人家。龜見夢曰。送我水中。無殺吾也。其家終殺之。殺之後。身死。家不利。又引事一段爲宋元王事作引宋元王一事凡作兩層引起作文心苦夫誰知之人民與君王者異道。人民得名龜。其狀類不宜殺也。以往古故事言之。古明王聖主皆殺而用之。宋元王時得龜。亦殺而用之。乘便點一句入正傳反若借作引証者妙謹連其事於左方。令好事者觀擇其中焉。一宋元王二年、江使神龜使于河。至于泉陽。漁者豫且舉網得而囚之。置之籠中。夜半。龜來見夢于宋元王曰。江河有使使乃爲龜龜既被囚因復見夢一篇奇事於此起○此下皆用古韻當細細尋之我爲江使於河。而幕網當吾路。韻泉陽豫且得我。我不能去。韻身在患中。莫可告語。韻王有德義。故來告訴。韻元王惕然而悟。韻乃召博士衞平而問之曰。今寡人夢見一丈夫。延頸而長頭。衣玄繡之衣。而乘輜車。來見夢於寡人曰。我爲江使於河。而幕網當吾路。泉陽豫且得我。我不能去。身在患中。莫可告語。王有德義。故來告訴。（直述不換）是何物也。衛平乃援式而起。仰天而視月之光。（用韻起）觀斗所指。定日處鄉。規矩爲輔。副以權衡。（音杭古韻下同）四維已定。八卦相望。（亡）視其吉凶。介蟲先見。（故作奇語）乃對元王曰。今昔壬子。宿在牽牛。（怡）河水大會。鬼神相謀。（迷）漢正南北。江河固期。南風新至。江使先來。（釐）白雲壅漢。萬物盡留。（閭）斗柄指日。使者當囚。（徐）玄服而乘輜車。其名爲龜。（拘）王急使人問而求之。王曰善。一於是王乃使人馳而往。問泉陽令曰。漁者幾何家。名誰爲豫且。（字法句法新）豫且得龜。見夢於王。王故使我求之。泉陽令乃使吏案籍視圖。（用韻）水上漁者五十五家。（孤）上流之廬。（蘆）名爲豫且。（租）泉陽令曰。諾。乃與使者馳而問豫且曰。今昔汝漁何得。豫且曰。夜半時舉網得龜。使者曰。今龜安在。曰在籠中。使者曰。王知子得龜。故使我求之。豫且曰。諾。卽系龜而出之籠中。獻使者。一（散序一段）使者載行。出于泉陽之門。（用韻）正晝無見。風雨晦冥。雲蓋其上。五采青黃。（換韻）雲雨並起。風將而行。（杭）入於端門。見於東箱。身如流水。潤澤有光。望見元王。延頸而前。三步而止。縮頸而卻。復其故處。元王見而怪之。問衛平曰。龜見寡人。延頸而前。以何望。亡也。縮頸而復。是何當也。衛平對曰。龜在患中。而終昔。囚王有德義。使人活之。今延頸而前。以當謝也。縮頸而却。欲亟去也。序又散元王曰。善哉。神至如此乎。不可久留。閭趣駕送龜。勿令失期。一先作一縱衛平對曰。龜者。是天下之寶也。先得此龜者爲天子。突起一峯且十言十當。十戰十勝。生於深淵。長於黃土。用韻知天之道。明於上古。游三千歲。不出其域。亦安平靜正。動不用力。壽蔽天地。莫知其極。與物變化。四時變色。居而自匿。伏而不食。春蒼夏黃。秋白冬黑。明於陰陽。審於刑德。先知利害。察於禍福。逼以言而當。以戰而勝。王能寶之。諸侯盡服。勃王勿遣也。以安社稷。一元王曰。龜甚神靈。長于上天。汀陷于深淵。因在患難中。以我爲賢。銀德厚而忠信。故來告寡人。寡人若不遣也。是漁者也。漁者利其肉。寡人貪其力。下爲不仁。上爲無德。君臣無禮。何從有福。逼寡人不忍。奈何勿遣。一又作一縱衛平對曰。不然。又起一峯臣聞盛德不報。重寄不歸。天與不受。天奪之寶。補今龜周流天下。戶還復其所。上至蒼天。下薄泥塗。杜還徧九州。未嘗愧辱。無所稽留。閭今至泉陽。漁者辱而囚之。徐王雖遣之。江河必怒。務求報仇。奇自以爲侵。因神與謀。迷淫雨不霽。水不可治。（遲）若爲枯旱。風而揚埃。（衣）蝗蟲暴生。百姓失時。王行仁義。其罰必來。（螯）此無他故。其祟在龜。（拘）後雖悔之。豈有及哉。（資）王勿遺也。元王慨然而歎曰。夫逆人之使。絕人之謀。是不暴乎。取人之有。以自爲寶。是不彊乎。寡人聞之。暴得者必暴亡。（用韻）彊取者必後無功。（光）桀紂暴彊。身死國亡。今我聽子。是無仁義之名。而有暴彊之道。（豆）江河爲湯武。我爲桀紂。未見其利。恐離其咎。寡人狐疑。安事此寶。（探）趣駕送龜。（抱）勿令久留。（一閒又作一縱）衛平對曰。不然。（又起一峯）王其無患。（還）天地之閒。累石爲山。（仙）高而不壞。地得爲安。（烟）故云物或危而顧安。或輕而不可遷。人或忠信而不如誕謾。（蠻）或醜惡而宜大官。（涓）或美好佳麗而爲衆人患。（還）非神聖人。莫能盡言。春秋冬夏。或暑或寒。（賢）寒暑不知。賊氣相奸。同歲異節。其時使然。故令春生夏長。秋收冬藏。（換韻）或爲仁義。或爲暴彊。暴彊有鄉。仁義有時。（換韻）萬物盡然。不可勝治。（遲）大王聽臣。臣請悉言之。天出五色。以辯白黑。（堅）（換韻）地生五穀。以知善惡。人民莫知辯也。與禽獸相若。谷居而穴處。不知田作。天下禍亂。陰陽相錯。怱怱疾疾。通而不相擇。（鐸）妖孽數見。傳爲單薄。聖人別其生。使無相獲。（畫）禽獸有牝牡。置之山原。鳥有雌雄。布之林澤。（鐸）

有介之蟲。置之谿谷。郤 故牧人民。爲之城郭。內經閭術。外爲阡陌。莫 夫妻男女。賦之田宅。鐸 列其室屋。韻換 爲之圖籍。別其名族。立官置吏。勸以爵祿。衣以桑麻。養以五穀。耕之耰之。鉏之耨之。口得所嗜。韻換 目得所美。米 身受其利。以是觀之。非彊不至。故曰田者不彊。囷倉不盈。韻換 商賈不彊。不得其贏。婦女不彊。布帛不精。官御不彊。其勢不成。大將不彊。卒不使令。零 侯王不彊。沒世無名。故云彊者。事之始。韻換 也分之理。韻 也物之紀。韻 也所求于彊。無不有。以 也王以爲不然。王獨不聞玉櫝隻雉。出於昆山。明月之珠。出於四海。韻喜 換 鐫石拌蚌。傳賣於市。聖人得之。以爲大寶。大寶所在。乃爲天子。濟 今王自以爲暴。不如拌蚌於海也。自以爲彊。不過鐫石於昆山也。取者無咎。寶者無患。今龜使來抵網。而遭漁者得之。見夢自言。是國之寶也。王何憂焉。一元王曰不然。寡人聞之。諫者福。逼 也諛者賊也。人主聽諛。是愚惑也。雖然。禍不妄至。福不徒來。韻 釐 換 天地合氣。以生百財。貲 陰陽有分。不離四時。十有二月。日至爲期。聖人徹焉。身乃無災。茲 明王用之。人莫敢欺。故云福之至也。人自生之。禍之至也。人自成之。禍與福同。刑與德雙。韻春 換 聖人察之。以知吉凶。桀紂之時。與天爭功。擁遏鬼神。使不得通是固已無道矣諛臣有衆（終）桀有諛臣名曰趙梁（換韻）敎爲無道勸以貪狠繫湯夏臺殺關龍逢（傍）左右恐死偷諛於傍國危于累卵皆曰無傷稱樂萬歲或曰未央蔽其耳目與之詐狂湯卒伐桀身死國亡聽其諛臣身獨受殃春秋著之至今不忘紂有諛臣名爲左彊誇而目巧敎爲象郎將至於天又有玉牀犀玉之器象箸而羹（郞）聖人剖其心壯士斬其胻（杭）箕子恐死被髮佯狂殺周太子歷囚文王昌投之石室將以昔至明（芒）陰兢活之與之俱亡入於周地得太公望（亡）興卒聚兵與紂相攻（光）文王病死載尸以行（杭）太子發代將號爲武王戰於牧野破之華山之陽紂不勝敗而還走圍之象郎自殺宣室身死不葬（藏）頭懸車軫四馬曳行（杭）寡人念其如此腸如涫湯是人皆富有天下而貴至天子然而太傲（驚韻　換）欲無厭時舉事而喜高貪狠而驕不用忠信聽其諛臣而爲天下笑（蕭）今寡人之邦居諸侯之間曾不如秋毫舉事不當又安亡逃（又作一縱）衞平對曰不然（又起一峯）河雖神賢不如崑崙之山江之源理不如四海（喜）而人尙奪取其寶諸侯爭之兵革爲起小國見亡大國危殆殺人父兄鹵人妻子殘國滅廟以爭此寶戰攻分爭是暴彊也故云取之以暴彊而治以文理

無逆四時。必親賢士。與陰陽化。鬼神爲使。通於天地。與之爲友。以 諸侯賓服。民衆殷喜。邦家安寧。與世更始。湯武行之。乃取天子。春秋著之。以爲經紀。王不自稱湯武而自比桀紂。爲暴彊也。固以爲常。換韻 桀爲瓦室。紂爲象郎。徵絲灼之務以費民。芒 賦斂無度。殺戮無方。殺人六畜。以韋爲囊。囊盛其血。與人懸而射之。與天帝爭彊。逆亂四時。先百鬼嘗。諫者輒死。諛者在傍。聖人伏匿。百姓莫行。杭 天數枯旱。國多妖祥。螟蟲歲生。五穀不成。常 民不安其處。鬼神不享。香 飄風日起。正晝晦冥。厖 日月並蝕。滅息無光。列星奔亂。皆絕紀綱。以是觀之。安得久長。雖無湯武。時固當亡。故湯代桀。武王尅紂。其時使然。乃爲天子。換韻 子孫續世。終身無咎。後世稱之。至今不已。是皆當時而行。換韻 見事而彊。乃能成其帝王。今龜大寶也。爲聖人使。換韻 傳之賢士。不用手足。雷電將之。換韻 風雨送之。流水行之。杭 侯王有德。乃得當之。今王有德而當此寶。恐不敢受。換韻 王若遣之。宋必有咎。後雖悔之。亦無及矣。元王大悅而喜。——至此歸結 於是元王向日而謝。再拜而受。擇日齋戒。甲乙最良。用韻 乃刑白雉。及與驪羊。以血灌龜。與壇中央。以刀剝之。身全不傷。脯酒禮之。橫其腹腸。荊支卜之。必制其創。瘡 理達於理。文相錯迎。

昂 使工占之。所言盡當。邦福重寶。聞於傍鄉。殺牛取革。被鄭之桐。唐 草木畢分。化爲
甲兵。芒 戰勝攻取。莫如元王。元王之時。衛平相宋。宋國最彊。龜之力也。一 一段如贊如頌結完
元王事 故云。神至能見夢於元王。而不能自出漁者之籠。用韻 身能十言盡當。不能通使
於河。還報於江。工 賢能令人戰勝攻取。不能自解於刀鋒。免剝刺之患。聖能先知亟
見。而不能令衛平無言。換韻 言事百全。至身而攣。當時不利。又焉事賢。賢者有恆常士
有適然。是故明有所不見。聽有所不聞。換韻 人雖賢。不能左畫方。右畫圓。日月之明。而
時蔽於浮雲。因 羿名善射。不如雄渠蠭門。禹名爲辯智。而不能勝鬼神。地柱。折。天。故
無。掾。換韻奇語 又。奈。何。責。人。於。全。一 孔子聞之曰。神龜知吉凶。而骨直空枯。換韻 日爲德而
君於天下。辱於三足之烏。月爲刑而相佐。見食於蝦蟇。模 蝟辱於鵲。騰蛇之神而殆
於卽且。租 竹外有節理。中直空虛。松栢爲百木長。而守門閭。日神不全。故有孤虛。黃
金有疵。白玉有瑕。事有所疾。亦有所徐。物有所拘。亦有所據。遷 罔有所數。亦有所疏。
胥 人有所貴。亦有所不如。何可而適乎。物安可全乎。天尚不全。故世爲屋。不成三瓦
而陳之。以應之天。天下有階。物不全乃生也。

褚先生曰。漁者舉網而得神龜。龜自見夢宋元王。元王召博士衛平告以夢龜狀。平運式。定日月。分衡度。視吉凶。占龜與物色同。平諫王留神龜以爲國重寶。美矣。古者筮必稱龜者。以其令名所從來久矣。余述而爲傳。重序一段作總結

龜策傳通篇是褚先生筆不是太史公筆蓋前用對語後妙風韻已開魏晉之風固非史公奇肆○宋元王夢龜一段是一篇奇處凡作兩段逐段引起猶易辨也乃于數葉之前先伏龜出江水一句以爲江使神龜之根靈心妙筆豈可言喻○宋元王一段通篇俱用古韻蓋文字奇古似子書段落層疊似七發用韻之變化叅差與使事行文相間似東坡赤壁兩賦此固諸家文字之祖也○宋元王一段逐節逐段堆花簇錦層見疊出詩才賦手可謂兼之固是晉魏以前一篇佳作○後卜筮之法間有奇句則費解餘則平衍重複殊不足取因于文章無當故刪之

貨殖列傳

老子曰。至治之極。鄰國相望。雞狗之聲相聞。民各甘其食。美其服。安其俗。樂其業。至老死不相往來。必用此爲務。反起蓋曰必用如此則何所用貨殖哉輓近世塗民耳目。則幾無行矣。一蓋曰輓近之世不務至治而塗民耳目故民無行而入於貨殖耳孰云史公崇勢利哉太史公曰。夫神農以前。吾不知已。頂至治之極至若詩書所述虞夏以來。耳目欲極聲色之好。口欲窮芻豢之味。身安逸樂。而心誇矜勢能之榮。使俗之漸民久矣。雖戶說以眇論。終不能化。民多嗜欲則不能至治矣故善者因

之。其次利道之。其次教誨之。其次整齊之。最下者與之爭。善者因之是神農以前人利道是太公一流教誨整齊是管仲一流最下與爭則武帝之鹽鐵平準矣史公其多感慨乎 夫山西饒材竹穀纑旄玉石。山東多魚鹽漆絲聲色。江南出枏梓薑桂金錫連丹砂犀瑇瑁珠璣齒革。龍門碣石北多馬牛羊旃裘筋角。銅鐵則千里往往山出棊置。忽變一倒句猶言銅鐵處處皆有也 此其大校也。此節言貨并出貨之地後有關中三河三楚數大段先出此作引 皆中國人民所喜好謠俗被服飲食奉生送死之具也。故待農而食之。虞而出之。工而成之。商而通之。農虞工商是貨殖之人前後脈絡 此寧有政教發徵期會哉。人各任其能。竭其力。以得所欲。故物賤之徵貴。貴之徵賤。貨殖盡此二語是一篇主意 各勸其業。樂其事。若水之趨下。日夜無休時。不召而自來。不求而民出之。豈非道之所符而自然之驗耶。正見使俗之漸民而貨殖之不可已也 周書曰。農不出則乏其食。工不出則乏其事。商不出則三寶絕。虞不出則財匱少。財匱少而山澤不辟矣。農工虞商復點 此四者民所衣食之原也。原大則饒。原小則鮮。上則富國。下則富家。富國富家上半篇主意 貧富之道。莫之奪予。而巧者有餘。拙者不足。此段就上文一反言貨殖亦非易事存乎其人以引起太公管仲等 故太公望封於營丘。地瀉鹵。人民寡。於是太公勸其女功。極技巧。通魚鹽。則人物歸之。繦至而輻湊。故齊冠帶衣履天下海岱之間。歛袂而往朝焉。一引太公管仲以為貨殖之祖。其後齊中衰。管子修之。設輕重九府。則桓公以霸。九合諸侯。一匡天下。而管氏亦有三歸。位在陪臣。富於列國之君。是以齊富彊至於威宣也。一太公管仲是富國　故曰倉廩實而知禮節。衣食足而知榮辱。禮生於有而廢於無。故君子富好行其德。小人富以適其力。淵深而魚生之。山深而獸往之。人富而仁義附焉。富者得勢益彰。失勢則客無所之以而不樂。夷狄益甚。諺曰千金之子不死於市。此非空言也。故曰天下熙熙。皆為利來。天下壤壤。皆為利往。四句用韻蓋古歌謠也來古韻音釐　夫千乘之王。萬家之侯。百室之君。尚有患貧。而況匹夫編戶之民乎。一故曰引管子語插敘一段見仁義禮節本於貨勢力本於貨即性命亦由於貨天下事大抵如此謀生亦急事柰何輕貨殖哉語多感慨〇千乘數句蓋史公見天子之權貨列侯之酎金而為之一歎乎　昔者越王句踐困於會稽之上。乃用范蠡計然。計然曰知鬭則修備。時用則知物。二者形。則萬貨之情可得而觀矣。故歲在金。句穰。句水。句毀。句木。句饑。句火。句旱。句　旱則資舟。水則資車。物之理也。六歲穰。六歲旱。十二歲一大饑。奇文　夫糶二十病農。九十病末。末病則財不出。農病則草不辟矣。上不過八十。下不減三十。則農末俱利。平糶齊物。關市不乏。治國之道也。一以上所云萬貨之情可得而觀也　積著之理。務完物。

無息幣。完物所積必好物息停也即幣行如流水也以物相貿易。腐敗而食之。疑貨弗留。即無息幣也無敢居貴。即務完物也論其有餘不足。則知貴賤。貴上極則反賤。賤下極則反貴。即徵貴徵賤語貴出如糞土。賤取如珠玉。財幣欲其行如流水。修之十年。國富。厚賂戰士。士赴矢石。如渴得飲。遂報彊吳。觀兵中國。號稱五霸。一句蹴計然是富國范蠡既雪會稽之恥。乃喟然而歎曰。計然之策七。越用其五而得意。既已施於國。吾欲用之家。乃乘扁舟浮於江湖。變名易姓。適齊爲鴟夷子皮。之陶爲朱公。朱公以爲陶天下之中。諸侯四通。貨物所交易也。乃治產積居。與時逐而不責於人。即徵貴徵賤意故善治生者。能擇人而任時。十九年之中。三致千金。再分散與貧交疏昆弟。三致而再散留其以與子孫也下應一此所謂富好行其德者也。

挿一句應前後年衰老而聽子孫。子孫修業而息之。遂至巨萬。故言富者皆稱陶朱公。一范蠡是富家子贛既學於仲尼。退而仕於衛。廢著鬻財於曹魯之間。廢即斥賣著即居積也七十子之徒。賜最爲饒益。原憲不厭糟糠。匿於窮巷。子貢結駟連騎。束帛之幣以聘享諸侯。所至國君無不分庭與之抗禮。夫使孔子名布揚於天下者。子貢先後之也。子貢是富家此所謂得勢而益彰者乎。一帶一句應前○隨手拈來頭頭是道不拘照應而通體皆靈文章至此徵乎神乎白圭、周人也、當魏文侯時李克務盡地力客 而白圭樂觀時變故人棄我取人取我予應徵貴徵賤 夫歲熟取穀予之絲漆繭出取帛絮與之食頂上即賤取貴出之說 太陰在卯穰明歲衰惡至午旱明歲美至酉穰明歲衰惡至子大旱明歲美有水至卯所云觀時變也○至卯者至子之後復循環至卯也 他解恐未安 積著率歲倍欲長錢取下穀長石斗取上種能薄飲食忍嗜欲節衣服與用事僮僕同苦樂趨時若猛獸鷙鳥之發故曰吾治生產猶伊尹呂尚之謀孫吳用兵商鞅行法是也是故其智不足與權變勇不足以決斷仁不能以取予彊不能有所守雖欲學吾術終不告之矣蓋天下言治生祖白圭白圭是富家 白圭其有所試矣能試有所長非苟而已也一又拓數語說貨殖自有一種深心非孟浪所能也 猗頓用盬鹽起一只一句 而邯鄲郭縱以鐵冶成業與王者埒富一烏氏倮畜牧及衆斥賣求奇繒物間獻遺戎王戎王什倍其償與之畜畜至用谷量馬牛奇句 秦始皇帝令倮比封君以時與列臣朝請一而巴蜀寡婦清其先得丹穴而擅其利數世家亦不訾清寡婦也再點一句深歎美之 能守其業用財自衞不見侵犯秦皇帝以爲貞婦而客之爲築女懷清臺一猗頓郭縱烏氏倮寡婦清皆富家前數段長再多序便累墜便排板故此或畧或詳節節變化遂令眼前一新 夫倮鄙人牧長清窮鄉寡婦禮抗萬乘

名顯天下，豈非以富耶。（因秦始皇故再拈倮清以贊歎語作束可見富足以抗天子動天下則貨之妙如此尊顯卜式風示天下史公所以爲浩歎也乎）漢興，（以上諸人皆漢以前事自此乃入漢以後諸事漢以後諸人）海內爲一，開關梁，弛山澤之禁，是以富商大賈周流天下，交易之物莫不通，得其所欲，而徙豪傑諸侯彊族於京師。（以下序天下地理人民風俗是貨殖之地故先總序一段）關中（第一節首關中關中即漢京師地）自汧、雍（西安）以東至河、華（華州），膏壤沃野千里，自虞夏之貢以爲上田，而公劉適邠（邠州），太王、王季在岐（鳳翔），文王作豐，武王治鎬，故其民猶有先王之遺風，好稼穡，殖五穀，地重，重爲邪。（言以地爲重而不輕易爲邪也）及秦文、孝、繆居雍，隙隴蜀之貨物（隙字或連上或連下必連下爲是然難解）而多賈。獻孝公徙櫟邑（櫟陽），櫟邑北卻戎翟，東通三晉，亦多大賈。武昭治咸陽（西安），因以漢都長安（西安），諸陵四方輻湊並至而會，地小人衆，故其民益玩巧而事末也。（漢京師今陝西乃關中之第一段）南則巴蜀（四川）。巴蜀亦沃野，地饒巵、薑、丹砂、石、銅、鐵、竹、木之器。南御滇僰，僰僮（雲南）。西近邛笮（邛州），笮馬、旄牛。然四塞，棧道千里，無所不通，唯褒斜綰轂其口（褒斜道狹綰其谷口如轂之湊也），以所多易所鮮。（巴蜀今四川乃關中之第二段）天水（鞏昌）、隴西（臨洮）、北地（慶陽）、上郡（延安）與關中同俗，然西有羌中之利，北有戎翟之畜，畜牧爲天下饒。然地亦窮險，唯京師要其道。（天水等是關中之第三段）故關中之地，於天下

三分之一。而人衆不過什三。然量其富。十居其六。（以周秦王國漢之京師四方輻湊也○總序關中另作一結）
昔唐人都河東。殷人都河內。周人都河南。夫三河在天下之中。若鼎足。王者所更居也。（第二節是三河）建國各數千百歲。土地小狹。民人衆。都國諸侯所聚會。故其俗纖儉習事。（總序三河○關中先列三段而後總序三河先總序而後列三段）楊平。（懷慶）陽陳。（河南）西賈秦翟。北賈種代。種（蔚州）代。（代州）石北也。（石縣之北注一句下單論種代）地邊胡。數被寇。人民矜懻忮。好氣任俠爲姦。不事農商。然迫近北彝。師旅亟往。中國委輸。時有奇羨。其民羯羠不均。（言戎翟雜處也）自全晉之時。固已患其慓悍。而武靈王益厲之。其謠俗猶有趙之風也。故楊平陽陳掾其間。得所欲。（此序楊平陽陳也而單論種代何哉蓋因種代爲都會而楊平陽陳界在其間以得其所欲耳。論種代。正爲楊平陽陳也○楊平陽陳河東地乃三河之第一段因河東遂及種代）溫軹。西賈上黨（潞安）。北賈趙中山。（眞定下單論中山）中山地薄人衆。猶有沙丘紂淫地餘民。民俗懁急。仰機利而食。丈夫相聚游戲。悲歌慷慨。起則相隨椎剽。休則掘冢作巧姦治。多美物。爲倡優。女子則鼓鳴瑟。跕屣。游媚貴富。入後宮。徧諸侯。●然邯鄲（趙都今廣平）亦漳河之間一都會也。北通燕（順天）涿。（涿州）南有鄭衞。鄭衞俗與趙相類。然近梁魯。微重而矜節。●濮上（濮州）之邑徙野王。野王好氣任俠。衞之風也。●夫燕（順天）亦勃（勃海）碣（碣石）之間一都會也。南通齊趙。東北邊胡。上谷（宣府）至遼東。地踔遠。人民稀。數被寇。大與趙代俗相類。而民雕悍少慮。有魚鹽棗栗之饒。北鄰烏桓夫餘（高麗地）東綰濊貊朝鮮眞番（俱高麗地）之利。一（温軹河內地乃三河之第二段因河內遂及中山趙衞鄭燕）洛陽（開封）東賈齊魯。南賈梁楚。故泰山之陽則魯。其陰則齊。●齊（青州）帶山海。膏壤千里。宜桑麻。人民多文綵布帛魚鹽。臨淄亦海岱之間一都會也。其俗寬緩闊達。而足智。好議論。地重難動搖。怯於衆鬬。勇於持刺。故多劫人者。大國之風也。其中具五民。●而鄒（鄒縣）魯（兗州）濱洙泗。猶有周公遺風。俗好儒。備於禮。故其民齪齪。頗有桑麻之業。無林澤之饒。地小人衆。儉嗇。畏罪遠邪。及衰。好賈趨利。甚於周人。●夫自鴻溝以東。芒碭以北。屬巨野。此梁宋也。（歸德）陶睢陽亦一都會也。昔堯作游成陽。舜漁於雷澤。湯止於亳。其俗猶有先王遺風。重厚多君子。好稼穡。雖無山川之饒。能惡衣食。致其蓄藏。一（洛陽河南地乃三河之第三段因河南遂及齊鄒魯梁宋○三河序完）

越楚則有三俗。（第三節是三楚）夫自淮北沛（沛縣）陳（陳州）汝南（汝寧）南郡（南陽）。此西楚也。其俗剽輕易發怒。地薄寡於積聚。●江陵（荊州）故郢都。西通巫巴。東有雲夢之饒。●陳在楚夏之交。通魚鹽之貨。其民多賈。●徐（徐州）僮取慮（二縣在泗州）則清刻矜已諾。一（西楚今江南湖廣是三楚之第一段）

彭城(徐州)以東。東海(海州)吳(蘇州)廣陵(揚州)此東楚也。其俗類徐僮。朐(海州)繒(沂州)以北。俗則齊。浙江南則越。(紹興)●夫吳自闔閭春申王濞三人招致天下之喜游子弟。東有海鹽之饒。章山之銅。三江五湖之利。亦江東一都會也。━(東楚今江南浙江乃三楚之第二段)衡山(衡州)九江(九江)江南(宣州)預章(南昌)長沙(長沙)是南楚也。其俗大類西楚。●郢之後徙壽春。(鳳陽)亦一都會也。而合肥(廬州)受南北潮。皮革鮑木輸會也。與閩中(福建)於越(浙東)雜俗。故南楚好辭。巧說少信。●江南卑濕。丈夫早夭。多竹木。●預章出黃金。長沙出連錫。然堇堇物之所有。取之不足以更費。●(言廑廑有之不足償費取之難也)九疑蒼梧(廣西)以南至儋耳者(儋州)與江南大同俗。而楊越多焉。●(楊越之俗爲多)番禺(廣東)亦其一都會也。珠璣犀瑇瑁果布之湊。━(南楚今江西湖廣乃三楚之第三段因南楚遂及福建浙東廣東廣西○三楚序完)潁川南陽(河南)夏人之居也。夏人政尚忠樸。猶有先王之遺風。●潁川敦愿。●秦末世遷不軌之民於南陽。南陽西通武關鄖關。東南受漢江淮宛。亦一都會也。俗雜好事。業多賈。其任俠交通潁川。故至今謂之夏人。━(又補一序河南段蓋三河者王者所更居前言唐殷周今補出夏)夫天下物所鮮所多。人民謠俗。(疑是結上文而或有脫簡)山東食海鹽。山西食鹽鹵。嶺南沙北固往往出鹽。大體如此矣。(補出食鹽鹽則天下所皆有也故另序)總之楚越之地。地廣人稀。飯稻羹魚。或火耕而水耨。果隋蠃蛤。不待賈而足。地勢饒食。無饑饉之患。以故呰窳偷生。無積聚而多貧。是故江淮以南。無凍餓之人。亦無千金之家。沂泗水以北。宜五穀桑麻六畜。地小人衆。數被水旱之害。民好畜藏。故秦夏梁魯。好農而重民。三河宛陳亦然。加以商賈。齊趙設智巧。仰機利。燕代田畜而事蠶。（此一節總收上三節十段署盡如戶籍之總數奏本之貼黃蓋前三節長江大河不可便住故又委之於尾閭也）由此觀之。（四字直貫通篇蓋世不至治而使俗漸民嗜欲既多巧拙互競仁義勢力奉生送死無事不由於貨故上下愚智沒溺而不出也又序若干種人照耀通篇所謂熙熙攘攘無非爲利趨下若水而眇論終不能化矣不亦可哀也哉○以下數段皆篇中所有似應似不應而通篇神理俱收於內）賢人深謀於廊廟。論議朝廷。守信死節。隱居巖穴之士。設爲名高者。安歸乎。歸於富厚也。是以廉吏久久更富。廉賈歸富。富者人之情性。所不學而俱欲者也。（挿一段總上起下）故壯士在軍。攻城先登。陷陳卻敵。斬將搴旗。前蒙矢石。不避湯火之難者。爲重賞使也。其在閭巷少年。攻剽椎埋。劫人作奸。掘冢鑄幣。任俠并兼。借交報讎。篡逐幽隱。不避法禁。走死地如騖。其實皆爲財用耳。今夫趙女鄭姬。設形容。揳鳴琴。揄長袂。躡利屣。目挑心招。出不遠千里。不擇老少者。奔富厚也。游閒公子。飾冠劍。連車騎。亦爲富貴容也。弋射漁獵。犯晨夜。冒霜雪。馳阬谷。不避猛獸之害。爲得味也。博戲馳逐。鬭雞走狗。作色相矜。必爭勝者。重失負也。醫方諸食伎術之人。焦神極能。爲重糈也。吏士舞文弄法。刻章僞書。不避刀鋸之誅者。沒於賂遺也。農工商賈畜長。固求富益貨也。凡九段如風如雲一氣滾下而中多變化之妙此有智盡能索耳。終不餘力而讓財矣。總結上九項說得天下之人焦心勞思俱爲財用而財足以奔走天下如此駒隙光中忙忙碌碌半爲謀生所悞人生亦何樂哉史公句何感慨諺曰。百里不販樵。千里不販糴。居之一歲。種之以穀。十歲樹之以木。百歲來之以德。德者人物之謂也。頂上言貨殖之急故不可不度地不可不趨時然貨殖之中恆產爲重又爲詳言之也今有無秩祿之奉。爵邑之入。而樂與之比者。命曰素封。封者食租稅。歲率戶二百。千戶之君則二十萬。朝覲聘享出其中。庶民農工商賈。又點率亦歲萬息二千。戶百萬之家則二十萬。而更傜租賦出其中。衣食之欲。恣所好美矣。故曰。陸地牧馬二百蹄。牛蹄角千。千足羊。澤中千足彘。水居千石魚陂。山居千章之材。安邑千樹棗。燕秦千樹栗。蜀漢江陵千樹橘。淮北常山已南河濟之間千樹萩。陳夏千畝漆。齊魯千畝桑麻。渭川千畝竹。及名國萬家之城。帶郭千畝畝鍾之田。若千畝卮茜。千畦薑韭。此其人皆與千戶侯等。歲可息二十萬也然是富給之資也。凡序地三段前後相應然前二段是出貨與殖貨之地此言土著之民必有如是之產而後富給與封君等也不窺市井。不爲工賈不行異邑。不爲商坐而待收。身有處士之義。而取給焉。若至家貧親老。妻子輭弱。歲時無以祭祀進醵。飲食被服不足以自通。如此不慚恥。則無所比矣。一反是以無材作力。少有鬭智。既饒爭時。此其大經也。又振一筆今治生不待危身取給。則賢人勉焉。是故本富爲上。末富次之。姦富最下。下半篇本富末富是主意無巖處奇士之行。而長貧賤。好語仁義。亦足羞也。又反掉一筆不但文法層折之妙亦曲寫貧賤之爲時所輕也凡編戶之民。富相什則卑下之。伯則畏憚之。千則役。萬則僕。物之理也。夫用貧求富。農不如工。工不如商。農工商又點刺繡文不如倚市門。此言末業貧者之資也。上言恆產所入富給之資固也無奈貧無恆產者不得不爭末業而爲工商耳上本富此下末富也通邑大都。卽一都一邑總算歲用若干而積著之家爲之消息上乃定數此乃用數也酤一歲千釀。一歲二字直貫至末醯醬千瓨。醬千甔。屠牛羊彘千。皮販穀糶千鍾。薪藁千車。船長千丈。木千章。竹竿萬个。其軺車百乘。牛車千兩。木器髤者千枚。銅器千鈞。素木鐵器若卮茜千石。若及也馬蹄躈千。牛千足。羊彘千雙。僮手指千。筋角丹砂千斤。其帛絮細布千鈞。文綵千匹。榻布皮革千石。榻布粗布故與皮革同漆千斗。蘗麴鹽豉千荅。鮐鮆千斤。鯫千石。鮑千鈞。棗栗千石者三之。三千石也狐鼦裘千皮。羔羊裘千石。旃席千具。他果菜千鍾。子貸金錢千貫。

節駔儈。（駔儈會算之人也節取一歲之數而爲之積著爲之斥賣也）貪賈三之。廉賈五之。（貪者多失時故三之廉者無息幣故五之也）此亦比千乘之家其大率也。佗雜業不中什二則非吾財也。（不能三五而至於二則財不贏矣）請畧道當世千里之中賢人所以富者令後世得以觀擇焉。（議論已完又入序事此下皆漢以後諸人）蜀卓氏之先趙人也用鐵冶富秦破趙遷卓氏卓氏見鹵畧獨夫妻推輦行詣遷處諸遷鹵少有餘財爭與吏求近處處葭萌唯卓氏曰此地狹薄吾聞汶山之下沃野下有蹲鴟至死不饑民工於市易賈乃求遠遷致之臨邛大喜卽鐵山鼓鑄運籌策傾滇蜀之民富至僮千人田池射獵之樂擬於人君。（必有恆產取給不入市井不行異邑而比於封君者乃爲本富蜀卓氏以下皆所謂以末致財用本守之者也○以下序法有詳畧變化之妙）程鄭山東遷鹵也亦冶鑄賈椎髻之民富埒卓氏俱居臨邛。（程鄭接卓氏畧序）宛孔氏之先梁人也用鐵冶爲業秦伐魏遷孔氏南陽大鼓鑄規陂池連車騎游諸侯因通商賈之利有游閒公子之賜與名然其贏得過當愈於纖嗇家致富數千金故南陽行賈盡法孔氏之雍容。魯人族儉嗇而曹邴氏尤甚以鐵冶起富至巨萬然家自父兄子孫約俛有拾仰有取貰貸行賈徧郡國鄒魯以其故多去文學而趨利者以曹邴氏也。齊俗賤奴鹵而刀間獨愛貴之桀黠奴人之所患也。唯刁閒收取。使之逐漁鹽商賈之利。或連車騎。交守相。然愈益任之。
作三層寫方詳盡 終得其力。起富數千萬。故曰寧爵毋刁。不明諸解俱與下文不合 言其能使豪奴自饒
而盡其力。—周人既纖。而師史尤甚。轉轂以百數。賈郡國。無所不至。洛陽街居在齊
秦楚趙之中。貧人學事富家。相矜以久賈。數過邑不入門。設任此等。故師史能致七
千萬。—宣曲任氏之先。爲督道倉吏。秦之敗也。豪傑皆爭取金玉。而任氏獨窖倉粟。
楚漢相距滎陽也。民不得耕種。米石至萬。而豪傑金玉盡歸任氏。任氏以此起富。富
人爭奢侈。而任氏折節爲儉。力田畜。田畜人爭取賤賈。任氏獨取貴善。富者數世。然
任公家約。非田畜所出弗衣食。公事不畢。則身不得飲酒食肉。以此爲閭里率。故富
而主上重之。—塞之斥也。唯橋姚已致馬千匹。牛倍之。羊萬頭。粟以萬鍾計。—橋姚畧
吳楚七國兵起時。長安中列侯封君行從軍旅。齎貸子錢。子錢家以爲侯邑國在關
東。關東成敗未決。莫肯與。唯無鹽氏出捐千金貸。其息什之。三月。吳楚平。一歲之中
則無鹽氏之息十倍。用此富埒關中。—關中富商大賈。大抵盡諸田。田嗇田蘭。韋家
栗氏。安陵杜杜氏。亦巨萬。此其章章尤異者也。—皆非有爵邑奉祿弄法犯奸而富。

盡椎埋去就與時俯仰獲其贏利以末致財用本守之以武一切用文持之變化有槩故足術也（總結以上諸人）若至力農畜工虞商賈（農工虞商應前）爲權利以成富大者傾郡中者傾縣下者傾鄉里者不可勝數夫纖嗇筋力治生之正道也而富者必用奇勝田農拙業而秦陽以蓋一州掘冢奸事也而曲叔以起博戲惡業也而桓發用之富行賈丈夫賤行也而雍樂成其饒販脂辱處也而雍伯千金賣漿小業也而張氏千萬灑削薄伎也而郅氏鼎食胃脯簡微耳濁氏連騎馬醫淺方張里擊鍾此皆誠壹之所致（秦陽以下是奸富○前列太公句踐整序五段復列猗頓郭縱散序一段此列卓氏程鄭整序九段復列秦陽曲叔散序一段前後出一機軸）由是觀之（總結通篇以贊歎語作收）富無經業則貨無常主能者輻湊不肖者瓦解（應前巧者有餘拙者不足）千金之家比一都之君巨萬者乃與王者同樂豈所謂素封者邪非也（應封君事趁勢一掉氣已收盡而意則無窮）

史記序事之文間以議論副之此則純以諸公事實佐我議論故先出若干人後出若干人不過借爲文中照應引證而文之奇妙業已獨絕千古矣○此文分兩半篇前半是富國富家後半是本富末富奸富前半序漢以前事後半則序漢以後事○此文又分數截前總論是一截太公諸傳是一截漢興以下序天下人民土俗是一截由是觀之以下是一截卓氏諸傳是一截一段換樣文法一樣筆力豈非神伎○關中一段是貨殖之地前後皆殖貨之人其中若

瑣碎頭緒多其實則分三節關中是第一節三河是一節三楚是一節明如畫石○其局調之排蕩起伏之層疊句法之古峭變化又其剩伎也

太史公自序

昔在顓頊。命南正重以司天。北正黎以司地。唐虞之際。紹重黎之後。使復典之。至於夏商。故重黎氏世序天地。其在周。程伯休甫其後也。一先序世系分三節第一節顓頊至夏商當周宣王時。失其守而爲司馬氏。司馬氏世典周史。惠襄之間。司馬氏去周適晉。晉中軍隨會奔秦。而司馬氏入少梁。自司馬氏去周適晉。分散。或在衛。或在趙。或在秦。其在衛者。相中山。在趙者。以傳劍論顯。蒯聵其後也。一第二節在周在秦者名錯。與張儀爭論。於是惠王使錯將伐蜀。遂拔。因而守之。錯孫靳。事武安君白起。而少梁更名曰夏陽。靳與武安君阬趙長平軍。還而與之俱賜死杜郵。葬於華池。靳孫昌。昌爲秦主鐵官。當始皇之時。蒯聵玄孫卬爲武信君將。而狥朝歌。諸侯之相王。王卬於殷。漢之伐楚。卬歸漢。以其地爲河內郡。一三節在秦總序後半段又分三節昌生無澤。無澤爲漢市長。無澤生喜。喜爲五大夫。卒皆葬高門。喜生談。一一段世系下乃入談傳談爲太史公。太史公學天官於唐都。受易於揚何。習道論於黃子。三總句黃老是主太史公仕於建元元封之間。愍學者之不達

其意而師悖。乃論六家之要指曰。易大傳。天下一致而百慮。同歸而殊塗。先從易起頂受易來
夫陰陽儒墨名法道德。此務爲治者也。直所從言之異路。有省不省耳。—先點六家名目作一段
嘗竊觀陰陽之術大祥而衆忌諱。使人拘而多所畏。然其序四時之大順。不可失
也。—儒者博而寡要。勞而少功。是以其事難盡從。然其序君臣父子之禮。列夫婦長
幼之別。不可易也。—墨者儉而難遵。是以其事不可偏循。然其彊本節用。不可廢也。
—法家嚴而少恩。然其正君臣上下之分。不可改矣。—獨換一矣字名家使人儉而善失
眞。然其正名實。不可不察也。—道家使人精神專一。動合無形。贍足萬物。其爲術也
因陰陽之大順。采儒墨之善。撮名法之要。又總貫點六家與時遷移。應物變化。立俗施事。無
所不宜。指約而易操。事少而功多。儒者則不然。以爲人主天下之儀表也。主倡而臣
和。主先而臣隨。如此則主勞而臣逸。至於大道之要。去健羨。絀聰明。釋此而任術。夫
神大用則竭。形大勞則敝。形神騷動。欲與天地長久。非所聞也。—先略序六家大指作一段又提出儒
家一節變夫陰陽四時。八位。十二度。二十四節。各有教令。順之者昌。逆之者不死則亡。未
必然也。故曰使人拘而多畏。夫春生夏長。秋收冬藏。此天道之大經也。弗順則無以

爲天下綱紀。故曰四時之大順不可失也・夫儒者以六藝爲法。六藝經傳以千萬數。累世不能通其學。當年不能究其禮。故曰博而寡要。勞而少功。若夫列君臣父子之禮。序夫婦長幼之別。雖百家弗能易也・墨者亦尙堯舜道。言其德行曰。堂高三尺。土階三等。茅茨不翦。采椽不刮。食土簋。啜土刑。糲粱之食。藜藿之羹。夏日葛衣。冬日鹿裘。其送死桐棺三寸。舉音不盡其哀。教喪禮必以此爲萬民之率。使天下法若此。則尊卑無別也。夫世異時移。事業不必同。故曰儉而難遵。要曰彊本節用。則人給家足之道也。此墨子之所長。雖百家弗能廢也・法家不別親疏。不殊貴賤。一斷於法。則親親尊尊之恩絕矣。可以行一時之計。而不可長用也。故曰嚴而少恩。若尊主卑臣。明分職。不得相踰越。雖百家弗能改也・名家苛察繳繞。使人不得反其意。專決於名而失人情。故曰使人儉而善失眞。若夫控名責實。參伍不失。此不可不察也。一（又排六家作一段。前段由正而反。故用然其轉。此段由反而正。故用故曰接。）道家無爲。又曰無不爲。其實易行。其辭難知。其術以虛無爲本。以因循爲用。無成埶。無常形。故能究萬物之情。不爲物先。不爲物後。故能爲萬物主。有法無法。因時爲業。有度無度。因物與合。故曰聖人不朽。時變是守虛者道之常也。因者君之綱也。羣臣並至。使各自明也。其實中其聲者謂之端。實不中其聲者謂之窾。窾言不聽。姦乃不生。賢不肖自分。白黑乃形。在所欲用耳。何事不成。乃合大道。混混冥冥。光耀天下。復反無名。凡人所生者神也。所託者形也。神大用則竭。形大勞則敝。形神離則死。死者不可復生。離者不可復反。故聖人重之。正與前段應 由是觀之。神者生之本也。形者生之具也。不先定其神。而曰我有以治天下。何由哉。一論六家作三層排序妙 太史公既掌天官。不治民。前點易天官黃老易與黃老說過此歸到天官結〇談傳終下乃入遷傳

有子曰遷。遷生龍門。耕牧河山之陽。年十歲則誦古文。二十而南游江淮。上會稽。探禹穴。闚九疑。浮於沅湘。北涉汶泗。講業齊魯之都。觀孔子之遺風。鄉射鄒嶧。戹困鄱薛彭城。過梁楚以歸。一段散序句句換法 於是遷仕爲郎中。奉使西征巴蜀以南。南略邛筰昆明。前句法餘波 還報命。是歲天子始建漢家之封。而太史公留滯周南。不得與從事。故發憤且卒。而子遷適使反。見父於河洛之間。接湊得緊 太史公執遷手而泣曰。余先周室之太史也。自上世嘗顯功名於虞夏。典天官事。後世中衰。絕於予乎。一轉 汝復爲太史。則續吾祖矣。二轉 今天子接千歲之統。封泰山。而予不得從行。是命也夫。命也夫。三轉 余死。

汝必爲太史。爲太史。無忘吾所欲論著矣。（四句句轉折字字淒咽斷斷續續一絲兩氣寫臨終語藹然淒然）且夫孝始於事親。中於事君。終於立身。揚名於後世以顯父母此孝之大者夫天下稱誦周公。言其能論歌文武之德。宣周召之風。達太王王季之思慮。爰及公劉。以尊后稷也。幽厲之後。王道缺。禮樂衰。孔子修舊起廢。論詩書。作春秋。則學者至今則之。自獲麟以來四百有餘歲。而諸侯相兼。史記放絕。今漢興。海內一統。明主賢君忠臣死義之士。余爲太史而弗論載。廢天下之史文。余甚懼焉。汝其念哉。（此段方論著書本意歸到孔子春秋究竟是儒家事乃知史公所謂乃後世之儒而非孔子之道也。）遷俯首流涕曰。小子不敏。請悉論先人所次舊聞。弗敢闕。（一結下入壺遂一問一答一篇另起）卒三歲而遷爲太史令。紬史記石室金匱之書。五年而當太初元年十一月甲子朔旦冬至。天曆始改。建於明堂。諸神受紀。太史公曰。先人有言。自周公卒五百歲而有孔子。（接上脈絡不亂）孔子卒後至於今五百歲。有能紹明世。正易傳。繼春秋。本詩書禮樂之際。（前六家論先點明序目後作三段序歸到黃老此亦先點明易傳詩書禮樂後亦作三段序歸到春秋一樣章法）意在斯乎。意在斯乎。小子何敢讓焉。（應弗敢闕）上大夫壺遂曰。昔孔子何爲而作春秋哉。（先單提春秋法變）太史公曰。余聞董生曰。周道衰廢。孔子爲魯司寇。諸侯害之。大夫壅之。孔子知言之不用。道之不行也。是非二百四十二年之中。以爲天下儀表。貶天子。退諸侯。討大夫。以達王事而已矣。子曰。我欲載之空言。不如見之於行事之深切著明也。夫春秋。上明三王之道。下辯人事之紀。別嫌疑。明是非。定猶豫。善善。惡惡。賢賢。賤不肖。存亾國。繼絕世。補敝起廢。王道之大者也。●易著天地陰陽四時五行。故長於變。禮經紀人倫。故長於行。書記先王之事。故長於政。詩紀山川谿谷禽獸草木牝牡雌雄。故長於風。樂樂所以立。故長於和。春秋辯是非。故長於治人。是故禮以節人。樂以發和。書以道事。詩以達意。易以道化。春秋以道義。━（前平排六家歸到黃老此先提春秋以六經組織於中更覺華燦）撥亂世反之正。莫近於春秋。（又歸到春秋）春秋文成數萬。其指數千。萬物之散聚皆在春秋。春秋之中。弒君三十六。亾國五十二。諸侯奔走不得保其社稷者。不可勝數。察其所以。皆失其本矣。故易曰。失之毫釐。差以千里。故曰。臣弒君。子弒父。非一旦一夕之故也。其漸久矣。故有國者不可以不知春秋。前有讒而弗見。後有賊而不知。爲人臣者不可以不知春秋。守經事而不知其宜。遭變事而不知其權。爲人君父而不通於春秋之義者。必蒙首惡之名。爲人臣子而不通於春秋之義者。必陷篡弒之誅。死罪之名。其實皆以爲善爲之不知其義。被之空言而不敢辭。（文勢如風檣陣馬不可逼視）夫不通禮義之旨至於君不君臣不臣父不父子不子。君不君則犯臣不臣則誅父不父則無道子不子則不孝。（總結一束）此四行者天下之大過也。以天下之大過予之則受而弗敢辭。故春秋者禮義之大宗也。夫禮禁未然之前法施已然之後法之所爲用者易見而禮之所爲禁者難知。（又提出禮一作陪說）壺遂曰。孔子之時上無明君下不得任用故作春秋垂空文以斷禮義當一王之法。今夫子上遇明天子。下得守職。萬事既具咸各序其宜夫子所論欲以何明。太史公曰。唯唯否否不然。余聞之先人曰。伏羲至純厚。作易八卦。堯舜之盛尚書載之禮樂作焉。湯武之隆詩人歌之。（又錯序六經作第三段）春秋采善貶惡。推三代之德褒周室。非獨刺譏而已也。（歸到春秋）漢興以來至明天子獲符瑞建封禪改正朔。易服色受命於穆清。澤流罔極。海外殊俗重譯款塞請來獻見者不可勝道。臣下百官力誦聖德。猶不能宣盡其意。且士賢能而不用有國者之恥。主上明聖。而德不布聞有司之過也。且余嘗掌其官。廢明聖盛德不載滅功臣世家賢大夫之業不述。墮先人所言。罪莫大焉。（應前）余所謂述故事整齊其世傳非所謂作也。而君比之於春秋。謬矣。壺遂問答一篇完　於是論次其文。七年。五年七年作兩段序好　而太使公遭李陵之禍。幽於縲紲。乃喟然而歎曰。是余之罪也夫。是余之罪也夫。應前命也夫夫兩句　身毀不用矣。退而深惟曰。夫詩書隱約者。欲遂其志之思也。昔西伯拘羑里。演周易。孔子戹陳蔡。作春秋。屈原放逐。著離騷。左丘失明。厥有國語。孫子臏腳。而論兵法。不韋遷蜀。世傳呂覽。韓非囚秦。說難孤憤。又組織六經作餘波而添出離騷國語等作陪更妙　詩三百篇。大抵賢聖發憤之所爲作也。此人皆意有所鬱結。不得通其道也。又借詩作結文法更變化　故述往事。思來者。於是卒述陶唐以來。至於麟止。終以春秋自比作結　自黃帝始。一段借六經餘波結上一起下下始序史記篇目　維昔黃帝法天則地。四聖遵序。各成法度。唐堯遜位。虞舜不台。厥美帝功。萬世載之。作五帝本紀第一。維禹之功。九州攸同。光唐虞際。德流苗裔。夏桀淫驕。乃放鳴條。作夏本紀第二。維契作商。爰及成湯。太甲居桐。德盛阿衡。武丁得說。乃稱高宗。帝辛湛湎。諸侯不享。作殷本紀第三。維棄作稷。德盛西伯。武王牧野。實撫天下。幽厲昏亂。既喪豐鎬。陵遲至赧。洛邑不祀。作周本紀第四。維秦之先。伯翳佐禹。穆公思義。悼豪之旅。以人爲殉。詩歌黃鳥。昭襄業帝。作秦本紀第五。始皇既立。并兼六國。銷鋒鑄鐻。維偃干革。尊號稱帝。矜武任力。二世受運。子嬰降虜。作始皇本紀第六。秦失其道。豪傑並擾。項梁業之。子羽接之。殺慶救趙。諸侯立之。誅嬰背懷。天下非之。作項羽本紀第七。子羽暴虐。漢行功德。憤發蜀漢。還定三秦。誅籍業帝。天下維寧。改制易俗。作高祖本紀第八。惠之早霣。諸呂不台。崇彊祿產。諸侯謀之。殺隱幽友。大臣洞疑。遂及宗禍。作呂太后本紀第九。漢既初興。繼嗣不明。迎王踐祚。天下歸心。蠲除肉刑。開通關梁。廣恩博施。厥稱太宗。作孝文本紀第十。諸侯驕恣。吳首為亂。京師行誅。七國伏辜。天下翕然。大安殷富。作孝景本紀第十一。漢興五世。隆在建元。外攘彝翟。內修法度。建封禪。改正朔。易服色。作今上本紀第十二。維三代尚矣。年紀不可考。蓋取之譜諜舊聞。本於茲。於是略推。作三代世表第一。幽厲之後。周室衰微。諸侯耑政。春秋有所不紀。而譜諜經略。五霸更盛衰。欲睹周世相先後之意。作十二諸侯年表第二。春秋之後。陪臣秉政。彊國相王。以至于秦。卒并諸夏。滅封地。擅其號。作六國年表第三。秦既暴虐。楚人發難。項氏遂亂。漢乃扶義征伐。八年之間。天下三擅。事繁變眾。故詳著秦楚之際月表第四。漢興以來。至于太初百年。諸侯廢立分削。譜紀不明。有司靡踵。彊弱之原云以世。作漢興以來諸侯年表第五。維高祖元功。輔臣股肱。剖符而爵。澤流苗裔。忘其昭穆。或殺身隕國。作高祖功臣侯者年表第六。惠景之間。維申功臣宗族。爵邑作惠景間侯者年表第七。北討彊胡。南誅勁越。征伐夷蠻。武功爰列。作建元以來侯者年表第八。諸侯既彊。七國爲從。子弟衆多。無爵封邑。推恩行義。其勢銷弱。德歸京師。作王子侯者年表第九。國有賢相良將。民之師表也。維見漢興以來將相名臣年表。賢者記其治。不賢者彰其事。作漢興以來將相名臣年表第十。維三代之禮。所損益各殊務。然要以近情性。通王道。故禮因人質爲之節文。略協古今之變。作禮書第一。樂者。所以移風易俗也。自雅頌聲興。則已好鄭衞之音。鄭衞之音所從來久矣。人情之所感。遠俗則懷。比樂書以述來古。作樂書第二。非兵不彊。非德不昌。黃帝湯武以興。桀紂二世以崩。可不愼歟。司馬法所從來尚矣。太公孫吳王子能紹而明之。切近世。極人變。作律書第三。律居陰而治陽。歷居陽而治陰。律歷更相治。間不容翲忽。五家之文怫異。維太初之元論。作歷書第四。星氣之書。多雜禨祥。不經。推其文。考其應。不殊。比集論其行事。驗於軌度以次。作天官書第五。受命而王。封禪之符罕用。用則萬

中華書局印行

靈罔不禋祀。追本諸神名山大川禮。作封禪書第六。維禹浚川。九州攸寧。爰及宣防。決瀆通溝。作河渠書第七。維幣之行。以通農商。其極則玩巧。并兼茲殖。爭於機利。去本趨末。作平準書以觀事變。第八。太伯避歷。江蠻是適。文武攸興。古公王跡。闔廬弒僚。賓服荊楚。夫差克齊。子胥鴟夷。信嚭親越。吳國既滅。嘉伯之讓。作吳世家第一。申呂肖矣。尚父側微。卒歸西伯。文武是師。功冠羣公。繆權于幽。番番黃髮。爰饗營丘。不背柯盟。桓公以昌。九合諸侯。霸功顯彰。田闞爭寵。姜姓解亾。嘉父之謀。作齊太公世家第二。依之違之。周公綏之。憤發文德。天下和之。輔翼成王。諸侯宗周。隱桓之際。是獨何哉。三桓爭彊。魯乃不昌。嘉旦金縢。作周公世家第三。武王克紂。天下未協而崩。成王既幼。管蔡疑之。淮夷叛之。於是召公率德。安集王室。以寧東土。燕易之禪。乃成禍亂。嘉甘棠之詩。作燕世家第四。管蔡相武庚。將寧舊商。及旦攝政。二叔不饗。殺鮮放度。周公爲盟。大任十子。周以宗彊。嘉仲悔過。作管蔡世家第五。王後不絕。舜禹是說。維德休明。苗裔蒙烈。百世享祀。爰周陳杞。楚實滅之。齊田既起。舜何人哉。作陳杞世家第六。收殷餘民。叔封始邑。申以商亂。酒材是告。及朔之生。衞頃不寧。南子惡蒯嘖。子父易名。周德卑微。戰國既彊。衞以小弱。角獨後亾。嘉彼康誥。作衞世家第七。嗟箕子乎。嗟箕子乎。正言不用。乃反爲奴。武庚既死。周封微子。襄公傷於泓。君子孰稱。景公謙德。熒惑退行。剔成暴虐。宋乃滅亾。嘉微子問太師。作宋世家第八。武王既崩。叔虞邑唐。君子譏名。卒滅武公。驪姬之愛。亂者五世。重耳不得意。乃能成霸。六卿專權。晉國以秏。嘉文公錫珪鬯。作晉世家第九。重黎業之。吳回接之。殷之季世。粥子牒之。周用熊繹。熊渠是續。莊王之賢。乃復國陳。既赦鄭伯。班師華元。懷王客死。蘭咎屈原。好腴信讒。楚并於秦。嘉莊王之義。作楚世家第十。少康之子。實賓南海。文身斷髮。黿鱓與處。既守封禺。奉禹之祀。句踐困彼。乃用種蠡。嘉句踐夷蠻能修其德。滅彊吳以尊周室。作越王句踐世家第十一。桓公之東。太史是庸。及侵周禾。王人是議。祭仲要盟。鄭久不昌。子產之仁。紹世稱賢。三晉侵伐。鄭納於韓。嘉厲公納惠王。作鄭世家第十二。維驥騄耳。乃章造父。趙夙事獻。衰續厥緒。佐文尊王。卒爲晉輔。襄子困辱。乃禽智伯。主父生縛。餓死探爵。王遷辟淫。良將是斥。嘉鞅討周亂。作趙世家第十三。畢萬爵魏。卜人知之。及絳戮干。戎翟和之。文侯慕義。子夏師之。惠王自矜。齊秦攻之。既

疑信陵。諸侯罷之。卒亾大梁。王假厮之。嘉武佐晉文申霸道。作魏世家第十四。韓厥
陰德。趙武攸興。紹絕立廢。晉人宗之。昭侯顯列。申子庸之。疑非不信。秦人襲之。嘉厥
輔晉匡周天子之賦。作韓世家第十五。完子避難。適齊爲援。陰施五世。齊人歌之。成
子得政。田和爲侯。王建動心。乃遷於共。嘉威宣能撥濁世而獨宗周。作田敬仲完世
家第十六。周室既衰。諸侯恣行。仲尼悼禮廢樂崩。追修經術。以達王道。匡亂世反之
於正。見其文辭。爲天下制儀法。垂六藝之統紀於後世。作孔子世家第十七。桀紂失
其道而湯武作。周失其道而春秋作。秦失其政。而陳涉發迹。諸侯作難。風起雲蒸。卒
亾秦族。天下之端。自涉發難。作陳涉世家第十八。成皋之臺。薄氏始基。詘意適代。厥
崇諸竇。栗姬偩貴。王氏乃遂。陳后太驕。卒尊子夫。嘉夫德若斯。作外戚世家第十九。
漢既譎謀。禽信於陳。越荊剽輕。乃封弟交爲楚王。爰都彭城。以彊淮泗。爲漢宗藩。戊
溺於邪。禮復紹之。嘉游輔祖。作楚元王世家第二十。維祖師旅。劉賈是與。爲布所襲。
喪其荊吳。營陵激呂。乃王琅邪。怵午信齊。往而不歸。遂西入關。遭立孝文。獲復王燕。
天下未集。賈澤以族。爲漢藩輔。作荊燕世家第二十一。天下已平。親屬既寡，悼惠先

壯。實鎭東土。哀王擅興。發怒諸呂。駟鈞暴戾。京師弗許。厲之內淫。禍成主父。嘉肥股肱。作齊悼惠王世家第二十二。楚人圍我滎陽。相守三年。蕭何塡撫山西。推計踵兵。給糧食不絕。使百姓愛漢。不樂爲楚。作蕭相國世家第二十三。與信定魏。破趙拔齊。遂弱楚人。續何相國。不變不革。黎庶攸寧。嘉參不伐功矜能。作曹相國世家第二十四。運籌帷幄之中。制勝於無形。子房計謀其事。無知名。無勇功。圖難於易。爲大於細。作留侯世家第二十五。六奇既用。諸侯賓從於漢。呂氏之事。平爲本謀。終安宗廟。定社稷。作陳丞相世家第二十六。諸呂爲從。謀弱京師。而勃反經合於權。吳楚之兵。亞夫駐於昌邑。以戹齊趙。而出委以梁。作絳侯世家第二十七。七國叛逆。蕃屏京師。唯梁爲扞。偩愛矜功。幾獲於禍。嘉其能距吳楚。作梁孝王世家第二十八。五宗既王。親屬洽和。諸侯大小爲藩。爰得其宜。僭擬之事稍衰貶矣。作五宗世家第二十九。三子之王。文辭可觀。作三王世家第三十。末世爭利。維彼奔義。讓國餓死。天下稱之。作伯夷列傳第一。晏子儉矣。夷吾則奢。齊桓以霸。景公以治。作管晏列傳第二。李耳無爲自化。淸淨自正。韓非揣事情。循情勢。作老子韓非列傳第三。自古王者而有司馬法。

穰苴能申明之。作司馬穰苴列傳第四。非信廉仁勇。不能傳兵論劍。與道同符。內可以治身。外可以應變。君子比德焉。作孫子吳起列傳第五。維建遇讒。爰及子奢。尚既匡父。伍員奔吳。作伍子胥列傳第六。孔子述文。弟子興業。咸爲師傅。崇仁厲義。作仲尼弟子列傳第七。鞅去衞適秦。能明其術。彊霸孝公。後世遵其法。作商君列傳第八。天下患衡秦毋饜。而蘇子能存諸侯。約從以抑貪彊。作蘇秦列傳第九。六國既從親。而張儀能明其說。復散解諸侯。作張儀列傳第十。秦所以東攘雄諸侯。樗里甘茂之策。作樗里甘茂列傳第十一。苞河山。圍大梁。使諸侯斂手而事秦者。魏冉之功。作穰侯列傳第十二。南拔鄢郢。北摧長平。遂圍邯鄲。武安爲率。破荊滅趙。王翦之計。作白起王翦列傳第十三。獵儒墨之遺文。明禮義之統紀。絕惠王利端。列往世興衰。作孟子荀卿列傳第十四。好客喜士。士歸于薛。爲齊扞楚魏。作孟嘗君列傳第十五。爭馮亭以權。如楚以救邯鄲之圍。使其君復稱於諸侯。作平原君虞卿列傳第十六。能以富貴下貧賤。賢能詘於不肖。唯信陵君爲能行之。作魏公子列傳第十七。以身徇君。遂脫彊秦。使馳說之士。南鄉走楚者。黃歇之義。作春申君列傳第十八。能忍訽於魏齊。而信威於彊秦。推賢讓位。二子有之。作范睢蔡澤列傳第十九。率行其謀。連五國兵。爲弱燕報彊齊之讎。雪其先君之恥。作樂毅列傳第二十。能信意彊秦。而屈體廉子。用狥其君。俱重於諸侯。作廉頗藺相如列傳第二十一。湣王既失臨淄。而奔莒。唯田單用卽墨。破走騎劫。遂存齊社稷。作田單列傳第二十二。能設詭說解患於圍城輕爵祿。樂肆志。作魯仲連鄒陽列傳第二十三。作辭以諷諫。連類以爭義。離騷有之作屈原賈生列傳第二十四。結子楚親。使諸侯之士。斐然爭入事秦。作呂不韋列傳第二十五。曹子七首。魯獲其田。齊明其信。豫讓義不爲二心。作刺客列傳第二十六。能明其畫。因時推秦。遂得意於海內。斯爲謀首。作李斯列傳第二十七。爲秦開地益衆。北靡匈奴。據河爲塞。因山爲固。建榆中。作蒙恬列傳第二十八。塡趙塞常山以廣河山。弱楚權。明漢王之信於天下。作張耳陳餘列傳第二十九。收西河上黨之兵。從至彭城。越之侵掠梁地。以苦項羽。作魏豹彭越列傳第三十。以淮南叛楚歸漢。漢用得大司馬殷。卒破子羽於垓下。作黥布列傳第三十一。楚人迫我京索。而信拔魏趙定燕齊。使漢三分天下有其二。以滅項籍。作淮陰侯列傳第三十二。楚漢相距鞏洛而韓信爲塡潁川。盧綰絕籍糧餉。作韓王信盧綰例傳第三十三。諸侯叛項王。唯齊連子羽城陽。漢得以間遂入彭城。作田儋列傳第三十四。攻城野戰獲功歸報。噲商有力焉。非獨鞭策。又與之脫難。作樊酈列傳第三十五。漢既初定。文理未明。蒼爲主計。整齊度量。序歷律。作張丞相列傳第三十六。結言通使。約懷諸侯。諸侯咸親。歸漢爲藩輔。作酈生陸賈列傳第三十七。欲詳知秦楚之事。唯周緤常從高祖。平定諸侯。作傅靳蒯成列傳第三十八。徙彊族。都關中。和約匈奴。明朝廷禮。次宗廟儀法。作劉敬叔孫通列傳第三十九。能摧剛作柔。卒爲列臣。欒公不劫於勢而倍死。作季布欒布列傳第四十。敢犯顏色。以達主義。不顧其身。爲國家樹長畫。作袁盎鼂錯列傳第四十一。守法不失大理。言古賢人。增主之明。作張釋之馮唐列傳第四十二。敦厚慈孝。訥於言。敏於行。務在鞠躬。君子長者。作萬石張叔列傳第四十三。守節切直。義足以言廉。行足以厲賢。任重權不可以非理撓。作田叔列傳第四十四。扁鵲言醫。爲方者宗。守數精明。後世修序。弗能易也。而倉公可謂近之矣。作扁鵲倉公列傳第四十五。維仲之省。厥濞王吳。遭漢初定。以塡撫江淮之間。作吳王濞列傳第四十六。吳楚為亂。宗屬唯嬰。賢而喜士。士鄉之。率師抗山東滎陽。作魏其武安列傳第四十七。智足以應近世之變。寬足用得人。作韓長孺列傳第四十八。勇於當敵。仁愛士卒。號令不煩。師徒鄉之。作李將軍列傳第四十九。自三代以來。匈奴常為中國患害。欲知彊弱之時。設備征討。作匈奴列傳第五十。直曲塞。廣河南。破祁連。通西國。靡北胡。作衞將軍驃騎列傳第五十一。大臣宗室。以侈靡相高。唯弘用節衣食為百吏先。作平津侯列傳第五十二。漢既平中國。而佗能集楊越。以保南藩。納貢職。作南越列傳第五十三。吳之叛逆。甌人斬濞。葆守封禺為臣。作東越列傳第五十四。燕丹散亂遼間。滿收其亾民。厥聚海東。以集眞藩。葆塞為外臣。作朝鮮列傳第五十五。唐蒙使畧通夜郎。而邛笮之君請為內臣受吏。作西南夷列傳第五十六。子虛之事。大人賦說。靡麗多誇。然其指風諫。歸於無為。作司馬相如列傳第五十七。黥布叛逆。子長國之。以塡江淮之南。安剽楚庶民。作淮南衡山列傳第五十八。奉法循理之吏。不伐功矜能。百姓無稱。亦無過行。作循吏列傳第五十九。正衣冠立於朝廷。而羣臣莫敢言浮說。長孺矜焉。好薦人。稱長者。壯有溉。作汲鄭列傳第六十。自孔子卒。京師莫崇庠序。唯建元元狩之間。文辭粲如也。作儒林列傳第六十一。民倍本。多巧。姦軌弄法。善人不能化。唯一切嚴削爲能齊之。作酷吏列傳第六十二。漢既通使大夏。而西極遠蠻。引領內鄉。欲觀中國。作大宛列傳第六十三。救人於戹。振人不贍。仁者有乎。不既信。不倍言。義者有取焉。作游俠列傳第六十四。夫事人君能說主耳目。和主顏色。而獲親近。非獨色愛。能亦各有所長。作佞幸列傳第六十五。不流世俗。不爭勢利。上下無所凝滯。人莫之害。以道之用。作滑稽列傳第六十六。齊楚秦趙爲日者。各有俗所用。欲循觀其大旨。作日者列傳第六十七。三王不同龜。四夷各異卜。然各以決吉凶。略闚其要。作龜策列傳第六十八。布衣匹夫之人。不害于政。不妨百姓。取與以時而息財富。智者有采焉。作貨殖列傳第六十九。一部大文於此結穴凡排作一百三十段層層疊疊一段有一段章法一句有一句句法似贊似序各極其妙此是第一層收束○維我漢繼五帝末流。接三代統業。周道廢。秦撥去古文。焚滅詩書。故明堂石室金匱玉版圖籍散亂。於是漢興。蕭何次律令。韓信申軍法。張蒼爲章程。叔孫通定禮儀。則文學彬彬稍進。詩書往往間出矣。自曹參薦蓋公言黃老。而賈生晁錯明申商。公孫弘以儒顯。借律令軍法章程禮儀諸家仍歸到黃老與儒應前六家指要一篇百年之間。天下遺文古事。靡不畢集太史公。太史公仍父子相續纂其職。曰於戲。余維先人嘗掌斯事。顯于唐虞。至于周。復典之。故司馬氏世主天官。至于余乎。欽念哉。欽念哉。罔羅天下放失舊聞。王迹所興。原始察終。見盛觀衰。論考之行事。畧推三代。錄秦漢。上記軒轅。下至於茲。著十二本紀。既科條之矣。並時異世。年差不明。作十表。禮樂損益。律歷改易。兵權山川鬼神。天人之際。承敝通變。作八書。二十八宿環北辰。三十輻共一轂。運行無窮。輔拂股肱之臣配焉。忠信行道。以奉主上。作三十世家。扶義俶儻。不令已失時。立功名于天下。作七十列傳。凡百三十篇。五十二萬六千五百字。為太史公書。序畧以拾遺補藝。成一家之言。厥協六經異傳。整齊百家雜語。藏之名山。副在京師。俟後世聖人君子。第七十。又提出自序一段另作一篇總序一百三十篇另作一結○此是第二層收束太史公曰。余述歷黃帝。以來。至太初而訖。百三十篇。又總序一筆收盡無餘力量完足○此是第三層收束

海為谷王眾流奔湊以其下也故九年之水不知其溢七年之旱不知其減惟下故為大惟大故無所不容此篇滔滔滯滯收束無餘亦文之海矣安得不望洋而歎觀止哉○史記自黃帝本紀起一百三十合而論之總是一篇篇終必須收束得盡承載得起方無虎頭鼠尾之病此篇以自序世系逐層卸下而中載兩論氣勢已極崇隆後乃排出一百三十段行行列列整整齊齊而中間復錯綜變化作一層後又提自序一段總序一百三十篇總目作一層後又總結一

句作一層無往不收無徼不盡作書至此無遺憾矣

中華語文叢書

史記論文（全四冊）

作　　者／吳見思 評點
主　　編／劉郁君
美術編輯／鍾　玟

出 版 者／中華書局
發 行 人／張敏君
副總經理／陳又齊
行銷經理／王新君
地　　址／11494 台北市內湖區舊宗路二段181巷8號5樓
客服專線／02-8797-8396　　傳　　真／02-8797-8909
網　　址／www.chunghwabook.com.tw
匯款帳號／華南商業銀行　西湖分行
179-10-002693-1　中華書局股份有限公司

法律顧問／安侯法律事務所
製版印刷／維中科技有限公司　海瑞印刷品有限公司
出版日期／2019年5月台三版
版本備註／據1987年10月台二版復刻重製
定　　價／NTD 1,800（套）

國家圖書館出版品預行編目（CIP）資料

史記論文 / 吳見思評點. — 台三版.— 臺北市
: 中華書局, 2019.05
冊 ;　公分. — (中華語文叢書)
ISBN 978-957-8595-69-9(全套 : 平裝)

1.史記 2.研究考訂

610.11　　108000156

NO.H2026
ISBN 978-957-8595-69-9（平裝）

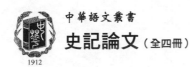